大人の女のキャリア計画

「5つの柱」で理想の仕事を手に入れる

HOW REMARKABLE WOMEN LEAD
The Breakthrough Model for Work and Life
by Joanna Barsh and Susie Cranston and Geoffrey Lewis

Japanese translation rights arranged with McKinsey & Company, Inc.
in care of Hodgman Literary, LLC, Hamilton, New Jersey
c/o LJK Literary Management, New York
through Tuttle-Mori Agency, Inc., Tokyo

序章　自分が変わる「五つの魔法」

五〇歳になったとき、私にはなんの感慨も起こらなかった。ある種の到達点に達したというような思いもなければ、恐れも喜びもない。まるで「無」の感覚。いやな感じだったが、「これが更年期というものかも」と自分に言い聞かせ、「ステキな靴でも買えば治るだろう」とごまかした。

だが、そのいやな感じは、何週間か過ぎても消えなかった。それである日、早朝のセントラルパークを散歩しながら、夫のデビッドに打ち明けた。もうキャリアのピークを過ぎたからこんな気持ちなのかしら、と。それからこうも言った。でも私よりも成功して、もっと幸せな人生をおくっている女性もたくさんいるはずよね。彼女たちが知っていて、私が身につけてこなかったなにかがある気がするの。私、そういう女性たちに会ってみたい。

そのときの私はこう思っていた。もしかしたら、じつは幸せを手にする魔法みたいなものがあるのではないか？　私もそれを手に入れれば、もっとすごいことができるんじゃないか。そして、もっと充実感を味わえるんじゃないか。さらに、その魔法をビンに詰めて、次の世代の女性に手渡すことができたら素晴らしい……

人生の「傍観者」から「主人公」へ

客観的に見れば、私のこれまでの人生は順調そのものだった。ふたりの娘に恵まれ、姉妹とも健康で学校でもうまくいっていた。結婚生活は山あり谷ありだったけれど、むしろそのおかげで絆は強くなった。セントラルパーク近くの日当たりも風通しも眺めもいい家に住み、週末は広い牧場で、たくさんの動物たちや、大木や、野生の花々や、木の実に囲まれて過ごした。

仕事だって充実していた。心配事は絶えなかったものの、マッキンゼーのシニアパートナーとして好きな仕事に打ち込み、全米を代表するフォーチュン500社の変革と成長に貢献してきた。仕事が楽しくてしかたない時期もあった。不安が顔をのぞかせることはあっても、人生の大半はしっかりと地に足をつけていた。

それなのに、どうして心が躍らなくなったのだろう？　考えた末にたどり着いた結論は、「自分自身の人生の主人公ではなかったから」だった。私は長い間ずっと、どこか傍観者のような気持ちで人生をおくっていた。だから、ファンファーレとともに五〇歳を迎えることができなかったのだ。

思えば、リベラルアーツの学位をふたつ取って大学を卒業したばかりのころの私は、独り立ちして、どんな挑戦も受けて立つ気で満々だった。それまでのアルバイト歴と言えば、ウェイトレス、レストランの案内係、事務補助、映画製作の使い走りだけだったのに、小売店に就職し、一応、幹部候補生として現場に配属された。

ところが、そこから暗転した。上司は毎日、何千もの私のミスを見つけては、長々と叱責《しっせき》しつづけた。本当に私のミスのときもあったが、そうでないときもあった。正直、今でもなぜあれほど叱られつづけたのかわからない（でも、おかげで大きな教訓を得た。誰かを成功させたくないと思えば、無数の方法でその人の自尊心を徐々に打ち壊せばいい。「おまえは成功できない」と教え込めばいいのだ、と）。

若かった私は、次になにを言われるかばかり恐れるようになった。あまりに怖くて、辞めたいとも言えなかった。突然、鼻血が出るようになった。ビジネススクールを受験したのは、前に進むためというよりも、逃げるためだった。

幸い、ハーバード・ビジネススクールでは順調で、波に乗った私は、ニューヨークに戻って人の何倍も働いた。でも、心のなかではまだ、上司が何千ものミスを見つけるんじゃないかとビクビクし、きみを雇ったのは失敗だったと言われることを恐れていた。

白状すれば、五〇歳になってもまだ、そう言われるような気がして怖かった。二〇年近くもコンサルタントとしてクライアントを助け、多くの賞賛を受けてもまだ、傷ついたままだった。

女性を勇気づけ、変えていく本

そんなわけで、五一年目の春にも、私はまだ内心ビクビクしながら働き、なにかの魔法で理想どおりの自分に変身できるんじゃないかと願っていた。私が思い描く「理想の自分」とは、落ち着いていて、強くて、エルビス・プレスリー並みに人気があって、賢くて、とてつもなく自信があって、実績も申し分なく、人脈が豊富で、満ち足りているリーダーだった。鏡に映る自分を見て、世界に貢献したと言えるリーダーだ。でも、いまさらそんなふうになれる可能性があるのだろうか？　やっぱり、もう遅いのだろうか？　そこが知りたかった。

あの朝、散歩の最中に胸の内を話したとき、私はいよいよその答えを求める旅をはじめるときだと思っていた。頂点にのぼりつめた女性の背中を押したもの、そして彼女たちをその場所にとどめているものはいったいなんなのか？　彼女たちが仕事と人生で成功できた秘訣はなんなのか？　それを突きとめて記録に残そう。女性リーダーとの会話の記録は、歴史的な資料になるはずだ。

私はそのままのことを夫に話した。すると彼は言った。「歴史的資料《アーカイブ》を残そうと考えてるのかい？　それはすごくいいね！」。そう言われると、興奮と不安の入り混じった気持ちが湧き上がってきた。さらに、夫がこう続けるのを聞いているうちに、だんだん居心地が悪くなった。「一流の撮影スタッフに会話を撮影してもらうってのはどう？　アーカイブには、その重要性がわかる名前をつけたほうがいいよ。男性も興味を惹かれるような名前をね」。想像力豊かな夫は、私の不安などおかまいなしだった。「今すぐはじめるべきだよ。これから誰に電話する?」。私はパニックになりそうだった。

でも、とにかく一歩を踏み出した。そして、もう五年が過ぎた。

インタビューした女性たちの話は、どれもくらくらするほど魅力的で、エネルギーに満ちていた。彼女たちはドアを開けて私を迎え入れてくれ、愛と成功と喜びの記憶を次から次へと語ってくれた。子どもについて、健康について、そして未来の夢についても語ってくれた。間違いや大きなミスや失敗も、涙を流しながら、ときには笑いながら、隠さず打ち明けてくれた。

インタビューを通じて、私は彼女たち一人ひとりとつながり、なにかが自分のなかに流れ込んでくるのを感じた。次第に毎日が楽しくなり、自分の輪郭がだんだんはっきりと見えてくるようになった。それは、これまでになかった感覚だった。自然と気分が高揚し、大きな前進に向けた自信と勇気が湧いてきた。生まれてはじめて、怖いものなしの気分になった。

そして二〇〇七年、私は一線を越えた。それまでは自由時間を使って進めていたこのプロジェクトを、仕事の一環としてのプロジェクトに格上げしたのだ。以来、社内外のたくさんの才能ある男女が、この探求の旅に加わってくれた。私は仲間とともに、さまざまなタイプの女性にインタビューをしつづけていった。さらに、リーダーシップの大家、組織構築の専門家、生物学者、神経科学者など、さまざまな分野の人にも話を聞いた。

そうしてわかったことを、私たちは「センタード・リーダーシップ：五つの柱」(以下、「五つの柱」）というモデルに結実させた。その五つとは、次のとおりだ。

①意義を見つける　あなたは自分の仕事に意義を感じていますか？
②ものの見方を変える　何かが起こったとき、すぐに悪いことばかり考えていませんか？
③手をつなぐ　あなたにはどんな仲間やサポーターがいますか？
④どんどん参加する　自分のステージを上げるには、どうすべきだと思いますか？
⑤パワーを持続させる　どんなときにもエネルギッシュでいるために工夫していますか？

この五つこそ、私の求めていた「魔法」だった。詳しくはこのあとの各章で述べるが、本書を読んでこれらを身につければ、あなたの働き方には必ずよりよい変化が起きる。これら要素の一つひとつが、あなたのエネルギーの貯蔵庫を満たし、理想の人生を実現する確率を高めていく。お互いが組みあわされれば、それはさらに強化され、より大きなエネルギーが湧いてくる。すべてが組みあわされれば、とてつもないエネルギーが解放されて、これまでにない成果と充実感が得られるのだ。

また、本書を読めば、昔からある次のような疑問の答えも見えてくるはずだ。「組織の上層部の女性不足を解消するにはどうしたらいいのか？」「キャリアの途中で成長が止まってしまう女性が多いのはなぜなのか？」「男性と同じ熱意と志を持っているはずの女性たちが、どうして脱落していくのか？」……

あなたを変える「五つの柱」

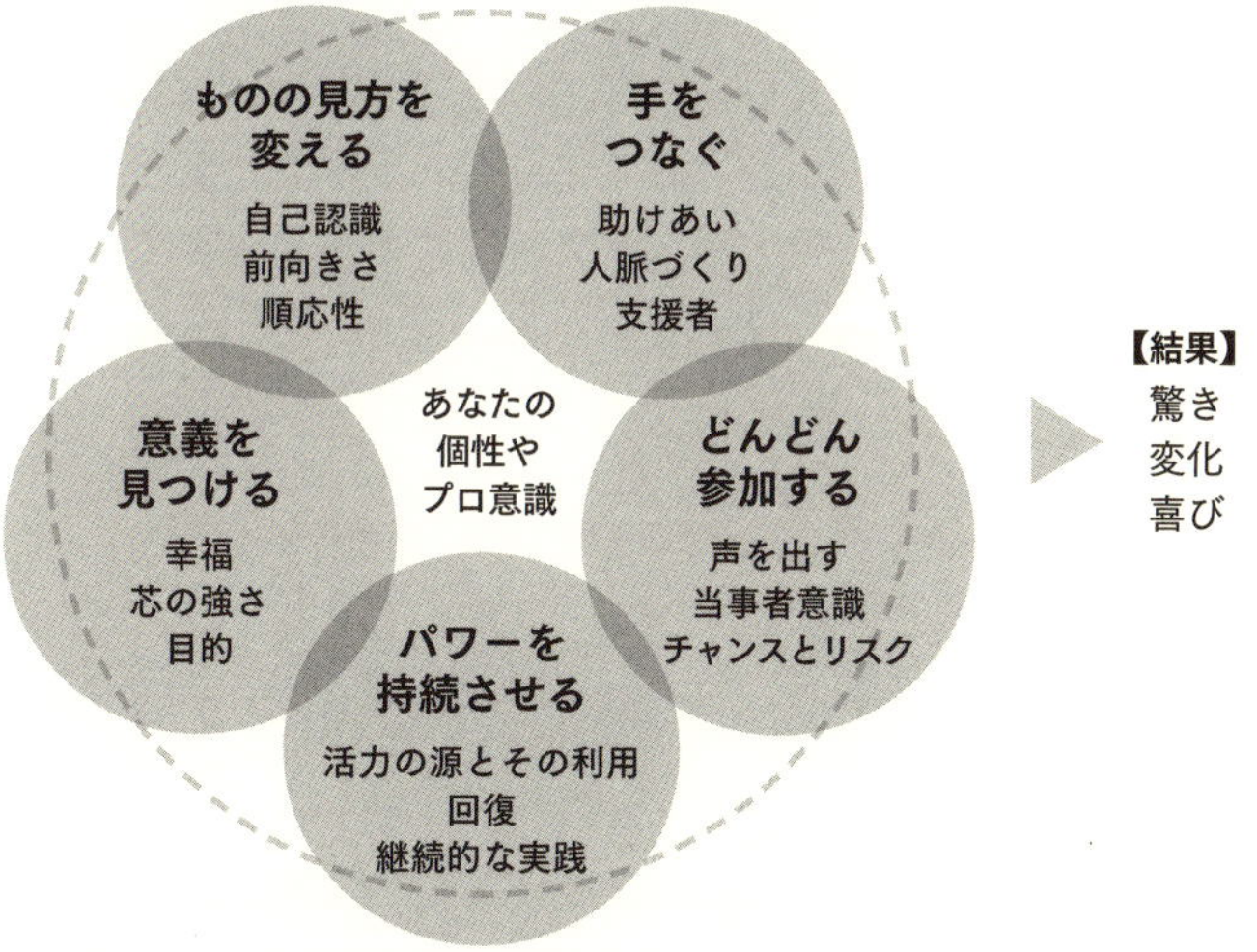

上図は、五つの柱をあらわしたものだ。これを見ると、出発点も終着点もひとつではないのがわかるだろう。一見すると、要素の一つひとつはとてもシンプルだ。だが、実際にやってみれば、その効果のほどに驚くにちがいない。

ペンを用意して

五〇歳になったとき、私の夢の半分は、素晴らしい女性リーダーたちに会うことだった。その夢はかなえられた。でも残りの半分はまだ途中だ。それは、この魔法を娘たちと分かちあい、世界中にいる次の世代の女性たちと分かちあうことだ。

この本はそのために書いた。頭脳、人を導く意欲、我慢強さ、変革を受け入れる柔軟性——あなたは本当はもう、必要なものを全部持っている。あとはそれをどう自覚し、行動するかだ。そう、理想の人生を築けるかどうかは、すべてあなた自身にかかっている。

お気に入りのペンを片手に、この本を読んでくれたらうれしい。頭に浮かんだ考えやアイデアを直接この本に書き込んでもいいし、これから試したい行動を書いてみるのもいい。素敵な手帳やノートを買って、そこに思ったことを書き出せばもっといい。

この本を読むのに必要なのは、知性だけではない。あなたの精神、あなたの心も総動員してほしい。あなたのすべてを解放すれば、きっと、今より賢く、今より勇敢に生まれ変われる。

さあ、出かけよう。

Part
I
意義を見つける

1章 あなたの「意義」はなんですか？

ときには、ただ情報を集めてまとめてるだけじゃないか、と思うこともあります。でも、一歩引いて、こう考えるんです。「私たちにはそれ以上の責務がある。市民にとっても政府にとっても、生のデータでは足りない。ニュースを伝えるだけなら誰にでもできる。だけど、その影響を分析し、いい点や悪い点を明らかにできるかどうか、尊厳をもってそれを毎日欠かさずにできるかどうかは、私たちにかかっている」

――ショブハナ・ブハーティア（ヒンドスタン・タイムズ紙会長）

フォーチュン500社のなかで初の女性CEOになったのは、故キャサリン・グラハムだ。ワシントン・ポストを数十年にわたって率い、良質のジャーナリズムに情熱を傾けたグラハムは、時代の先端を駆け抜けた。彼女はこう言った。「仕事を愛し、そこに意義を見いだすこと。これ以上に楽しいことがほかにあるでしょうか？」

じつは、意義ある仕事が人生に大きな喜びをもたらすという考えは、古代ギリシャ時代からある。紀元前四世紀、アリストテレスは、「人間は自分の才能を充分に発揮し、それによって人生の根源的な機能が満たされたときに、幸福《エウダイモニア》（最高に満足な状態）に到達する」と記した。そして二〇世紀になると、心理学者のエイブラハム・マズローが、「自己実現」を人間の欲求の五段階のいちばん上に置いた。最近ではポジティブ心理学の研究者たちが、「意義のある活動と幸福の間には関連がある」ことを証明している。

意義、それは人生の原動力だ。意義は人を夢中にさせ、興奮させ、エネルギーを与え、情熱を生み出す。能力の限界まで人を押し上げ、ときには限界を超えさせる。それは仕事でも同じだ。意義のない仕事は、週末までのつらく退屈な時間にすぎない。逆に、意義さえ見つかれば、どんな仕事も天職になる。意義ある仕事、目的のある仕事をすれば、日々のノルマに終始することがなくなり、より成長し、その場かぎりではない本物の幸福に向けて歩めるようになる。

このことは、成功している女性リーダーたちを見ても明らかだ。彼女たちはみな、人生や仕事の意義をはっきり語っていた。

今からでも充分間にあう

子どものころからの夢をかなえて法律事務所を立ち上げた、アミナ・スザンナ・アグバジェもそのひとりだ。彼女は、自分の仕事に深い意義を見いだしている。だからこそ、たとえ勝ち目がないときでも前進する。その勇気が湧く。

アミナは、ナイジェリアの田舎で生まれた。第二夫人だった母が産んだ七人兄弟の長子だった。彼女は幼いころ、『ケースファイル（事件簿）』というテレビドラマに夢中になった。ふたりの弁護士が法廷で闘い、最後に判事が判決をくだす連続ドラマだ。賢い弁護士が無実の男性を監獄から救ったり、罪を犯した人間が報いを受けたりする。アミナは毎回、事件が解決されていくさまに興奮し、判事の前で論戦を交わすスリルに胸をときめかせた。そして、「弁護士になりたい」と熱望するようになった。その夢をかなえるためなら何十年だって努力できる、これこそ私の人生の目的だと思った。「小学生のときからそう思っていて、それを貫いたんです」とアミナは言った。

アミナほど早くから生きる目的が定まる人は多くない。最初は、せいぜい小さな夢が浮かんでは消える程度だろう。それに、人生の目的のほうがあなたを見つけることもよくある（あなたが目的を見つけるのではなく）。ずっと探していた仕事にすでに就いていたことに、何年もたってから気づくこともある。

でも、だからといっておとなしく待てと言うつもりはない。あなたをやる気にさせ、惹きつけて離さないなにかを見つけるためには、自分から前に踏み出すことがとても大切だ。

何度も転職したあとに、はじめて意義ある仕事を見つける女性もたくさんいる。そういう紆余曲折《うよきょく せっ》は一見効率が悪いように思えるが、ものごとは見た目どおりとはかぎらない。私たちがインタビューした女性の多くも、何度も寄り道しながら自分を知り、遠まわりしながら技術や経験を身につけ、チャンスをものにしていた。そこにいたるまでの時間は無駄ではない。それは、自分の愛することを発見し、新しい能力を身につけるために必要な時間なのだ。

意義を見つけるのに、遅いということはない。

「意義」がもたらす四つの効能

心理学者は「仕事の意義を見つけた人は、日常的に幸福感が高まる」と言う。そして、彼らによれば、その幸福感は次の四つの効能をもたらす。

①やる気が出る　仕事で幸せな気持ちになると、人はいっそう努力する。ポジティブ心理学の第一人者、ミハイ・チクセントミハイは「従業員が幸せな会社は、生産性と士気が高く、離職率が低い」と述べている。

②創造性が高まる　幸福感の高い人が集まる組織は、創意工夫して問題解決に取り組み、よりよい解決策にたどりつくことが多い。ノースカロライナ大学の心理学教授バーバラ・フレデリクソンの研究でも、学生であれ社員であれ、幸福を感じている人は学習能力が向上することがわかっている。また、幸せな人たちは新しい概念を受け入れ、より高い目標を設定するという。

③周囲への影響力が高まる　仕事に心から喜びを見いだし、活力を得ている人は、周囲にも前向きな影響を与える。つまり、情熱、熱意、エネルギーは伝染する。そして、お互いを高めあう。

④より健康になり、スタミナがつき、打たれ強くなる　幸せを感じている社員は、ストレスホルモンの分泌が平均より少ないことが証明されている。また、ジョナサン・ハディト教授は、尼僧の研究から、最も長寿な人たちはみな幸福感が高かったことを発見した。

意義ある仕事がもたらす幸せは、ただ陽気で気持ちが高ぶっているのとは違う。情熱に燃えているだけでもない。その幸せは、それらよりはるかに深く、はるかに長持ちする。

ポジティブ心理学では、幸せを三段階に分けている。

ひとつ目は「快楽」だ。たとえば、おいしいチョコレートを食べた瞬間の幸せ。でもこの幸せは、チョコの箱が空になると消える。

ふたつ目は「没頭」。その瞬間に我を忘れてしまう状態だ。快楽よりは明らかに深い幸せだが、その幸せの感覚は、やはり時間の経過とともに消えていく。ためしに、これまで最高だった休暇を思い出してほしい。そのときのできごとは憶えていても、当時いだいた感情は、年月を経るとともに薄れているはずだ。

そして三つ目が「意義」である。没頭できる行動に目的が加わると、この段階に到達する。たとえば、思い入れのある社会活動に参加し、その目的を仲間と共有し、人々に貢献するというような場合がこれにあたる。こうして得られた幸せは、時間を超えていつまでも残る。意義がもたらす幸福は、ほかのどんな幸福にも勝るのだ。

マズローの自己実現理論はご存じだろうか。これは、各界の成功者たち（トマス・ジェファーソンからエレノア・ルーズベルトまで）への調査がもとになっている。人は「超越した欲求」を満たすと、非常に高いレベルの満足を得る。成功者たちはみな、ただ世間に認められることや自尊心を満足させるだけではない、より大きな目標を見つけていた。興味深いことに、マズローは自己実現を「成長欲求」と呼んだ。仕事に意義を見いだした人は、新しいスキルを学びつづけ、自信を持って人を導くようになる。逆風にも打たれ強い。

ペンシルバニア大学の心理学教授で、『オプティミストはなぜ成功するか』（講談社）の著者でもあるマーティン・セリグマンは、病院の雑用係の例を挙げている。

雑用係のほとんどは、自分たちの仕事をゴミのようなものだと語っていたが、ある男性だけは、自分の仕事を、医師や看護師を助けて患者を癒やすことにつながる重要な役目だと考えていた。

ある日、研究者がその男性を訪ねると、彼は昏睡状態にある患者の病室の壁紙を貼り替えていた。研究者がそのわけを聞くと、この患者さんが意識を取り戻したときに、最初になにかきれいなものを見てほしいから、と彼は答えた。

（弁護士になったアミナからのアドバイス）

アミナ・アグバジェが法廷弁護士になるまでの、長い旅を支えたのも仕事の意義だった。成功した弁護士がたいていそうであるように、彼女も負けず嫌いで、その挑戦自体に惹かれていた。だが、もしそれだけだったら、人より抜きんでることはなかったはずだし、素晴らしいキャリアのスタートを切ることもなかっただろう。「母は、私が看護師か医師になることを望んでいました。医療の専門家は白衣を着ているでしょう？　白は純潔の象徴です。でも、弁護士は黒衣を着ます。黒は罪の象徴なんです」

アミナは、母の反対を押し切ってロースクールに出願した。「合格通知をもらって、『これでついに法律を勉強できる！』と思ったときが、それまでの人生で最高にうれしい瞬間でした」。そのうち母親も、まわりの人から「弁護士のママ」と呼ばれることに誇りを感じるようになったという。

意義を感じる仕事をしていると、その人の強みが引き出され、充実感も高まる。大半の人は、いちいち立ち止まってそんなことを考えたりはしないが、本当は誰にでも、その人なりの強みがある（これについては3章で詳述する）。たとえばアミナの強みは、学習意欲と問題解決能力、そして正義を愛する心だった。

法廷に立って弁論したいという強い思いが、法律を学んでいたアミナの苦労を長年支えつづけた。ナイジェリアでも法学を学ぶ女子学生は少なくなかったが、ほとんどの女性は、ロースクールを卒業すると、舞台裏の仕事に就くか、教えるか、もっとありがちなのは家庭に入って母親になるかだった。けれどもアミナは、二〇年近くほかの弁護士の下で働き、裁判の準備を手伝いながら、学び、観察していった。

そしてついに、子どものころに憧れたテレビ番組のヒーローのように、自分自身が法廷に立つ日がきた。だが、いざそのときがくると恐怖に震えた。「はじめて法廷で申し立てをしたときは、判事の前で実際にブルブルと震えていたの」。そう笑いながらも、彼女は誇らしげに語った。「でも、これが私の本当にやりたいことだとわかっていたから、恐れだって乗り越えられました。あの恐れは、私にとって越えなきゃならない挑戦だった。本当に行きたいほうに自分を向かわせるには、恐れを克服しなくてはいけなかった。だから自分に言いきかせました。『怖がる理由なんてない！』って。そうしたら、すーっと落ち着いたんです」

その後、アミナは一九九九年に独立し、事務所を興した。現在は五人の社員がいるが、将来的には近郊の都市にもオフィスを開き、志を同じくする弁護士を二〇人ほどに増やすつもりだ。

今は三人の子どもたちと過ごす時間も増えた。孫の顔を見られる日を心待ちにしている。孫たちには、法廷での自分の弁護の数々を話して聞かせたい。厳しい戦いのなかで、裁判所に自分の主張が認められたときのことや、相手の隙をついて勝利したときのことを。それから、自分が負けたときのことや、そのあとどうやって立ち直ったのかも話して聞かせたい。「負けたときは、自分で自分をつねります。そうやって、真実を見つめるんです。まずは、なにがうまくいかなかったか、どうしたらよかったのかをしっかり自問する。そのあとはじめて、次の勝利に向けて準備をはじめるのです」

世の中には、仕事は単なる生計の手段と割り切って、意義や目的といったことは仕事以外に求めている人もいるだろう。でも、仕事がただの生計の手段を超えたものになれば、スキルを身につけ、キャリアアップし、より高い役割と報酬を得るチャンスが広がる。もちろん、そうなれば満足感もより大きくなる。その意義が人生の意義と結びついていれば、なおいい仕事が生まれるだろう。

アミナにとって、仕事は天命だ。彼女はクライアントを宝物のように大切にし、どんな案件でも楽しんでいる。その一方で、貧しい女性や子どもたちを無料で弁護してもいる。「字が読めない、自分たちの権利も知らない女性や子どもたちの手助けをできるのは、私の喜びです。たとえば、懲役一〇年を求刑された子どもが、一五歳で刑務所行きになることがあります。無邪気な子どもが、刑務所のなかで本物の犯罪者になることもあるのです。そういう不遇の子どもを私は助けたい。判事にも、私に担当させてほしいと頼んでいます」

そんなアミナに、働く女性へのアドバイスを求めたところ、彼女はこう答えた「なにか情熱を傾けているものはありますか？　なにをするにも、途中必ず困難なことがあるものです。障害だってあるでしょう。でも、『この困難を乗り越えて見せる！』って心に決めることが大事です。そこを乗り越えないかぎり、目の前に高い山がそびえたままですから。『私ならできる』と、自分に言い聞かせてください。そうやっていれば、いつか壁を乗り越えている自分に気づくはずですよ」

あなたは今、山を乗り越える勇気が湧くほど、仕事に情熱を傾けているだろうか？

目を閉じて、自分の内なる声を聞いてほしい。あなたの仕事について、その声はなんと言っているだろう？　あなたは仕事をしているとき、アミナのように、ありのままのあなたでいるだろうか？　報酬や名声と関係なく、その仕事はあなたを幸せにしてくれているだろうか？

はじめはよく聞こえないような小さな声だとしても、ほとんどなにも感じなくても、耳をすましつづけていれば、その声は次第に大きくなる。きっとなにかを感じるようにもなる。その声を聞きながら、自分を見つめ直してほしい。

私がインタビューした女性リーダーたちは、それぞれ違う道をたどっていた。けれど、自分の仕事の意義を見つけたことで成功への道が切り開かれた点は共通していた。意義ある活動といっても、壮大だったり、驚くようなものでなくてかまわない。日々の小さな取り組みや人との付きあいのなかでも、意義は充分感じられる。はじめるのに遅すぎるということはない。あなたもさっそく、自分に問いかけてみよう。

情熱を傾けているときは、誰でもすぐわかる。気持ちが高まるから。

夢中になる活動や、自分の持ち味をさらに高めてくれる活動に出会ったときもすぐわかる。それを心待ちにするから。

目的を見つけたときも、きっとわかる。心が正しいと感じるから。

2章 自分だけの「幸せの方程式」をつくろう

ものごとがグチャグチャで、問題山積のときのほうが、私は楽しい。簡単でも手っとり早くもないときに、どの駒をどこに動かしたらいいのかを考えて解決するのが好きなんです。知的な挑戦も好き。さまざまな人と一緒に仕事をやり遂げるのも好き。その結果、メンバーが、「なんでもできる」「自分たちにできないことはない」と思うようになってくれたら最高です。

――クレア・バブロウスキ（トイザらス元COO）

意義探しは、幸福を実感することからはじまる。あなたは、どんなときに幸せを感じるだろう？子どものころは単純で、朝、ベッドから飛び起きたとたん、その日なにが起きるかワクワクしたものだ。あるいは、なにか好きなことを見つけて、ただそれをしていればよかった。

でも物心つくと、そうはいかなくなる。人は大きくなるにつれ、自分の欲求から遠ざかり、親を喜ばせるために頑張ったり、教師や友だちに気に入られるために努力するようになる。さらには大学や仕事を「合理的」に選択し、結婚したら家族を喜ばせることを優先する。そうするのが「正しい」と教わってきたからだ。

そして、他人を喜ばせることばかり考えているうちに、多くの人が、自分にとってなにが幸せかを忘れてしまう。

あなたの幸せはなに？　ほとんどの女性は、こんな簡単な質問に答えられない。いや、そもそも自分の幸せについてじっくり考える時間がない。私たちの毎日は忙しすぎ、複雑すぎ、立ち止まって考える前に、次のことに移ってしまう。

それでいいのだろうか？　よくない！　なにが自分の幸せなのかを知ることができれば、今は眠っているあなたの能力が解き放たれる。もちろん、その能力は見つけだす価値のあるものだ。

まずは「幸せのスプレッドシート」で分析する

幸せ探しをしたおかげで、人生が変わった女性を紹介しよう。

パリのクライアントに会ってニューヨークに戻る飛行機のなかで、ジョージア・リーはこう考えた。「二三歳でもう成功してる。これってすごい。これが私の人生なのね！」。でも、その心のきらめきはすぐに消えた。「私のなかでなにか落ち着かない気がしてきたんです。『これが、本当にあなたの望むものならいいけど。欲しいものは本当にこれなの？　こんな人生が望みなの？』っていう声が聞こえつづけていました。あのときから、私の探求の旅がはじまったんです」

その旅の末に、ジョージアはビジネスの世界から映画製作の世界へと転身した。そして、新しい世界で劇場映画を監督し、トライベッカとサンダンス両映画祭で受賞する。まわりからは突然の転身に見えたが、じつは小さな決断と行動を積み重ねた結果だった。それは、自分にとってなにが幸せかをよく考えたうえで踏み出した、大きな一歩だった。

中国系アメリカ人二世のジョージアはこう言った。「両親は、私を医者にするのが夢でした。ですから私も、最初は数学と科学を必死に勉強したんです。芸術にもふれるように励ましてくれましたが、仕事にさせようとは決して思ってなかったはずです。芸術に詳しければ有名大学の入学に有利、だからそうしたんだと思います」

映画に目覚めたのは、ハーバードに在学中だった。過去の名作をむさぼるように見て、偉大な監督たちからさまざまなことを学んだ。そして、心に小さな炎が生まれた。しかし親思いのジョージアは、映画への興味を脇に置いた。代わりに生化学の学位を取って、親を喜ばせた。

それなのに、マッキンゼーに就職した。結局、科学や医学研究のキャリアに背を向けてしまったのだ。両親が驚いたのは言うまでもない。

マッキンゼーでは、コンサルティングの仕事に夢中になった。知的な挑戦、影響力を持つチャンス……。胸が躍った。「最初のプレゼンのことは今もよく覚えています。クライアントに二ページのプレゼンをすることになったんです。ものすごく緊張して、前の晩には入念にリハーサルもしました。終わったときには『やり遂げた！　相手は経営者で、私はまだ二一歳。でも私の話を聞いて、考えてくれた!』って思ったものです」

ジョージアには、頼りがいのある上司がいた。面白い友だちも、人脈も、バーニーズで高級品を買うお金もあった。ハーバードのMBAを取ってビジネスで成功する道も見えていた。

だが、いつも頭のなかにあったのは映画だった。

最初の一歩を踏み出したのは、仕事をはじめて一年がたったころだ。一時休職して、ニューヨーク大学の夏の映画製作コースを受けることにしたのだ。その五週間で、文字どおり人生が変わった。

「今でも、どんないきさつかわからないんですけど、たまたまマーティン・スコセッシ監督が私の最初のショートフィルムを見てくれたんです。すごくラッキーでした」

その後、スコセッシは『ギャング・オブ・ニューヨーク』を撮影していたローマのセットに、彼女をオブザーバーとして呼んでくれた。それは、彼女がちょうどコンサルタントとして新しい一年をはじめようとしていたときだった。

悩んだ挙げ句、ジョージアはふたたび休職してローマに飛んだ。「あれは本当に難しい決断でした。たいていの人には迷うまでもないことだったかもしれませんが、私にとっては昇進がかかっていましたから。両親は、『マーティン? 誰それ』って感じでした。コンサルタントという仕事をやっと認めようという気になってくれたときでもありましたから」

ローマから戻ったジョージアは、MBAを取得すべくハーバード・ビジネススクールに出願する。無事合格。でも、わずか一学期で辞めてしまう。自分を安全志向だと言うジョージアは、そのころにはもう、心から満足できない仕事を続けることこそリスクなのだ、と悟っていた。

アナリストとしての訓練を受けていただけあって、ジョージアはハーバードを辞める前、自分の選択を入念に分析した。「厳密に、私の幸せと能力とを分析したんです。マッキンゼーの分析みたいに、エクセルの表もつくったんですよ」。彼女は、自分の幸せにとって最も大切な要素を書き出してみた。たとえば、仕事の達成感、知的な刺激、友だちや家族と時間を過ごすこと、健康な生活を維持することなどだ。「それから、ふたつのシナリオをつくってみました。ビジネスの道にとどまった場合の最高のシナリオは、ビジネスでキャリアを積んで、フォーチュン50社のCEOになることでした。反対に最悪のシナリオは、映画の世界に進んで、二流の映画製作者としてちょっとしたインディペンデント映画をつくり、一生、陽の目を見ないことでした」

その分析の結果、ジョージアは映画製作に軍配を上げた。「自分でもすごく驚いたんですが、結局、映画の世界に進んで最悪のケースになったとしても、ビジネスの最高のシナリオより幸せだとわかったんです。成功したCEOよりも、ダメな映画製作者のほうがいい、と。ハーバード・ビジネススクールは素晴らしい学校ですが、私には向いていないとそのときはっきりわかりました。直感では最初から、映画製作者を選びたいと思っていました。でも、何年もかけてデータを集めて〝幸せのスプレッドシート〟をつくって分析してみた。そうしたら結局、同じ答えにたどりついたというわけです」

決心がついたジョージアは、ロサンゼルスに移り、友だちの部屋に居候《いそうろう》させてもらいながら、劇場映画『レッド・ドア』の脚本を書きあげた。製作のための資金集めでは、ビジネスの経験をフルに活かし、詳細な計画を準備して投資家を説得することに成功した。

そして、この最初の劇場映画『レッド・ドア』で、ジョージアは見事、賞を獲った。

その成功もさることながら、成功がほぼ約束されたエリートの道をあえて捨て、未知のキャリアを追いかけた彼女の勇気に、私は感動する。

勇敢な旅人であるジョージアは、後ろを振り返らなかった。「人生は一度だけですから。変な話ですが、人間はみないつかは死ぬと悟れば、誰でもものすごく解放されるはずです。一度きりのかぎりある人生を直視すれば、なにをおいても自分が幸せになることをやるべきだとわかるんです。だって、明日死ぬかもしれないんですよ。そのうえで、仮に三〇年、四〇年と生きるとしたら、その時間をどう使いたいですか？　愛する人とともに、好きなことをやるほうがいいでしょ？　私は断然そう思います」

幸せを決める三つの要素

あなたなら、「幸せのスプレッドシート」になにを書き込むだろう？　その答えを出す前に、バージニア大学教授で『しあわせ仮説——古代の知恵と現代科学の知恵』（新曜社）の著者でもあるジョナサン・ハイトに、幸福の源泉について聞いてみよう。彼の幸せの方程式は「H＝S＋C＋V」。幸福（Hapiness）は、次のものに等しいと彼は言う。

●Set：遺伝的な特性（生まれつきの傾向）

＋

●Condition：生活環境（性別、年齢、住む場所、仕事、人間関係）

＋

●Voluntary：自発的な活動（強みを活かし満足を与えてくれるもの）

「遺伝的な特性」は基本的に親から受け継ぐものだが、それはひとつではない。ポイントはそのなかからいちばんの強みを引き出すこと。一度、深く探ってみるといい。

「生活環境」は、少し変えるだけでも大きな差が出てくる。「宝くじに当たった人」と「突然半身不随になってしまった人」という、状況が急変したふたつのグループを追いかけたある調査では、どちらのグループの幸福感も、数カ月すると状況が変わる以前の水準に戻っていたことがわかった。つまり、どんな状況であれ、現状のなかでできるかぎりのことをすべきだし、それはできるということだ。たとえば、通勤時間を短くするといった小さなことでもいい。ちなみに、長期的な幸せを大きく左右するのは、継続的で前向きな人間関係だという。

しかし、幸せの方程式のなかで最も自分次第で変えやすいのは、なんといっても「自発的な活動」だろう。自分の行動を積極的に選びとることで、あなたの幸福感は今よりはるかに高まる。問題は、幸せを感じる仕事と、現実のキャリア選択とが交差する点を、いかにして見つけたらいいかだ。簡単ではないかもしれない。だが、必ず見つかる。

まずは、子ども時代の自分をもう一度呼び覚ましてみてはどうだろう。「若い人たちに話をするときには、いつも、子どものころの話をしてほしいと頼むんですよ」と言うのは、ケーブルテレビの先駆者ゲリー・レイボーンだ。「すると、みんな正直に話してくれます。みなさんも、その昔、自分はどんな子どもだったか、なにに熱をあげていたかといったことを一生懸命思い出すといいですよ。それができれば、大人になったあなたが、本当はなにがしたいのかを知る道が開けるはずですから」

あるいは、もっと最近の活動で大きな充実感を得たときのことを思い出すのもいい。この数年間で、最も興奮した仕事はなんだっただろう？　そのとき、あなたはなにをしていた？　誰といた？　目標はなんだった？　なにに興奮した？……　当時の同僚と一緒に思い出せればさらに好ましい（し楽しい）。

ここでは、一瞬の快楽ではなく、永続的な幸せに目を向けてほしい。快楽が悪いわけではない。だが、短期的な気持ちの高ぶりをむやみに追いかけつづけるのはお勧めしない。私たちの多くはその罠に囚《とら》われるが、快楽を追求すると、それに依存したり、やりすぎたりしてしまいがちだ。仕事も同じで、昇進やボーナスのために必死で働きつづけ、やっとそれを手にしても、喜びは数日で薄れてしまう。それればかりか、そのあと気持ちが落ち込んでしまうことさえある。

ジョージアの場合、子どものころのいちばん楽しかった思い出は、アイス・スケートをしているときだったと気がついた。父はいつも、氷上のジョージアと妹を主役にしてホームビデオをつくっていた。彼女はピンときた。ジョージアが製作した『レッド・ドア』には、そのホームビデオの数場面があった。人生の意義の根になるものが、そこにあったのだ。

面白いことに、私たちが出会った女性リーダーの多くは、楽しかった思い出としてスポーツを挙げていた。彼女たちは競争と勝利を愛し、なによりチームの一員であることに心からの喜びを感じていた。のちに社会に出てチームを率い、大胆な目標を掲げ、勝利を求めたのも必然だったのかもしれない。また、途上国で育った女性リーダーには、ハングリー精神が旺盛で、早くから自立して手にした自由を愛している人が複数いた。そうした人たちが起業家として活躍しているのもまた、自然のなりゆきに思える。

幼いころから父親の仕事についていき、責任を持つ喜びを知ったという人もいた。トイザらスの元最高執行責任者クレア・バブロウスキは、子どものころ、父親のクリニックの掃除を手伝っていた。棚の小瓶を全部きちんと整理するのが大好きだったという。数十年後、そのころの勤勉さが、店舗オペレーションへの情熱につながったと気づいたとき、いちばん驚いたのは彼女自身だった。

「幸せの方程式」のつくり方、いろいろ

スプレッドシートは、幸福の方程式づくりのひとつの方法にすぎない。やり方はほかにもいろい

ろある。大好きなことをかたっぱしから挙げてリストにしてもいい。日記をつけてもいい。毎朝、どんなことでもいいからノートに書き込む、それだけだ。ジュリア・キャメロンが、著書『今からでも間に合う大人のための才能開花術』で紹介したのがこの方法だった。彼女は芸術家が創造性を羽ばたかせる手助けをしているうちに、このテクニックを使えば、誰でも生まれ持った才能を発揮できることに気づいたという。それでなくても忙しいのに、日記なんて無理？　だったら、まずは週末だけ書けばいい。

それさえも気が進まないなら、子どものころに夢中になったことを、この本の隅に走り書きしてみて！　あるいは、大好きなことをする日をつくってみて！　自分のための時間ができれば、内なる声もよく聞こえるようになるはずだ。

とはいえ、内省にはそれなりの時間がかかる。最初の答えが必ずしも正解とはかぎらない。だから、焦ってはいけない。たっぷり時間をかけよう。静かに耳をすませば、たとえなにも聞こえなかったとしても、日常とは違う時間を過ごせる。おかげで、気分もスッキリするはずだ。すると、いつもよりはるかに気力が湧いてくる。実感すればあなたもきっと驚くだろう。この方法には、投資以上の見返りがある。

とにかく、深く深く、自分の声を探しつづけてほしい。あなた自身の幸せのカギを握っているのは、あなたしかいない。そのカギはあなたの奥深くに、きっとある。それを見つけられるのは、あなただけだ。

3章 自分の「強み」を知っておこう

私の強みはユーモアのセンスです。それから前向きさ。毎朝起きると、今日は昨日よりよくなると思い、なにかステキなことが起きるような気がします。どんなに失敗しても、私は笑っていられます。もうひとつの強みは、一歩引かなければならないときは引き、どこに着地したいかを冷静に考えられることです。でも、なによりの強みは、最高のチームかしら。チームで働くのは大好きです。

――カリル・スターン（ユニセフ・アメリカCEO）

たとえ生まれつき恵まれない人でも、どんな活動をするかを意識的に選びとっていくことで、幸せの感覚は大きくなっていく。生まれながらに恵まれていて、すでに幸福感が強い人でも、意義を感じる活動に打ち込めば、人生はさらに驚くほど豊かになる。だから、あなたにも情熱が燃えあがるような活動を選びとってほしい。もちろん、それがなにかを見つけるのは言うほど簡単ではない。毎日忙しくて、じっくり考える時間がないならなおさらだ。でも、あきらめてはいけない。

あなたを幸せにしてくれる活動はなにか。それを見つける確かな方法は、あなたのいちばんの強み（コア・ストレングス）に注目することだ。残念なことに、ほとんどの人は、弱点を克服することに人生を費やしている。親も教師も、（よかれと思ってではあれ）まず悪いところを指摘してしまう。会社の人事評価だってそうだ。世の中すべてが自分のあら探しをしている気分になっても不思議はない。指摘された欠点を、なんとか修正したくもなるだろう。

だが、欠点に目を向けるより前に、自分の強みを知るほうが先だ。それこそが、あなたにより深い意義と充実を与えてくれるカギなのだから。

「苦手」ではなく「得意」に目を向ける

タイム社の会長兼CEOであるアン・ムーアも、この考えに賛同するひとりだ。彼女は、社員の強みをさらに強化し、その強みを活かせる仕事を与えることに情熱を注いでいる。また、自分自身もそうしてきた。

父親が空軍で働いていたため、アンは小学校を卒業するまでに、ミシシッピ州から日本まで計六回も転校を繰り返した。そうしているうちに必要に迫られて、変化を受け入れることが彼女のいちばんの強みになった。もうひとつの強みは、リーダーシップだ。三二人もいる兄弟やいとこのなかで最年長だったからだ。「かなり幼いときから、なんでも私が指示をしていたような気がするわ。母の影響だと思う。母は家を切り盛りし、学校でも保護者会の責任者だった。教会でもリーダーでした。そうそう、地域の政治委員会でも責任者をしていました。なんでもきちっとした人で、いくつもの責任を巧みにこなしていた。子どもに必要なことをさせるのも本当に上手でしたよ」

母親は、アンが看護師になることを望んでいたという。実際、一族の女性のほとんどが看護師だった。でも、アンのなりたいものは違っていた。「父は大のスポーツ好き。私には男兄弟がふたりいるんですが、上の三人が女の子だったから、男の子は半分あきらめていたみたい。それで、私が五年生のクリスマスに、父がバスケットボールに連れていってくれたの。私、大人になったらトリックシュートを決めたいと思っていたんですよ」

大人になったアンが、プロバスケット選手になることはなかった。だが、その人生において、スポーツは重要な役割を果たした。「私のキャリアのすべては、バスケットボールがルーツ。ハーバード・ビジネススクールを卒業してタイム社に就職したのも、スポーツ・イラストレイテッド誌で働きたかったからだし」

アンは女性たちにこうアドバイスしている。「あなたが意義のある仕事でキャリアを築きたいなら、まず、自分は何者か、から考えることでしょうね。数字は嫌いだと言いながら、金融の仕事をわざわざ選んでいる人がけっこういるでしょ。ああいうのは変だなっていつも思うの。どうして自分の強みを活かさないのかしら。弱みの克服に囚われるのはやめたほうがいい。強みを活かせば、今よりもっと素敵なところに行けるはず。誰にでも強みはあるのだから」

アンはその言葉どおり生きてきた。「じつは以前、昇進を断ったことがあるんです。経営陣はカンカンに怒った。でも私は、自分にとって最善の判断をした。そのときにやっていた仕事を置き去りにして、それほど興味のない仕事に移るのは間違いだと思ったんです。私には合わない仕事だったから。もちろん、批判されたし、その代償も払うことになりました。でも、ごらんなさい。そのときの上司はもう誰もいないのに、私は生き残っているわ」

友だちを見まわしても、幸せそうにしているのは自分自身をよくわかっている人だとアンは言う。「あの人たちは、自分が何者かを知ってる。自分にとって価値のあるものも知っていて、なんであれ、それに従って判断をしているんです」

タイム、フォーチュン、ピープルといったタイム社の歴史ある雑誌を維持しながら、あえて新しい雑誌を創刊したのも、アンらしい選択だった。新雑誌の創刊には大きなリスクが伴う。成功するためには、運も大切だが、広告主に応援してもらわなくてはならないし、消費者の満たされてない欲求を見つける創造性も求められる。幸い、それはまさしくアンの得意とするところだった。「私が入社したとき、雑誌は五誌しかなく、ピープル以外はすべて男性がターゲットでした。でも私は、子どもができたころに、スポーツ・イラストレイテッド・フォー・キッズを創刊したの」

果敢に賭けに出るのは明らかにアンの強みで、それがチームを率いてイノベーションを起こす助けになった。たとえば、インスタイル誌を出したときも、最初の評判はさんざんだった。アンは言った。「全員が鼻で笑ってたわ。三年後には、もう笑う人はいなくなったけど」。笑わなくなったのは、アンたちがコスメとファッションの誌面を刷新して、購読者数で一位を獲得したからだ。

リアル・シンプル誌を出したときも、似たようなものだったと言う。「創刊号はみんながバカにしてた。たしかにひどいものだったの。で、私はこう言った。『この雑誌のコンセプトを、私は心から信じています。ですから、もう一度白紙に戻して立ち上げ直させてください』。確信があったんです。世の中の女性はストレスがたまっていて、生活に秩序を与えてくれるような雑誌を求めているって。なにせアメリカの女性は、物を探すためだけに一日平均五五分も費やしているんですよ。この雑誌は、そんな女性たちに、時間という貴重な贈り物を届けることができると信じてました」

二年もしないうちに、リアル・シンプルもまた人気雑誌になった。

アンがキャリアの階段をどんどんのぼったのは、自分のいくつかの強みを最大限活かした結果だった。たとえば、事実を直視して厳しい決断をくだす能力もそのひとつだ。「メイクオーバーマガジンは残念な例ね」と彼女は言った。「アイデアはすごくよかったんだけど、実際に取りかかってから、これではうまくいかないってわかったの。読者層の女性たちは、口をそろえて『ヘアスタイルやメイクを変えてくれるのはありがたいけれど、私は今の自分が好きだから遠慮するわ』って言った。だから思い切って、創刊号のあとで廃刊を決めたんです」

誰でも、強みを見つけるにはそれなりに時間がかかる。その強みをうまく活かせるようになるには、もっと時間がかかる。アンは「私はそういうことが得意なの」と言うが、彼女だってひと晩でそうなったわけではない。「この仕事は短距離走じゃない。マラソンよ。急いで走り抜けたら失敗する。準備ができていないから」。アンは二五年を経てようやく、個室のある役職に就いた。

次は、いよいよあなたの番だ。あなたが本当に得意なことは？　あなたは、どんな仕事なら簡単にできる？　時間があっという間に過ぎてしまうように感じるのは、どんな仕事をしているとき？逆に時間が長く感じるのは、どんな仕事のとき？

「自分に正直になって、得意なことや楽しんでできることをよく考えたほうがいい」と言うのは、ゴールドマン・サックスのストラテジストでマネージングディレクターでもあるジョゼフ・コーヘンだ。「もちろん仕事だから、いつも楽しいってわけにはいかないけど、週末や月末や年末には、なにかしら達成感がなければね。自分なりに満足感を得られる仕事であるべきだよ」

もう一度、尋ねよう。ほかの人にない、あなたならではの強みはなんだろう？　その強みを活かせたとき、ワクワクして元気が湧いてくる？　もしそうなら、それはあなたの核となる強みだ。

私たちが出会った女性の多くは、いつもは雄弁なのに、「強みはなに？」と聞くと黙ってしまった。謙虚なのはいいことだが、ここは遠慮する場面ではない。そこで、あらかじめ用意しておいたリストを見てもらうと、今度はスムーズにそれぞれの強みが見えてきた。

ポジティブ心理学者のマーティン・セリグマンとクリス・ピーターソンがつくった「強み診断ツール」はご存じだろうか。ふたりは、多様な地域や宗教や年齢の人々を細かく分析し、広く応用できる強みとして、次の二四を挙げた。このリストを見れば、あなたも自分のいちばんの強みがなにか、より鮮明に浮かびあがるだろう。

●「知恵」に関する強み：好奇心、学習好き、判断力、純粋さ、心の知性、知見
●「勇気」に関する強み：勇敢さ、忍耐力、誠実さ
●「人間性」に関する強み：やさしさ、愛情深さ
●「正義」に関する強み：義務感、公平さ、リーダーシップ
●「節度」に関する強み：自制心、堅実さ、謙虚さ
●「超越」に関する強み：美と卓越を見分ける力、感謝、希望、志、許し、ユーモア、熱意

この二四の強みを、あなたの心に響く順にランクづけしてみよう。そうすれば、どれがあなたの特徴をあらわしているかが見えてくる。上位五つがあなたの強みだ。さあ、どれだろう？

トップ5については、あなたをよく知る人に聞いてみるのもいい。いや、そうしてもらうのがいちばんだ。子ども、配偶者、友だち。彼らはあなたよりはっきりと、あなたを見ている可能性が高い。あるいは、職場の上司ならなんと言うだろう？　お客様なら？　母親や父親なら？

強みが見えてきたら、次は、その強みを仕事で活かせているかどうかをチェックしよう。これまでの仕事における成功体験を、いくつか思い出してほしい。そして、その成功の要因はなんだったかをよく考えてほしい。それは、じつはあなたの強みを活かしていたからではなかったか？

今の仕事は自分の強みを活かせるものではない、という人は、どんな役割を与えられたら、もっと意義を感じて取り組めるかを想像してみよう。よくわからない？　だったら、仕事を心から楽しんでいる同僚と話してみよう。そして、聞いてみよう。「今の仕事のどこが好き？」と。何人かに同じように聞いてみて、その人たちと同じようには感じられないと思ったら、思い切って転職を検討してもいいかもしれない。

だが、すぐに転職しなくても、いまの職場でやれることはある。たとえば、あなたの五つの強みのいちばんが「やさしさ」だとしたら、なんでもいい、毎日なにか親切な行ないをしてみよう。いちばんの強みが「好奇心」なら、意識的に新しい問題を探すことで、今の職場でも元気になれるはずだ。自分の職場にそんな道が開かれていないなら、仕事のあとの時間を使って、学び、成長しつづけよう。そうやって、とにかく毎日、自分の強みを活かす方向に生活を組み立てていくのだ。すると、そのうちなにかが必ず前向きな結果につながっていく。そうなると自然にエネルギーが湧いてきて、気持ちが軽くなり、仕事にも自分自身にも満足できるようになる。

最後に、もうひとつだけアドバイスを。これは一度かぎりのレッスンでない。このことを心にとめておいてほしい。なぜなら、五つの強みは時間とともに変わるから。変わるのは、あなたが成長している証拠だ。

新しい強みを身につけるたびに、あなたの仕事の能力は向上し、ひいては、よきリーダーになっていくにちがいない。

4章　「目的」を定めよう

私には夢がありました。そして、それを手に入れました。「あなたはとても強い女性ですね。素晴らしいですね」と言われることもありますが、私はただ、自由でありたいからやっているのです。この会社は私の命です。『一六ドルの洋服を買うくらいなら、機械を買ったほうがいい』と思うこともよくあります。店でいろいろな機械を見ていると、全部買いたくなってしまうんです。

――マリア・エスター・ランダ・チローク（サンタマリア工業創業者）

仕事でも、それ以外でも、興味のあることをし、自分の強みを活かすだけで、人は大きな満足を得ることができる。そのうえにさらに目的が定まれば、そこには意義が生まれる。目的は人を動かす。目的はインスピレーションが湧き出る源だ。あなたを導き、社会を変えるコンパスになり、最も深い幸福感を与えてくれる。それこそが、本物の幸福だ。

いつ、どう見つけるかは関係ない。世の中には、一〇歳にもならないうちから自分の目的を知っている人もいれば、ひとつの道に進んでしばらくしてからそれを見つける人もいる。たとえば、オクシジン・ネットワークの創業者で元CEOのゲリー・レイボーンは、〝たまたま〟目的を見つけた。きっかけは、ある男性に出会い結婚したことだった。その後、仕事を変え、幼児教育の専門家になった。さらには、子ども向け専用ケーブルテレビチャンネルのニコロデオンに関わり、ついには、女性や若者をターゲットとしたエンターテインメント企業オクシジンを創業した。

目的があれば、失敗してもくじけない

ゲリーは三人姉妹の真ん中として、田舎町で育った。父親はビジネスマン、母親はクリエイティブな精神に富んだ声優だった。「姉はきれいで完璧だったし、妹も頭がよくてカリスマ性がありました」。ふたりに比べてゲリーは目立たなかったが、父親があることを発見した。「父が私を見て言ったの。『知ってるか？　おまえには商売の才能があるぞ』って。父は毎週土曜に、自分のオフィスに私を連れていってくれて、株式コードのクイズを出してくれた。おかげで一六歳になるころには、夏休みの間、事務所の管理ができるまでになっていました。ミーティングにも同席させてくれて、父より私のほうが人を見る目があると言われたりした。ビジネスの世界を見ながら育ってきたから、その点は自分でも自信がありました」

大学では建築学を専攻したが、これから先、なにかを設計できるようになるまでに、何年も配管

の図を描きつづけることになりそうだと気がついた。

結婚後、教師の資格を取ったのは、夫に刺激を受けてのことだった。小さな私立学校で働きはじめたが、夫が貧困地域の学校で映画製作について心から楽しんで教えているのを見て、また刺激された。そこでは読み書きのできない子どもたちが、自分たちを主張するすべを見つけていた。このとき、彼女の人生の目的へとつながる小さな炎が生まれた。一九八〇年にニコロデオンに入社するころには（三人目の社員だった）、子ども向けケーブルテレビの先駆者になっていた。

ゲリーは、ついに運命の仕事を見つけた。「地上波のテレビはどうでもよかったんです。あっちの番組は子どもの心に届いてないし、私たちのほうがうまくできるはずだと思っていたから。私たちは、『頭ごなしに子どもに説教しない』という、当時としては斬新な考えを持っていた。子どもを尊重して楽しませることを考えていたんです」

とはいえ、ゲリーはニコロデオンで一直線に昇進したわけではない。「うまくいったこともあるけれど、ひどい失敗もしましたよ」と彼女は言った。

「たとえば、ノルウェーやイタリアのゲーム番組のほかに、世界中のお笑い番組やCMを紹介する『ターキーテレビ』っていう番組をはじめたときもそうでした。その番組制作に全予算の半分の一五〇〇万ドルも使ったの。それまででいちばん大きな賭けだったわ。で、五月末のメモリアルデー（戦没者追悼記念日）の週末に、家族全員でテレビの前に座って番組を見たら、息子が涙を浮かべてこう言った。『ママ、もうテレビのお仕事は絶対に来ないね』って。そのくらいひどかったのよ。バカっぽい番組名も失敗でした。すぐにスタッフ全員をオフィスに呼んで、編集室にカンヅメにしたわ。だけど、おかげでチームの絆が強まった。振り返ると、学ぶことも多かったですね」

ニコロデオンでゲリーが掲げた目標は、個人的な成功以上のものだった。「世界を変えることができる、子ども番組の世界を一変させられる、って思ってました。私自身のキャリアについてはまったく考えてなかった。あまりにも会社の成功に打ち込んでいたので、自分のキャリアなんて眼中になかったんです」

だが、全員がこの壮大な目的に賛同したわけではない。「チームのある女性は、私のところに来て、こう聞きました。『バイス・プレジデントになりたいんですか？』。私が『そんなこと、考えたこともなかったわ。子どものためになにか素晴らしいものをつくりたいだけよ』って答えたら、彼女は言った。『野心がないなら、私はほかの仕事に就きます』。それには、『どうぞ』って返事をしたわ。もちろん、私にだって野心はあります。でもそれは自分のためじゃない。私にあるのは、なにかを変えたいっていう野心。彼女には想像もつかなかったようだけど」

ゲリーが選んだ道は、誰も歩んだことのないものだった。だから、新ジャンルの先駆者の特権として、自由（とリスク）が与えられた。ゲリーにとってそれはチャンスだった。昔ながらの男性社会と競争しなくてよかったからだ。「ケーブルテレビ業界で仕事をしていると、ほかの人が悲しい目で私たちを見て、こう考えているのがわかります。『かわいそうに。負け組に入ってしまって』。でも、じつはここだからこそ、多くの女性が成功できるの」。ゲリーたち女性が、黎明《れいめい》期の業界に将来性と目的を与えたのだ。「私たちには情熱があった。視聴者にも、この分野についても、夢中になっていた。偉大な探検家だったんです」

ゲリーは今、ビジネススクールを卒業した新世代の女性たちが、目的とはなにかを理解せずに仕事をしているのを心配している。「最高の教育を受けても、少し自分を見失ってるんじゃないかしら。朝起きると同時にビジネスのことを考えているようでないとだめだ、って思い込んでいるみたい」。ゲリーには彼女たちが、どうして自分が不満なのか、どうしてうまくいかないのかを模索しているように見える。「電話をかけてきて、『やりたくない仕事を断ったら、弱いと思われるでしょうか？』って聞く子もいます。私はそのたびに、『そんなことないわ。弱く見られたりしない。本当にやりたい仕事をやるべきよ』って答えているんです」

こうしたゲリーの考え方は、私たちの調査とも一致している。仕事の意義は男女を問わず大切だが、意義を求める傾向は女性のほうが強い。「一般的に男性は、意義なんかよりはるかに『誰がトップか』を気にします。『誰かが負けなければ自分が勝てない』ってね。でも女性は、もっと組織全体に役立つことを考えられる。私だけじゃない。女性は心の奥底で、本当にみんなのためになることをしたいと思っているの」。ゲリーはこう言ったあとで付け加えた。「男性はエキサイティングでタフで集中力がある。彼らの勝ちたいとう気持ちも、それはそれで健全だと思うけど」

だが女性は、勝ち負けよりも自分なりの目標を設定し、それに向かって真摯《しんし》に働く傾向が強いとゲリーは言う。「女性の素晴らしい点は、大変なことも忘れてしまうところ。だから、ふたり目の子どもを産めるんでしょうね。また元に戻ってはじめからケーブル局を立ち上げようなんて思うのもそう。息つく間もない時代もあったわ。くたくたになって立ち上がれないようなときもあった。どうやって足を前に進めたらいいかわからなくなることもあった。でも、私は目的があったからくじけなかった。今となってはいいことばかり思い出します」

目的が見えてくる「三つのリスト」

ゲリーの話にもあるように、あなたが幸せだと思う仕事、強みを活かせる仕事、目的を与えてくれる仕事は、あなたを成長させ、ひいてはよきリーダーにしてくれる。高い目的があり、チームとそれを分かちあっている人は、ささいなことに囚われない。誰が前を走っているか、どの部署が自分たちより業績がいいかなどといったことにも目がいかなくなる。要は気が散らなくなるのだ。

「自分のことを心配するのはやめて、働きたくなる環境をつくることを考えるべきですよ。そうすれば、きっとうまくいくから」。実際、ゲリーにとってはそれが突破口になった。「人生に目的ができてからは、『みんなクビになるし、私もそのうち絶対クビになる』という気持ちから、『私がここの責任者だし、私が責任を持ってここをもっと働きやすい職場にする』という気持ちに変わりました。目的があれば、まわりの人たちに役立つ存在になれるのよ」

目的があれば、具体的な目標も設定しやすいし、挑戦する勇気も湧いてくる。ゲリーもそうだが、すぐれた女性リーダーの多くは、大きな目標を掲げることで自分を鼓舞し、より高い場所に到達している。逆に、目先だけを見て、居心地のいい場所にとどまっていると、結局は小さな成果しか得られない。

とても無理だと思ったことでも、いざやってみると思いがけない力が湧くものだ。よく言われる例に「一マイル四分の壁」がある。陸上界では長い間、一マイル（約一六〇〇メートル）を四分以内で走るのは不可能だと言われていた。だが、一九五四年にロジャー・バニスターがこの記録を破ると、わずか二年半の間に、八人ものランナーが三分台を出した。人間が突如進化したわけではない。「できる」と思えたことで、飛躍できたのだ。

だからあなたも、あえて大胆な目標を掲げよう。それに向けて努力するうちに、目的に近づいていると感じられるときがくる。そのとき、あなたは大きな充実感に包まれるはずだ。

「もし明日急死したとしても、けっこう頑張ったと思えます」と言うのは、ゴールドマン・サックスの元副会長スザンヌ・ノラ・ジョンソンだ。「私は世界に飛び出して、なんらかの形で世の中をよくしていきたいのです」。大学卒業後、「なにか社会に役立つ仕事か、世界を変えるような仕事をしたい」と思っていたスザンヌは、世界銀行で働くのが夢だったが、落とされてしまった。就職したのはゴールドマン・サックス。ラテンアメリカの負債を再建するのが仕事だった。

彼女は夢をかなえたのだろうか？　それとも目標を変えたのだろうか？　引退したとき、スザンヌは深い満足を感じていると語った。さまざまな形で世界にふれ、途上国の経済を助け、多くの雇用を生み出したからだ。同時に、ウォール街の最強企業で初の女性リーダーのひとりにもなった。

もしも、あなたがまだ夢を見つけていないなら、または夢見るタイプではないなら、目的を見つけるのにこんな方法もある。

心理学者のタル・ベン・シャハーは、次の三つについてリストをつくることを勧めている。ぜひ一度、試してほしい。

①あなたが楽しいと感じること、得意な活動は？（ゲリーの場合は、芸術作品の制作、子どもの教育、チームでの仕事）
②あなたにとって大切なものはなに？（ゲリーの場合は、なにかを変えること）
③あなたの強みはなに？（ゲリーの場合は、好奇心、リーダーシップ、独創性、忍耐力）

リストができたらそれを見返して、三つに共通するパターンを探そう。一貫したテーマはなんだろう？　ゲリーの場合、テーマは「子どもの教育に関わるエンターテインメント」で、次第にそれが深い意義へと彼女を導いていてくれた。

次に、このパターンとあなたの今の仕事を比べてみよう。そして、その仕事をあなたの目的に合わせることができるかを考えてみよう。まわりの人たち、たとえば同僚と、彼ら自身の目的意識について話してみるのもいい。彼らとあなたのモチベーションとで、一致する部分があるかもしれない。あるいは、力を合わせる価値があると気づくかもしれない。

あなたの掲げた目的がなんであれ、それはただの願望ではなく、そこに向けての旅だ。その旅の過程は、実際に目的を果たした瞬間よりはるかに多くの幸せを与えてくれる。ゴールテープを切ったときの高揚感はすぐに薄れてしまっても、そこにいたるまでの思い出は一生残るものだ。

目的を持つと、その道のりの間中、幸せを感じられる。行き方がわかっていれば、地図にくぎづけになることなく、立ち止まって景色を楽しみ、山の新鮮な空気を吸い込むことができる。具体的な目標があれば、日常業務のつらさもやわらぐ。今後何年かで達成したいことがはっきりしていれば、毎日のささいなことにいちいち気をもむこともなく、今このときに没頭できる。いいことずくめだ。

だから、まずは確固とした目標、しばらくの間あなたを支えつづけるような魅力ある目標をなんとしても探してほしい。その際のポイントは、肩書や期限にこだわらないこと。そういうことにこだわると、自滅しかねないからだ。自己を超える目標、人々の役に立つ目標、社会や地域に貢献できるような目標、つまり意義ある目標は、より大きな充実感を与えてくれる。そのことは研究でも明らかになっている。

とはいえ現実には、仕事の意義を探そうとしない人が多い。なぜだと思う？　それは、本気で意義を探すと、往々にして現状や地位が脅かされるからだ。いったん自問しはじめると、これまで信じてきた成功の定義や、意義のあることだと思っていたものが、じつはまったく違っていたとわかってしまう。それは怖い。だから、もっともらしい理由をつけて、リスクをとる余裕はないと自分に言い聞かせるのだ。たしかに、本当に求めている別の目的に向かえば、山あり谷ありの道を歩むことになる。リスクだってある。でも、心の奥深くでは、これまで信じてきたことが、自分ではなく、ほかの誰かの期待や価値観に基づいていることに気づいているのではないか。

今の状況に本気で背を向けられない？　では、こう尋ねよう。あなたは、本心が求めるものに向かわないで平気なのですか？

もし答えが「平気じゃない」なら、まず一歩だけ進んでみよう。いきなり飛び込むのではなく、ジョージアがしたように、少しずつ確かめながら進めばいい。このやり方には、利点がふたつある。第一に、その目的が本当にあなたの求めるもので、あなたに合っているかを確かめることができる。第二に、少しずつ進むことで、リスクを最小限にできる。もし自分に合わないと思ったら、方向を変えられる。

そうやって、おずおずとでも探しつづけていれば、そのうちきっと、人生の目的がはっきり見えてくる。ゲリー・レイボーンは建築からはじめて、教育に移り、子ども向けテレビでやっと天職を見つけた（その後、女性向けメディア企業を立ち上げた）。

魔法のようだが、本当なのだ。

5章 夢をつかめ！

私たちがインタビューしたとき、アロンドラ・デ・ラ・パーラはまだ二七歳だった。だが、彼女のたどったストーリーに、私たちは強く惹きつけられた。情熱に突き動かされているとき、まわりの人間を引き入れて意義ある目標を分かちあえるとき、責任を持ってチャンスに向かって没頭しているとき、人は夢に生きることができる。アロンドラにとってそれは、故郷のメキシコを離れて指揮を学ぶことだった。故郷をあとにして四年後の二三歳のとき、彼女はニューヨークで新しい交響楽団を立ち上げた。

この章では、アロンドラが語ったことを、そのままの言葉で紹介しよう。

オーケストラを夢見た少女

私は昔からずっと音楽が大好きで、はじめにピアノを、次にチェロを習いました。両親も音楽が好きで、よく一緒にコンサートに行ったものです。一三歳のとき、父が私に聞きました。「どうして指揮者に注目しないんだい?」。私が「だってなにもしてないんだもん」と答えると、父はこう言いました。「いやいや、違うよ。指揮者は誰よりも楽譜を知ってなくちゃならないんだ。全員のパートを知って、それをひとつにしなくちゃならないんだよ」

それ以来、オーケストラのリーダーになることは私のいちばんの夢、内に秘めた願いになりました。よくこう考えました。「なんでも好きなものになれるなら、なんでもできるとしたら、オーケストラを率いたい」って。とはいっても、それをかなえられるとは思っていなかった。最初のころは、そもそもどうしたら指揮者になれるかの見当もつかなかったし……

父はとても繊細な人、夢のようなことを考えるのが好きなんです。父に似たのか、私も子どものころからずっといろいろな夢を見て、途方もないことを想像していたわ。父は絶対に「無理だ」とは言わずに、いつも励ましてくれました。

そのうち、「指揮者は音楽理論を知らないとだめだ」と悟った私は、理論を詰め込みはじめました。音楽史の知識も必要だと思って、それも勉強した。そして一九歳のときに、ニューヨークにやってきました。「音楽以外に指揮者が知らなくてはいけないことはなんだろう?」って考えて、オーケストラの仕組みだ! と思っていたら、ちょうど弟子入りできるオーケストラがあったんです。椅子を並べたり、ステージの準備をしたり、ライトを当てたり、コピーをとったり、要は雑用係でしたけど。

そんな仕事でも、リハーサルに行くときは指揮者になったつもりで行きました。自分がそのリハーサルを仕切る気持ちで楽曲も予習して。そして当日は、静かに座って観察した。そんなふうにして、何人もの指揮者のリハーサルを見たんです。当時は、「指揮者になれるかどうかわからない。けど、オーケストラについて知らないことはないくらいになりたい！」と思ってました。

いま振り返ってみると、それがカギでした。目標に一直線に進む代わりに、私は自分にないものを埋めることからはじめた。あとになって、「ものごとがどんなふうに動くかがわかれば、ほかの人を導いて目標を達成できる」とわかりました。

もうお気づきでしょうが、私はとにかく学ぶことが大好きなんです。毎日なにかを学んでいたい。これで充分ということがない。いつも目を見開いて、すべてのものから学ぼうとしています。でも、真面目ってわけじゃない。努力して、自分を律しているんです。それと、人をまとめるのが得意。全員のエネルギーをひとつにするのが好きなんです。

最初にニューヨークに来たときは、指揮の夏期講習に申し込むつもりでした。経験？　まったくありませんでした。ほとんどの夏期講習は、応募するときに動画の提出が求められるのですが、私には見せられるものがなかったから望みなし。結局、友だちが、メイン州に書類だけで応募できるところがあると教えてくれて合格できたものの、いざ入ったら恐ろしくなりました。「一九歳の私が、五〇歳の指揮者の人たちと一緒に三週間過ごすなんて！」って。

運営者のケン・キースラーに出会ったのはこのときです。初対面で、彼はこう言いました。「経験があるなんてことは聞きたくない。これまでに指揮したオーケストラのことも聞きたくない。それはどうでもいいんだ。ぼくは、きみが何者かが知りたい」。ケンがそう言った瞬間に、「それなら大丈夫。経験はないし、オーケストラを指揮したこともないけれど、自分が何者かはわかってる」って思いました。すっと気持ちが落ち着いたのを覚えてます。

でもそれも、最初に指揮するまでのことでした。あれはホントにびくびくものだったわ。あの瞬間は、今も忘れられません。でも、ケンは私を見てこう言ったんです。「きみにはなにかがある。生まれ持った才能がね。手助けしよう」。信じられませんでした。「どうしてこんなことを言ってくれるんだろう？ 全然下手なのに」って。ケンが手を差し伸べてくれたこと、言ってくれたことは、今も全部心に残っています。「いちばん強い人は、じつは弱い人なんだ。ありのままの自分をさらけ出し、その自分と向きあって、こだわらない人こそ強いんだよ」。この言葉、すごく矛盾しているでしょう？ ふつうは「リーダーたるもの、強くなくちゃいけない」って思いますよね。

素晴らしいアドバイスでした。おかげで私は早い時期に、人は弱さに共感するってことも学べました。人間はみんな弱い存在。誰かとつながるのは、なにもかも完璧で、なにもかも思いどおりのときじゃない。みんなそんな人に憧れるし尊敬するけど、人がつながりあうのは、共感しあえるときなんですね。

その夏の終わり、私はモーツァルトの大ミサ曲ハ短調を指揮しました。その日の夜、両親には電話でこう言いました。「たとえ今日死んでも満足よ。全然悲しくない。死にたくないけど、でもそうなったらしょうがない。だって、夢見た以上の人生をおくってこられたんだから」。今も同じように思ってます。あのときから、自分が経験することはすべてボーナスだと思っているんです。夢のまた夢をはるかに超えたオマケみたいなものだって。

好きなことなら夢中になれる

ケンは私の助言者《メンター》になって、最初からこう教えてくれました。「なぜこれをやっているのか、その目的が明確でないといけない。よくよく考えて書き出してごらん。きみがすることはすべて、その目的を意識してやらなくちゃならない」。私の目的――それを考えるのに八カ月かかりました。ある日、私はついにケンにこう言いました。「私の目的は、観客にとって最高の交響曲を演奏することです」。するとケンはこう返した。「素晴らしいね。でも、人生でやりたいことはそれだけ？」。それで、私はまた考えて、次はこう言った。「音楽を通して教育をしたいです」。そうしたら、「それはすごくいいね」って。とうとう自分に合った目的が見えた！　そう思いました。「音楽を通じて、世界に前向きなインスピレーションをもたらしたい。その源を育てるために、精一杯の力を注ぎたい！」。今も、何事もそう思ってやっています。むしろ、その気持ちは大きくなっている気がします。

あの夏のあと、私はマンハッタン音楽院に戻りましたが、そのうち、ラテンアメリカやアメリカ大陸の交響曲が、世界であまり演奏されていないことに気づいたんです。そしていつしか、両アメリカ大陸の楽曲だけを演奏するオーケストラがあったらいいのに、と思うようになった。このときはただの夢でしたが……。

でも、チャンスが訪れました。ある日、メキシコ領事館から電話がきたんです。メキシコ音楽のコンサートを企画しないかって。それで私は八〇人構成のオーケストラを提案しました。しばらくして、『思っていたよりお金がかかりすぎる。もっと少人数の弦楽奏グループを考えていた』と言われてしまったけれど、じつは、そのときにはすでにかなり準備を進めていました。だから、なんとかこの企画を実現しようと、スポンサー探しをはじめました。そしたら、資金さえあれば参加できるフェスティバルがあったんです。お金さえ調達できれば実現できる！　じゃあ、指揮は私がしようってことになって。といっても、その時点ではまだオーケストラも、管理者も決まっていなかったのですが……

このときは、たまたま無職だった親友三人に助けてもらいました。みんなで一緒に狭いアパートメントに住んで、寝ても覚めてもコンサートの実現のために頑張りました。結局、それは実現したんです。失敗しても少しもおかしくなかったけど、うまくいった。この経験で、どうすれば細かい部分まですべてうまくいくかがわかりました。

コンサートのあと、ケンはこう聞いてきました。「これでおしまいなのかい？　コンサートを一度やったら満足なの？」。だから、私はオーケストラを持つ夢を話しました。彼が「じゃあ、それを実現させなくちゃ」と言うので、「どうすればいいんでしょう？」と聞きました。すると、ひとこと。「自分で見つけないと」

それで、やってみたんです。そうしたら、ものごとが動きはじめた。次のコンサートを企画して成功させ、その次のコンサートも成功させた。最初のコンサートに来てくれた人の多くが、理事になってくれたことも大きかったですね。「コンサートはいかがでしたか?」「そうですか、よかった! では理事になっていただけませんか?」というようにお願いしたんです。みんなステキな人たちで、能力もあった。彼らはいつも私を助けてくれました。

それ以来ずっとやってるわけですが、冒険は続いています。音楽は私の原動力。作曲、音色、質感、さまざまな人が奏でる音の組みあわせ……音楽に関するすべてが私の情熱の源です。音が好き、音にふれるのも好き。それをひとつにまとめて色彩のように混ぜ合わせるのは、もっと好き!

ピンチは何度もあるけれど……

圧倒される瞬間は今もしょっちゅうあるし、燃えつきてこれ以上無理だと思ったことも何度もあります。ピアノの学部生だったときなんか、それは大変でした。ものすごく勉強しなくちゃいけなかったから。あのころは、昼間は学校で勉強して、夜はオーケストラの運営と資金集めをやっていたんです。で、とうとう、自分をとるか、プロジェクトをとるかというところまで来た。このままでは壊れてしまいそうでした。時間がまったく足りなくて。自分の身は自分で守らないと、おかしくなってしまう。夢をかなえるには、強く健康でいることがとても大切です。

それで、理事会にこう言いました。「充分な資金を調達して専任の管理運営者を雇うか、プロジェクトをやめるかしかありません。私には無理です」。幸い、理事会は専任運営者を雇ってくれました。おかげで、また前に進めるようになった。そのあともまた、もう無理って思ったときがあったけれど、そのときは突然、別の音楽家が助けてくれたんです。まるで、このプロジェクト自体に意志があって、私を離してくれないみたいでした。

私だって、いつもハッピーというわけじゃない。落ち込むこともしょっちゅうです。自分のいたらなさを感じることも多い。ほとんどいつも、失敗するかもって心配してますし。だけど、そこから抜け出すために、こう考えるんです。「これは私の感情じゃない。私はこんな人間じゃない」

ニューヨーク・フィルハーモニックのクルト・マズアは、こう言ったそうです。「観客みんながあなたを大好きになると思ってるなら、それは大間違いだ。みんなが手放しで褒めてくれると思ってるなら、指揮者なんかになるべきじゃない。時間の無駄だ。周囲の評価に囚われている間は、決していい評価を受けることはできない」。つまり、音楽に没頭していなくちゃだめってこと。今この瞬間に集中して、メンバーみんなを巻き込まないとだめなんです。

父は、私が電話で「ああ、あの人がこんなことをやってて、自信なくなっちゃった」とか言うと、いつもこう言うんです。「そりゃよかった！　今日いちばんのいい知らせだよ。おまえが成長してるってことだからね」。なにか心配があるなら、原因を正すしかない。そのままにしておいてはいけないっていう意味ですよね。

ものの見方は人それぞれだから、メンバー間で誤解や問題が起きることもよくあります。あなたが指揮者としてオーケストラの前に立って、リハーサルをしているところを想像してみてください。あなたは、その日はじめてオーケストラのメンバーと会った。ふと見ると、第三ビオラ奏者がまわりのメンバーとなにやらひそひそと話をして笑っている。そのときあなたは、「私の指揮が下手だと思ってるんだ」と想像してしまうのでは？

だけど、これではだめですね。私は多くの人から、最悪のことを勝手に想像してはいけないということを学んできました。私の夫も、人間のいい面を見ようとする人ですし。

以前、オーケストラのあるパートが私に反抗的だと感じたことがありました。最初はなにも言いませんでした。「きっと能力がないと思われているんだ。でも実際、私は力不足だから彼らは正しい」って思っていたから。だけど、ある日決めたんです。「決着をつけよう」って。

それで、その人たちを脇に呼んで聞きました。「私のことを気に食わないと思ってますか？　尊重されていないように感じるんですが、どうなのでしょう。なにか言おうとすると、もう知ってるから聞きたくないという態度に見えるのは、気のせいかしら」。すると彼らはこう言ったんです。「私たちの演奏を気に入ってないのは、あなたのほうじゃないですか？　私たちはどうしたらいいかわからないんです。気に入られようとしても、あなたのほうがいつもイライラしてるようなので」

私が声をかけていなければ、この誤解は私のなかでお化けみたいにムクムクと大きくなっていたでしょうね。

「最高の瞬間」を味わおう！

エネルギーを発するのは、人間。いくら音が素晴らしくても、人間がいなければそれは存在しません。オーケストラの誰かとつながったとき、その人の目を見ると、同じところにいるのがわかります。その人と別次元で純粋に通じあってることがわかるんです。私にとっては、それがすべて。それが最高の瞬間です。

あなたもきっとそうだと思う。自分が何者かということも大切ですが、誰かとつながりあう瞬間こそが大切なんじゃないでしょうか。

「仕事ができないといけない」「いつも準備しておかないといけない」「真剣でないといけない」「努力しなくちゃいけない」「時間を守らないといけない」……どれもそのとおりだけど、仕事の仲間や部下は、人間としてのあなたも見たがっているはずです。人間らしい側面をなにか見せると（たとえばちょっとおどけてみせるとか、少し打ち明け話をするとか）、誰でも共感してくれるものです。ええ、私はそう思っています。

Part

Ⅱ

ものの見方を変える

6章 あなたの「見方」をチェックする

うまくいかない理由ばかりを並べていたら、永遠になにもできません。本当に大切なことに集中して、その他のことはあまり気にかけないでいい。他人の言うことが気にならない人はいません。人間は群れる生き物ですから。でも、政治の世界では、新聞のネガティブな論説や、有権者の批判、グロテスクな風刺漫画がそれこそ毎日繰り返されるんです。いちいち気にしていたら生きていけません。

――ジュリア・ギラード（オーストラリア元首相）

ここまで、意義や目的のある仕事から大きな充実感を得ている女性たちを紹介してきた。仕事がうまくいけば誰でもうれしいものだが、そこに意義があれば、心はさらに解放される。より深く、より持続的な幸せを得られる。

だがもうひとつ、「前向きな考え方」もまた、意義と同じように、あなたの仕事の柱になる。このふたつは、お互いを強めあっている。

ブッダは「考え方が世界をつくる」と言った。ポジティブ心理学者も、経験をどのようにとらえるかが、その人の現実をつくると言っている。時代は違っても言っていることは同じだ。前向きなものごとのとらえ方が、障害に負けず前に進む力や見通しを与えてくれる。つまり、前向きさは成功のカギなのだ。

前向きに考えることは、なんでもバラ色に見ることとは違う。それは、「世界を歪《ゆが》めずに見る」ということだ。事実は事実。ものごとを前向きにとらえる女性リーダーはみな、事実を直視していた。後ろ向きな感情で現実を歪めたりはしていなかった。

前向きなとらえ方ができれば、危険を過大に見たりしない。厳しい現実に建設的に立ち向かえる。問題解決に必要な明晰《めいせき》さやエネルギーも湧いてくる。そうやって、できるかぎりの力を尽くしたら、先に進む強さも手に入る。打たれ強い人間になれるのだ。

（女性は無意識に「悪いこと」を想像しがち）

前向きな思考回路を持つ女性は、総じて考え方が柔軟で、自分の未来は自分で変えられると思っている。結果や学習や成長に、自分が影響を与えられると思っている。

だが多くの女性は、不安や恐れやストレスが引き起こす無意識の感情のせいで、現実を悪いほうに歪めて見てしまう。そうなると、間違いや過ちや失敗による逆境におかれたとき、人生はさらに厳しいものになる。どんどんと悪い方向にいき、気持ちが落ち込み、行動を起こす意志もエネルギーも失ってしまう。なかには生まれつきものごとを前向きにとらえられる女性もいるが、多くの人は、前向きにものごとをとらえるために、まず深く根づいた習慣を捨てなくてはならない。

（エリート社会に入って差別されたら……）

ザンビアに生まれ、今はジンバブエに暮らすエマ・ファンディラは、女性が最近になってやっと基本的人権を獲得した社会で育った。「妻」が自分だけの財産を持つことを許されたのも最近だ。そんな社会にあってもエマは、やり遂げると思ったことは必ずできると信じてきた。そして今は、安定もままならない国に住みながら、不動産を持ち、金融アドバイザリー事業を経営している。

エマは、成功したビジネスマンの家庭の五人兄弟の四人目として生まれた。「父はすごく厳しい人でした。文化を大切にしていて、つねづね志を持てと言っていました」と彼女は言った。「父は子どもたちがひとかどの人間になることを望んでいましたが、もっぱら兄に気が向いていた。アフリカ社会では、男は家を継ぐ大切な存在だから」

小さな子どものころから、エマは期待されたいと思っていた。「いつも自分の意見を主張していた気がします。聞いてほしかったから。でも、少々押しが強すぎたかもしれませんね」。彼女は九歳のとき、姉と同じイギリスの学校に送られた。「飛行機から降りると怖くなった。『神様、私はどうしてここにいるのでしょう?』って聞いたわ。学校に着くと、私だけがみんなと違っていたの。

母は私にワンピースを着せたけど、ほかのみんなはジーンズだったんです」

姉は、エマの面倒をみている時間がなかった。クラスでただひとりの外国人で、ただひとりの黒人。エマは否応なしに自立していった。彼女の強い個性も助けになった。「自分が望むことで目立ちたかった。いつもボスっぽい存在でした」

逆境のときに世界を前向きにとらえることの大切さを教えてくれたのは、母だった。エマが十代のとき、両親は離婚し、母がひとりで子どもたちを育てた。「母はまったくなにも持っていませんでした。でも、たくましかった。小さな運送会社を立ち上げ、不動産を買ったのよ。母は私の憧れなんです」。エマは、母がすぐに立ち直り、どんな女性もうらやむほど見事に生活を切り替える様子をずっと見て育った。この経験が、社会で成功するには自立が大切だ、ということを彼女に刷り込んだ。「壁を破りたかったんです」とエマは言った。「昔は、『男性だけの世界に入って、自分になにができるかをどう証明すればいいんだろう?』ってよく悩んでいました」

そして十八歳のとき、父親に呼び戻されてジンバブエの大学に入る。そこで教師になるための訓練を受け、そのまま教職に就いた。だがエマは、従来にないやり方で自分の足跡を残すことにした。教師を辞め、ロンドンに本社のある大手金融企業のスタンダード・チャータードに入社したのだ。

白人男性エリートに支配されていたスタンダード・チャータードにあって、黒人女性のエマはものすごく珍しい存在だった。「自分を証明したかったんです。彼ら以上とは言わないまでも、同じくらい優秀だと証明したかった。私と同じ黒人の若い男性にも負けない能力があることも見せたかった。大酒飲みじゃないからって、弱いわけじゃないもの」

　年齢でも性別でも人種でも不利だったエマは、誰よりも自分を証明する必要があった。「ミーティングに入っていくと、白人のお偉方のなかで黒人女性は私ひとり。私を見て、偉い人たちはこう思う。『あの女はなにもわかってない。あいつの力なんか借りる必要なんか全然ないのにな』」

　クライアントのなかには、敵意をむき出しにする人もいた。「ミーティングの最中から私を気に入らない様子でした。私は丁重に対応したのに、終わったあと、その人は電話をかけてきた。『なにもわかっちゃいないくせに』と怒鳴りつけ、ああだこうだと私にいちゃもんをつけてきたんです。とっても無礼でした」

　エマはそれでも冷静さを保ち、自信がゆらぐことはなかった。そのクライアントのための仕事に戻り、プロに徹した仕事をした。ついには、クライアントがエマの上司に、彼女の冷静さと卓越した仕事ぶりを褒める手紙を送ったほどだった。結局、エマはロンドン本社から賞をもらった。

あなたの「悲観度」はどのくらい？

　こんな状況を想像してほしい。上司が突然、あなたをミーティングに呼ぶ。部屋に入ると、上司とふたりのエグゼクティブがいる。全員が急に話をやめ、急いで書類をしまう。ふたりはあなたのほうを見ず、そそくさと立ち去る。上司は下を向いて書類を眺め、目を上げてあなたを見る。座るようにとは言われない。

さて、あなたはその瞬間、どんな反応をするだろう？　ある女性のグループに同じことを聞いたとき、ふたりの女性が対照的な発言をした。ひとりは、「なにかひどい失敗をしたんだって思う。クビになりかけてるんだわ。気持ち悪くなりそう」。一方、もうひとりは笑いながらこう言った。「なにかほかの仕事を終わらせてたんでしょう。私にわかるわけないもの。なにをやっていたのか上司に直接聞くわ」

あなたはどちらに近かっただろう？　悲観的な人は、すぐに自分になにか問題があると思ってしまう。最悪を予想して、それを自分のせいだと思い込む。不安になり、心配しはじめる。だが、悲観的な人が思い悩んでいる間、楽観的な人は明るい会話を想像し、成長の機会として受け入れようとする。実際には、上司がなにを考えているかはどちらの人にもわからないが、楽観的な人は自動的に負の連鎖に入ってしまうことを避け、悲観的な人は悪循環に陥ってしまうのだ。

人によって、どうしてこうも反応が違うのだろう？　マーティン・セリグマンはその答え探しに何年も費やし、「永続性」「普遍性」「個の力」という三つの要素が、前向きな考え（または後ろ向きな考え）につながると結論づけた。

ためしに、これまでに仕事で経験した大きな逆境を思い出してみよう。たとえば、経営陣から批判されたとか、悪い人事評価を受けたとか、不況で解雇されたとかだ。そのとき、あなたはそれをどうとらえただろう？

●逆境は一時的だと考えたか？　それともずっと続くと思ったか？
●その結果を、状況による特殊なものだと思ったか？　それとも、普遍的な問題を反映したものだと思ったか？
●その原因を外的なものだと思ったか？　それともあなた自身の力不足、あなたの責任だと思ったか？

悲観的な人は、上司の批判を個人攻撃だと受けとめがちだ。悪い人事評価は人生と将来に影を落とすと考え、最悪なことには、それをすべて自分の責任だと思ってしまう。事実は景気の悪化による解雇でもだ。こうなると、将来に希望が見えなくなってしまう。悲観的な人の多くには「学習された無力感」が見られる、とセリグマンは言う。自分には結果を改善する力がないと思い込み、努力をやめ、問題を悪化させてしまうのだ。

一方、楽観的な人はまったく違う反応をする。上司の批判を役立つ忠告と受けとめ、人事評価が悪くても人生の別の部分にまでそれが影を落とすことはない。挫折からも比較的早く立ち直る。改善の忠告に耳を傾け、なにがうまくいかなかったかを調べ、行動を起こすからだ。不況が解雇の原因ならば、がっかりはしても、また元気を取り戻して次に進む。

いい知らせに対しても、楽観的な人と悲観的な人の反応は違う。ここで、最近起きたいいことを思い出してほしい（たとえば、上司に褒められた、昇進した、自分の部署が目標を達成したなど）。

さて、どう感じただろう？　悲観的な人たちはこんなふうに言う。「ラッキーだっただけ。また同じことはないと思う。今日も昨日とそれほど変わらないし、私も変わらない」。こういう人たちは、成功についても自分の貢献をできるだけ少なく見積もる。「なにかの間違いです。いつかそれがわかったら、クビになると思います」

反対に、楽観的な人はいいことがあるとこう考える。「すごい！　必死にこの部署を導いたことが報われたんだわ！」。楽観的な人は、いいことが起きるとその成功を楽しむ。成功がその人の背中を押し、さらなる学習と成果を求める。前向きな人は、いいことがあると一日中うれしくなるし、その気持ちが長続きする。

もちろん、これは両極端なケースだ。私たちのほとんどは、この間のどこかにいるわけだが、いずれにしても、自分が現実をどのようにとらえているかが理解できれば、そのままの自分でいるか、新しい態度で臨むかを選択できる。人間のものの見方の半分は遺伝によって決まるという説もあるから、悲観的な人は、その見方を完全に捨てることはできないし、また捨てたいとも思わないかもしれない。だが、工夫次第で楽観的な見方は学べる。楽観的な人も、その前向きな考え方をさらに徹底させられる。

工夫の第一歩は、自分に害を及ぼす習慣を捨てることだ。ものごとを悪いほうに悪いほうに考えると、そこから抜け出せなくなってしまう。次章で、そこから抜け出す方法を紹介しよう。

楽観的なほうがキャリアアップしやすい

エマ・ファンディラは、間違いなく楽観的な人間だ。もし悪いほうに考えることがあるとしたら、そこには、そう考えるだけのもっともな理由がある。失礼なクライアントの激しい批判を、エマほど素早く乗り越えられる人は多くないだろう。残念ながら、こうした状況で傷ついてしまう女性は多い。彼女たちは繰り返しそのことを思い出し、起きてしまったことが頭から離れず、なにがいけなかったのかと思い悩む。

バーバラ・フレドリクソンは、「拡大と確立」という理論を展開した。喜び、満足、幸せといった感情を経験し、ものごとを前向きにとらえる人は、より多く学習し、成長し、探索する傾向にある、という理論だ。実験によると、楽しい映画を見て前向きになった人たちは、つらく悲しい映画を見た人たちより創造的に問題解決に取り組み、成果をあげたと言う。

エマの経験はこれを証明している。彼女はその前向きなものの見方のおかげで、学習や成長の機会を貪欲に追いかけ、それに伴うリスクを自覚し、受け入れてきた。

たとえば、スタンダード・チャータードのプロジェクトファイナンス部長から誘われたときもそうだった。エマはプロジェクトファイナンスについてなにも知らなかったが、その大きなチャンスに飛びついた。新しい上司は彼女を支え、ミーティングに連れていき、まもなく彼女に多くを任せた。クライアントを驚かせることもあった。「ボスがこんなふうに言うこともありました。『ああ、それなら私よりエマのほうが詳しい』。ボスは、いつも私にチャンスをくれたんです」

その上司がバークレイズに移ると、エマもあとを追い、彼女のキャリアはそこで本格的に花開いた。ディレクターに昇進し、マネージングディレクターとしての将来も見えてきた。そんなとき、友人から、ジンバブエの成長企業に資金調達のアドバイスをする会社を立ち上げようと誘われた。このときはさすがに悩んだ。当時、エマは結婚して小さな子どもがふたりいたし、バークレイズの安定と名声を捨てるのはリスクが大きかった。それでも数カ月後、彼女は新しい世界に飛び込んだ。「とにかくそこに飛び込んで、自分を試してみたいと思う性分なんです」とエマは語った。「私のなかのなにかが、移るときだと教えてくれるんです。今よ！　ってね」

ただし、そのときのタイミングは最悪だった。「八カ月後に景気が悪化して……。でも、『バークレイズを辞めなきゃよかった』とか、『あんなに稼いでたのに』なんてことは、これっぽっちも思わなかったわ。とにかく社員全員にきちんと給料を払わなくちゃなりませんから」。その前向きさは決して消えなかった。「もちろん大変でしたけど、いつもなんとかなるって信じて疑いませんでした。なぜか、きっとできるはずだって、内なる声が私に言い聞かせてくれるんです。問題は解決できるってね。必要なのは、考える時間だけです」

エマがプレッシャーと無縁だというわけではない。彼女の場合は、定期的に体を動かすことでストレスを解消している。「煮詰まったときは『とりあえず、ジムに行こう』って思うんです。運動したら頭がすっきりして、パニックにもならないから」

振り返ると、幼いころのエマのやる気のもとは、父親を喜ばせたいという気持ちだった。「父は兄たちにすごくがっかりしていました。だから、私ならできるってところを父に見せたかったんですね」。だが、成長するにつれて、最も大きく影響していたのはものごとのとらえ方だったことに気づいた。「父は私の成功が生きがいだった。いつも私に、もっと上に行くよう励ましてくれました。亡くなる前には、私に満足していたと思います」

もちろん、どんなときにも必ず前向きなとらえ方をしなければならない、というわけではない。たとえば、大きな投資などリスクを伴う判断をしなければならないときには、慎重さも必要だ。その慎重さが、見たくない事実を見つめ、最悪のケースに備えさせてくれる。ある経営者は、財務責任者（CFO）は悲観的なほうがいいと言った。もし、あなたが悲観的なタイプなら、それを土台にして強みを育てるというやり方もあるかもしれない。

この問題に答えてみよう

エマのキャリアの旅は、前向きな姿勢がなにをもたらすかをあらわす最高の例だ。彼女は、いつも新しい可能性とアイデアに心を開き、自分にはそれができるという前提で仕事をした。いくつになろうと、心が柔軟な人は新しいスキルを身につけることができる。反対に、心が固まっている人は、自分の才能や能力に勝手に限界をもうけ、自分の信条に反する新しい考えを脅威と受けとめてしまう。

誰しも、いいこともあれば悪いこともある。だが、そのありのままの現実にどう対処するかは、人によって違う。インタビューをした女性リーダーたちの多くは、チャンスについて繰り返し語り、そのチャンスを躊躇《ちゅうちょ》なく受け入れていた。彼女たちは、新しい状況を「自分の可能性を広げるチャンス」ととらえ、未知の分野の仕事に誘われても、そこから学び、成長できると信じて飛び込んでいた。

面白いことに、彼女たちはリスクに尻込みすることがなかった。むしろ、リスクに心をときめかせていた。ある女性は、新しい道に入ることを決めるとき、こう自問した。「最悪でもクビになるだけでしょ?」。本当にクビになったとしても、そこから立ち直り、次の挑戦ができることを幸運に感じていたのだ。「ひとつの扉が閉まると、別の扉が開くのよ」と語った人も何人かいた。

ではここで、あなたがいつもどんなふうにものごとをとらえているかをチェックしよう。固定的な見方をしているか？　それとも柔軟に考えているか？　同じ習慣に満足し、変化を強いられると居心地が悪くなるか？　意識的または無意識に自分の能力に限界を設定しているか？　それともいつも新しいやり方を受け入れようとしているか？

ためしに、次の空欄を埋めてほしい。

もし＿＿＿＿＿＿＿＿＿＿なら、私はすごい建築家になれるだろう。

あなたの答えが、「空間を視覚化できたら」とか、「数学ができたら」といったものなら、ものの見方が固定されていて、自分の限界（現実であれ空想であれ）を意識しすぎている。なぜなら、なにかができない理由を挙げているからだ。このような反応をする人はたいてい、自分をもうひと押しして向上させることができないために、成長する力が弱まってしまう。また、このような人は自分に厳しく、おそらく他人にも厳しい。

反対に、「もし自分が望めば」とか、「必死に頑張れば」と答えたなら、心理学者キャロル・ドゥエック言うところの、「成長するものの見方」を持っている。やればできると考えているからだ。成長できるものの見方をする人は、「あらかじめ運命づけられていることなどない」と考える。自分の努力が成功を決めると信じている。こうした人たちは、学習と成長の機会を追いかけ、その途中にある障害を乗り越え、フィードバックを前進へのきっかけに変えることで、自分で未来をつくることができる。

嘘だと思うなら、まわりを見まわしてみよう。成功して幸せそうな人は、成長できるものの見方を持っているはずだ。逆境を乗り越える助けとなる心のしなやかさ――それが成長できるものの見方だ。この気構えのある人は、「自分自身の失敗を直視しながら、最後には成功できると信じつづけられる」とドゥエックは述べている。

続いて、もうひとつチェックしてみよう。まず少し時間をとって、これまでのキャリア選択を思い返してみよう。そして、これからどうしたいかを考えたあと、次の空欄を埋めてほしい。

私が心から楽しめることは［　　　　　　　　　　　　　　　　　　　　］です。

あなたは、すでに心から楽しめることをしているだろうか？　もしそうでないなら、なにが障害になっているのだろう？　固定的なものの見方をする人は、やらない理由を長々と挙げるものだ。現実的でない、リスクが大きすぎる、スキルがない、みんなに笑われる……。でも前向きな人は、前に進めるならさっさと精力的にとりかかる。

いま固定的なものの見方をしている人も心配はいらない。この本を読めば、あなたもできない理由を挙げるのをやめて、さっさとできる人になれるだろう。

大人の女は臨機応変

前向きなとらえ方をすることと同時に重要なのは、「そのときに応じてとらえ方を変える」ことだ。変化のスピードが速まり、組織が複雑になり、専門化がさらに進むなかで働く女性には、柔軟に状況に合わせる能力が欠かせない。多くの女性は、家庭ではマルチタスクの達人だ。その能力を、ぜひ仕事にも活かしてほしい。状況が変わったら計画を捨てることも学ぼう。選んだ方法がうまくいっていない場合には、全体を上から眺めてみよう。そうやって、よりよい解決法に向かって、貪欲に行動するのだ。

新しい学校に入り、薄いワンピース姿で震えていたエマは、すぐに環境に自分を合わせた。男性ばかりの投資銀行に入ったときも、適応能力を発揮した。名のある銀行を辞めて起業家になったときもまた、自分を適応させた。

私たちはみな、ものごとをより現実的に、生産的に、前向きにとらえ直すスキルを身につけることができる。努力は必要だが、ここまで読んだみなさんはもう、自分自身をより深く知り、旅の一歩を踏み出している。じつは、いちばん大変なのはこのはじめの一歩だ。あなたはすでに、それをクリアしている。

7章 前向き思考になるためのレッスン

いいアイデアを持ついい人材がチャンスを与えられれば、大半の問題は解決できます。解決できない問題のほとんどは、健康と愛情にかかわることです。勤勉でさえあれば、なんらかの方法が見つかります。私は恐れません。道は必ず開けます。

——ディードル・コネリー（グラクソ・スミスクライン米国部門部長）

ウィンストン・チャーチルは、かつてこう言った。「私は楽観主義者だ。それ以外のものであることはあまり役に立たないようである」。私たちが出会った女性たちもまた、チャーチルと同じで非常に楽観的だった（それ以外の特徴はさまざまだった）。私たちは、楽観的でない女性リーダーを探してみたが、ただのひとりもいなかった。

あなたはこう考えているかもしれない。いつも前向きでない女性でも、成功している人はいるはずだ。たしかにそうだ。そんな女性でも競争に勝ち、成功している人はいるだろう。だが、前向きなものの見方ができない女性は、創造的な解決策を見いだしにくく、しなやかさに欠け、打たれ弱くなりやすい。彼女たちに才能があり仕事ができることは間違いないとしても、あなたにはそれをはるかに超えたものを手にしてほしい。

苦しいときこそ前向きに

シカー・シャーマは、インドのICICIプルデンシャル生命保険会社でマネージングディレクターを務める。生まれつき楽観的だったが、困難をいくつも乗り越えることで、逆境のときにも楽観的であることの大切さを改めて学んだ女性のひとりだ。

シカーは、自分は恵まれていると思っている。両親は裕福ではなかったものの、シカーが能力を活かせるように背中を押しつづけてくれた。「父も母も私を支えて、大志を抱かせてくれました。当時のインド人の親たちのほとんどは、男の子にばかり期待していたのに」と彼女は言う。

子どものころすでに、シカーはどんなことでも一番になりたいと思い、将来は立派に独り立ちしたいと願っていた。兄弟でいちばん上のシカーにたくさんの教えを授けてくれたのは、軍人だった父親だ。「クラスで二番だったと父に伝えようものなら、怒鳴りつけられたものです。だから、学校の勉強は必死で頑張りました」

一番になることは、彼女にとってとても重要だった。ある日、教師が彼女に成績順に並べた成績表の束を渡して、校長室まで持っていくように言った。束のなかはのぞかないように、と言い添えて。「でも、私は成績表を見たくて仕方ありませんでした。その一方で、誰かになにかを約束したら、それを貫かなくちゃならないと教わってもいた。校長室までは歩いて一五分。その間、大変な葛藤でしたよ」。結局、シカーは見なかった。

数学と科学が大好きだったが、大学では両親のアドバイスに従って経済学を専攻した。その後、一九八〇年にICICI銀行に入行、以来、ずっとここにいる。どうして転職しないのか？「名実ともに性差のない組織だから。それに、挑戦好きな私のことをわかってくれる上司たちのおかげもあります。私は新しいこと、誰もやってないことにすごく惹かれるんです。うまくいくかしら？と怖じ気づくこともありますけど、なにかに取り組んで力のかぎりを尽くせば、それほどひどいことにはならないって信じていますから」

シカーの前向きなものの見方は、チームの見方でも変わらない。「ずいぶん前に、チームリーダーとして自行の青写真を描くことになりました。そのとき、私たちがどうあるべきかについてメンバーと議論を交わしたのですが、青写真の六割はその日のうちにできたんです。すごく興奮しましたし、それが私にとって大きな教訓にもなりました。自分ひとりでは、一日でそれだけのことはとうていできません」

ときには失敗もした。新市場を率いることになったときには、トレーディングで莫大な損失を出した。だがそのときも、ショックを受けた彼女に必要だったのは、救いになるものの見方だった。

「ものの見方なんて、つまらないことに思えるかもしれません。でも当時の私たちは、まだ若くて怖いもの知らずで、大金を稼いでいました。そこへ、ある日突然、市場が崩れ、巨額の損を出してしまったんです」。数日間、シカーはびくびくしていたという。「つらいときでしたが、香港の合弁パートナーが電話をくれて、こう言ったのです。『これでいいチームになった。損失を出してはじめて学べる現実もあるからね』。このとき私は『誰かが純粋なミスから損失を出したときは、リーダーの支えが大切である』ということを学びました。トレーダーが自信を失えば、キャリアは終わりです。あれは私にとって痛恨の出来事で、恥ずかしい思いもしました。でも、破滅ではなかったのです」

事実、ふたたび大失敗をしてしまったときは、このときの教訓を活かした。

二〇〇五年のある日、シカーが率いる保険事業部で、少々熱心すぎる支店長が、販売員に売上を上げることが「聖戦」だと宣言したあと、こう発言した。「全員が『オサマ・ビン・ラディン』になったつもりで頑張れ」。メンバーをやる気にさせて、売上目標を達成するためだった（地域支店はそれぞれ独自の販売活動を行なっていて、本部の承認は必要なかった）。この支店長は、社員を鼓舞するためにオサマ・ビン・ラディンのポスターまでつくった。

だが、それが一般の人の目にふれると物議をかもし、怒りを買った。市民がその支店に押し寄せ、ついには支店長を含む五人の行員が逮捕された。

「メディアの一面にでかでかと取り上げられて、政治問題にまで発展しました。手に負えないほど大変なことになってしまったんです。ブランドの信頼性にも傷がついてしまった。組織の長として、ものすごく恥ずべきことでした」

シカーは矢面に立たされた。「最初の三、四日はひどいものでした。落ち込んで眠れず、家族と会話をした覚えもありません。たしかあのときは、とにかく大変だからしばらくひとりにしてほしいと家族に言ったと思います」。ひとりになったシカーは、前向きな視点が持てるよう、まずは状況から距離を置き、集中して考える時間を確保した。そして、自分にコントロールできることとできないことを振り分け、計画を立てはじめた。次第に、どのように前に進み、どんな行動をすべきかが見えてきた。それに比例して、ストレスも減っていった。

「父はつねづね、『人は自分にできることしかできない』と言っていました。本当にそうです。結果はいつも思いどおりになるとはかぎらない。そこは考えても仕方ありません。問題は、自分のコントロールの及ばない状況で、痛みや不安やストレスを取り除くにはどうしたらいいか、です。すべてが崩壊しそうなときでも、私は小さな要素にわけて、こう考えるんです。『これだけにかぎれば自分の力が及ぶし、どうにかできるんじゃないか？』。そうやって、小さな変化を雪だるま式に大きな変化に変えているうちに、だんだん自分を取り戻せるのです」

年頃のふたりの子どもたちは、毎日のように新聞の一面に母親が出ていることにショックを受けていた。「でも、子どもたちとの会話は、私にとってストレスのない大切な時間でした。いろいろと本当に大変だったあの時期、家族との時間は救いでした」と彼女は語った。

シカーは状況を好転させるために、地域、メディア、政治家、警察、そして社員たちと緊密に連携をとり、できることから手をつけていった。「逮捕された行員とその親たちも、私たちの支えを必要としていました」。難しかったのは、捜査当局をなだめて状況を鎮《しず》める一方で、企業イメージを守り、社員の回復を助けることだった。「政治家とやりあったのははじめてでしたが、私はとにかく正直に、腹を割って彼らと話しあうことに徹しました。私が率直だと相手に伝われば、耳を傾けてくれるはずだと思ったからです。実際そうでした。法には従わなければなりませんでしたが、同時に私たちは『社員を支える』ことを全行員に約束する必要もありました。みんなのやる気をそぐようなことは絶対にできません。『もしなにかミスをして逮捕されたら、会社に見捨てられる。助けてくれない』と思われたくはありませんでした」

シカーたちは、この時期ずっと、逮捕された行員の家族を支えつづけた。運よく数週間で釈放され、仕事に戻った者もいた。ひととおり危機が過ぎたあと、シカーは五〇人の管理職を一堂に集めて、なにを間違ったのか、どの回復策がうまくいったのか、二度と同じ失敗をしないためにはどうしたらいいのかを何時間も語りあった。「私たち全員にとって、それは得難い経験でした。私たちの危機対応で一貫していたのは、コミュニケーションです。すべての関係者とつねに対話を続けることで、解決策を見いだしたのです」

前向きにものごとをとらえることの大切さを痛感し、それを実践してきたシカーは、こんなときでも逆境を客観的に見ることができた。「ヒンドゥー教では運命を信じます。私も同じです。世の中には、理解したと思えることも、思えないこともあります。でも、なにをするために生まれてきたのかを見つけて、あとは運命に任せるしかないんです」

彼女はこうも言った。「人生の意義や目的を見つけ、自分から外に出てそのために行動する、それが自由意思というものです。自分がなんのために生まれたかを考えつづけ、信じつづけ、結果にこだわらないことが大切です。そうすれば、ある日突然、望みがかなうことがあるのです」

これこそ、私たちが学ぶべき楽観性だ。

どんな人でも前向きになれる

ポジティブ心理学の基本原則は、「人は誰でも前向きになれる」というものだ。悲観的な考えがどこから来るのかを理解すれば、後ろ向きなことばかり考えてしまうのを避けられる。

後ろ向きな考えは、そもそも有史以来のサバイバル機能として人間に備わったものだと言われる。人間は、脅威に対し「闘う」「じっと動かない」「逃げる」といった反応を発達させてきたことで、生き残り、進化し、その能力を子孫につないだ。生き残りのカギは、危険に伴う音とにおいと出来事を記憶しておくことだった。

そして、人類の長い歴史を通じて、この本能はストレスへの一般的な反応として私たちのなかに残った。だから人は、ストレスを感じると、過去のストレスや脅威の記憶がすぐに蘇《よみがえ》る。とくに女性はこの傾向が強い。失敗や傷ついた思い出が自動的に浮かび、行動できなくなってしまうのだ。

イエール大学で抑うつと認知療法の研究リーダーを務め、『考えすぎる女性』の著者でもあるスーザン・ノーレン・ホークセマ教授は、自分について否定的なことを考えるよう被験者に頼み、その人の脳の動きをスキャン装置で追跡した。すると、女性の被験者は、反芻《はんすう》機能に関連する脳の分野が活発になっていた。教授によると、女性はもともと頭の回路がものごとを反芻するようにできているという。

反芻とは、牛が一度飲み込んだものをもう一度咀嚼《そしゃく》することからきた言葉だが、ものごとを反芻しつづけるのは、気分がよくないばかりか、危険でもある。どうしてうまくいかなかったのかを何時間も何日も思い悩んでいると、他のもっとよい反応ができなくなったり、先送りしてしまったりする。そして、やがて悪循環に陥る。たとえばこんなふうに——

ある女性が、自分のチームのプレゼンテーションの途中で、分析のなかのいちばん重要な部分が抜けていることに気がついた。彼女の自信はゆらぎはじめ、これでこの仕事すべてが台なしだと感じる。そのとき、攻撃的なある経営陣が質問をする。彼女は脅かされていると感じ、まるで「ヘッドライトに立ちすくむ鹿」のようになる。答えはなにひとつ思い浮かばない。そのうち、経営陣がお互いを責めはじめた。CEOは口を開かず、書類を手に立ち去ってしまった。

会議は収拾がつかないまま終わった。彼女の頭のなかの小さな声が、最悪の事態を告げる。「会議をぐちゃぐちゃにしたのはあなたよ。CEOは明らかにあなたに腹を立てている。当然だわ。あの分析部分を飛ばしてしまうなんてありえない。まったく機転が利かないんだから。怒られて当然よ！」。いたたまれなくなったその女性は、そこから逃げるように立ち去った。

自分のオフィスに戻った彼女は、ぐったり疲れている。自分たちのプレゼンテーションがすべてを台なしにしたのは「確か」だ。あれは起きるべくして起きた。それまでにおかした失敗をすべて思い出す。自分は無能だと思いはじめる。たぶんクビになるだろう。すると、夫とケンカしたことまで思い出した。夫はもう私を愛していない。次に娘が癇癪《かんしゃく》を起したことも思い出した。自分はだめな母親だ。どれもこれも頭のなかでテープを巻き戻しては反芻する。涙があふれてくる……

人は、よくないことを反芻していると、頭のなかでテープがエンドレスで巻き戻され、そのたびに音が大きくなる。心では別の結末を望んでいても、もう悪いほうにしか考えられない。気分は落ち込む一方で、ほかのことは何も考えられない。そこから素早く抜け出さないと、状況を改善する意志もエネルギーも失ってしまう。

前向きになるためのふたつのテクニック

もちろん、本当はそんなふうに落ち込む必要はない。あなたが泥沼に引きずり込まれる前に、悪循環を止めることはできる。そのためには、まずふたつのテクニックを覚えよう。ひとつは「悪いささやきに反論する」（頭のなかの声に言い返す）、もうひとつは「代案を見つける」だ。

まずは「悪いささやきに反論する」から。悪いことばかり考えるようになったとき、真っ先にすべきなのは、状況を再検証することだ。あなたが感じたことと現実に起きたことをきちんとわけてみよう。すると、あたかも有能な弁護士が相手の証拠を論破するように、後ろ向きな気持ちに反論できるようになる。手順は次のとおり。

①後ろ向きな解釈のもとになっている思い込みや前提に疑問を投げかけ、事実を再検証する。②この思い込みがどのような結論をもたらしているかを理解するよう努める。③事実を前向きにとらえ直す。歪められた事実をもう一度見つめて、どうしたらいいかを考える。④一歩前に進んで、真の問題に対してどう行動すべきかを考える。このステップを踏むうちに、後ろ向きなエネルギーは前向きなエネルギーに変わっていく。

先の女性の例で見てみよう。プレゼンテーションをはじめたあとで、議論の穴に気がついたのは本当だ。だが、その穴によって提案の全体がだめになったわけではない。厳しい質問をした経営陣も、その口調を別にすれば、理にかなった疑問だったのではないか？　もし彼女が動転していなければ、質問に答えられただろう。

もうひとつのテクニックは「代案を見つける」だ。これは、その出来事がなぜある方向に向かったかについて、別の理由を探してみることを意味する。たとえば、あの会議が大もめに発展したのはなぜだろう？　もしかしたら、あの人たちは会議の前になにかのことで角突きあわせていたのかもしれない。CEOが立ち去ったのも、チームのふるまいに腹を立てたのかもしれないし、次の会議に遅れそうになったからなのかもしれない。あの会議は一時間以上も続いていたのだから。くだんの女性も、このふたつを実践したらどうなるだろう？

めでたく悪循環を断ち切った彼女は、チームメンバーを集めて、抜けていた分析を完成させる。それから、厳しい質問をしたボスに連絡する。もう動転していないので、今は厳しい問いにも答えられる。彼を味方につけて一緒に解決策を考えれば、彼のチームの賛同も得られやすくなるだろう。さらに、CEOにも時間をもらい、考えを聞くことにする。CEOがなにを考えていても、彼女はきちんと耳を傾けるつもりだ。

たしかに今日はうまくいかなかった。その事実を変えることはできないけれど、今は挽回策《ばんかい》がある。新たなエネルギーが湧いた彼女は、仕事にとりかかる。私はクビになることはないし、結婚もうまくいっているし、娘も私を深く愛している――

もちろん、ものごとのとらえ方を変えただけでは改善できないこともある。現実はそう甘くない。そんなときはどうする？　ひたすら頭を低くして嵐が通り過ぎるのを待つしかない？

エマ・ファンディラを思い出してほしい。彼女は、大変なことがあるとジムに向かうと言っていた。シカーは時間をとって子どもたちと話し、リラックスしていた。こうしたちょっとした気分転換のスキルは、意外にも厳しい逆境と折りあいをつける大きな助けになる。そうするだけで、自分を精神的に違う場所に置き、ストレスや否定的な感情から注意をそらせ、落ち込みを防ぐことにつながるのだ。

気分転換にはさまざまな方法があるが、なかでも運動はとてもいい。さっそうと歩くだけでも効果がある。あなたも、今度なにか問題が生じたときは、ぜひ気分転換に時間を割いてほしい。心が落ち着くばかりか、ふいに意外な解決策を思いつくこともある。ひと休みがブレークスルーにつながることはよく知られている。おそらく、ストレスから解放されることで気持ちがなごむぶん、問題に集中できるからだろう。

すぐ実践できる小さな工夫

前向きに考えるといっても、ただそうできるようにと祈るだけではだめだ。実際になにかやってみなければ意味がない。

ものごとをどんどん悪いほうに考えはじめたら、前向きになるちょっとした工夫をしてみよう。たとえばノレン・ホエクセマは、「まずは頭のなかで『止まれ』の立て札を思い浮かべる」と言う。これなら誰にでもできるはずだ。ポイントは、その立て札を実際に頭の目で「見る」ことだ。

例の女性は、ボスに詰問されたとき、脅威を感じてそれが身体にあらわれた（心臓がドキドキし、顔に血がのぼった）が、こういうとき、立て札を思い浮かべれば、浅かった呼吸が元に戻り、笑顔になれる。冷静にひとつかふたつ質問をして、相手の考えに耳を傾けることもできる。そうなれば、ボスも攻撃をゆるめ、彼女と一緒に問題に取り組みはじめるだろう。

ちょっとした工夫でも、積み重ねることで、誰でもエマのようになれる。今度、カッとなりやすい人から否定されたら、反応する前に一拍置こう。怒りに怒りで返してしまうと、悪循環にはまりやすい。そうではなく、鷹揚《おうよう》にかまえて許してみる。謝罪を待つのではなく、先に許せば怒りは発散され、前向きな感情に入れ替わる。信じられない？　でも、自分で試して確かめてみれば、きっとわかる。心がおだやかになり、生産性も上がるはずだ。

私たちが出会った女性リーダーはみんな楽観的だった。それが生まれつきか、あとで身につけたものかは関係ない。あなたも意識すれば楽観的な人間になれるし、それは仕事以外でも役に立つ。あなたの人生、成功、幸せ、打たれ強さに、とてつもなく大きな影響を与えるだろう。

だから、勇気を出して一歩を踏み出そう。

8章 もう過去には囚われない

開戦をラジオで聞いたのは、ヨルダンで父と昼食をとっているときでした。私たちは車に飛び乗り、エルサレム郊外の自宅に戻りました。車にはもうガソリンは残っていませんでした。全面戦争がはじまりました。我が家も爆撃されました。父はどこからか救急車を調達し、私たち家族をジェリコに逃がしました。爆撃は続き、私たちはオレンジ畑でひと晩を過ごしました。翌朝はフォルクスワーゲン・ビートルを借り、別の場所に移動しました。運転手、父、母、祖母、そして八人の子どもが一緒です。ヨルダンに到着すると、友だちが私たちを家に泊めてくれました。あの経験が私の転換点でした。一四歳で私は強い人間になりました。その瞬間はなにも考えず、ただ行動するのみだと学んだのです。

――アマル・ジョンソン（マーケット・トゥールズCEO）

女性リーダーの多くは、自分を楽観的だと言う。だが同時に、現実的であるとも言う。この組みあわせこそ、彼女たちの核を成しているといっていい。すぐれた女性リーダーは、事実をしっかりと受け入れる。ミスしたり、間違った判断をしてしまったり、失敗したときこそ関係者の声に耳を傾け、その声をもとに前へ進む。

フィードバックしてもらうと想像しただけで、心臓がドキドキして不安になる？　女性の多くは、価値ある情報よりも批判や非難のほうが耳に残り、せっかくの助言を頭から締め出してしまう傾向にある。このことは、研究でも明らかだ。だから、フィードバックしてもらっても、また失敗したと思い込み、落ち込みの悪循環につながってしまいがちになる。

だが、すべての女性がそんなふうに反応するわけではない。私たちが話を聞いた女性リーダーたちは、仕事の失敗とフィードバックを驚くほど有効に使っていた。フィードバックを貴重な情報と知見の源と考え、自らの成長を加速させていた。失敗から学ぶことが、彼女たちの大きな原動力になっていたのだ。

事実を直視できれば、道は開ける

エリン・マコルガンは、そのいい例だ。最近までモルガン・スタンレーのグローバル富裕層資金運用部門の長を務め、その前はフィデリティ投信で販売業務部門のトップを務めた。息の長いキャリアを築くために彼女が心がけてきたのが、フィードバックに耳を傾けることだった。

ニュージャージーで育ったエリンの目を最初に開かせてくれたのは祖母だ。「父は配管工として毎日働きづめでした。母は専業主婦だったけど、子どもたちの面倒をみたり家事をしたりと、やっぱり毎日忙しかった。両親は仕事と家族の世話で手一杯でした。そんななかで、祖母が私に大きな夢を抱かせてくれた。祖母は私のいちばんのサポーター、私が望めばできないことはないと教えてくれた人なんです」

エリンが幼いころ、家は貧乏だった。「高校でメトロポリタン・オペラなんかの見学があったとき、祖母はいつもバス代の二〇ドルをなんとか工面して私を送り出してくれました。おかげで私は少しずつ、広い世界に視野を広げることができたの。でも、その広い世界に手を伸ばすには、お金と教育が必要だということが、次第にはっきりしてきました」。それに気づいたことが、自立に向けたエリンの旅のはじまりだった。

いよいよ大学に入る年齢になり、エレンはモンクレア州立大学に入学した。労働者階級の子どもたちが仕事を見つけるには最高の大学だと言われていたからだ。大学を卒業すると、地元のデパートの人事部で働いた。その仕事で、やっと家賃を払えるくらいの給料をもらった。自立への第一歩だった。

就職して五年、いくつかの企業で人事の仕事を経験したのち、今度は全国ブランドの製菓会社、ライフセーバーの人事部に入社する。そして、そこで幸運にも彼女の能力を認めてくれる上司に出会った。「そのボスは私にこう言いました。『二週間、ウォールストリートジャーナルを毎日読みなさい。それで好奇心が湧いてこなかったら、僕はなにも言わない。でも、あれもこれも質問したくなったら、きみがもう一度学校に戻ることを話しあおう』」

二週間後、頭のなかは質問でいっぱいだった。だから、小さな一歩を踏み出した。一学期だけ、夜間大学に通うことにしたのだ。そしてそのあと、ついに大きな決断をする。エレンは仕事を辞めてハーバード・ビジネススクールに入学した。そこで、大きな夢が生まれた。「ハーバードにいるときに、大企業の社長になろうって決めたんです。ライフセーバーの社長を思い出しました。とても背が高くてハンサムな男性で、垢抜けていた。運転手付きの車で出勤し、豪華な社長室で仕事をしていた。私の憧れでした」。彼女は笑いながらそう語った。

ハーバードに在学中、エリンの興味は人事から財務へ、消費者向けの商品から金融サービスへと移った。金融の仕事は自分の能力を活かせて、本当に楽しかった。「突然、すべてがすっきりしました。自分はこの分野に向いてるってわかったから。それに、人材のマネジメントが好きだということもわかった。私は組織経営をしたかったんだって」

金融方面に進もうと考えたエリンは、アメリカン・エキスプレスの幹部研修に参加し、最高執行責任者（COO）の補佐を数年間務めた。そこで成果をあげ、人脈も築き、ボストンに移って次のチャンスをつかんだ。さらにニューイングランド銀行に転職し、信託業務と証券処理業務の責任者になった。五〇〇人を抱える大所帯を取り仕切ったエリンは、夢に手が届いたように感じた。

だが、人生はおとぎ話のようにはいかない。エリンの旅にも、ちょっとした危機が訪れた。それは彼女が三五歳、最初の家を買ったばかりのころだった。

「ちょうどキッチンの改装の契約を結んだところで、銀行が危なくなったんです。『どうしよう。

失業するかも。家を買ったばかりなのに。キッチンはどうしたらいいの？　古い棚はもう取りはずしちゃったのに！』って焦りました」

危機に直面したエリンは、メンバーと一丸になって助けあい、全員が次の仕事を見つけられるようにしようと誓いあった。その誓いどおり、ひとり、またひとりと就職先が決まっていった。エリンも、フィデリティ投信に入社した。それから一七年間、彼女は販売事業を率い、何千人もの社員とクライアントを管理して、目覚ましいキャリアを築いてきた。

深い穴に落ちて

エリンもほかの前向きなリーダーと同じく、どこにでもチャンスを見いだした。「あれは一九九二年のことでした。確定拠出年金事業のクライアントサービスの責任者を任せられたんです。当時は確定拠出型年金のことなんてなにも知らなかったけど、この分野はありえないくらいに伸びていました」

エリンの任務は、この高成長事業のクライアントサービスを改善し、利益を最大化させることだった。「それをやり遂げるには大規模な組織改編や地域的な再編が必要で、とてつもなく複雑な仕事でした。それで、プロジェクトチームをひとつにまとめました。そのうえで、二〇〇〇段階にも及ぶ行動計画を立てたんです。あとはそれをやって、やって、やりまくって、ケンタッキー州に新しい事務所を開きました。ほとんど全員が、未経験の職種に就いたんです」

そしてどうなったか？　新組織の発足初日から、すべてがこんがらがって動かなくなった。なにもかもうまくいかなかった。

数週間後、エリンは急きょ本社の役員たちとともに、ケンタッキーに飛んだ。「上司の上司も一緒でした。その役員が、銀行勘定調整をする係の若い女性に『どのくらいの頻度で勘定調整をするんだね？』と質問した。『毎日です』と女性が答えると、今度は『貸し方と借り方の勘定が合わなかったらどうするんだね？』って。その女性いわく、『その場合は、合うように反対勘定に書き入れるんです』。『前に戻って不一致の原因を突きとめるのかね？』。『いえ、書き入れるだけです。そうすれば数字は合いますから』。それを聞いた役員が、決定的な質問をした。『最後に勘定が合ったのはいつかね？』。女性の返事は最悪でした。『そうですね、ここにきて九〇日になりますが、一度も合った日はありません』」

エレンが落ちた穴は、限りなく深かった。フィデリティが顧客向けの説明会を開くと、不満をいだいた五〇〇人の顧客が殺到した。エレンはみなの前でこう言った。「フィデリティと社員を代表して謝罪いたします。皆様にご満足していただけるサービスができていませんでした。わが社としてあるべき水準に届いていないことを、深くお詫びします。これから三カ月の間に改善することを誓います。それまでどうか私たちを見捨てず、ご協力いただきますようお願い申し上げます」

〝業務の達人〟と言われていたエレンにとって、これは間違いなく大失敗だった。「本当に悲惨だった。最悪。これでもう私のキャリアは終わった、絶対に立ち直れないと思いました」

それでも、チームのもとに戻ったエレンは、全方位からフィードバックをつのりはじめた。彼女の言葉で言えば「素っ裸」になる必要があったからだ。チームメンバーにはこう告げた。「失敗した責任は私にあります。もう一度正しい道を探さなければなりません。みなさんは、どうしたら修復できると思いますか?」。その日から、みんなで力を合わせて一から問題を洗っていった。エリンは言う。「助けてくださいと頼めば、人は必ず力を貸してくれるものです。一人ひとりの底力もわかります。みんなにあんな力があるなんて、それまで知りませんでした。私自身も、今まで知らなかった自分の強さを発見しました」

とはいえ、最初は無力さにうちひしがれた。恐れは目を曇らせる。エレンも、自分にとっていちばん大切なもの、つまり自立を失うのではないかと恐れた。必死に働いたが、その恐れが否定的な考えの悪循環に彼女を引きずり込んだ。「ひとりのときは暗くなることもありました。『すごくつらい。自分は間違ってるかも』と思うことも……。自宅も車も持ち、経費も自由に使えるようになっていたけど、すべてを失うんじゃないかとビクビクしていました」

だが幸いにも、その恐れはすぐに消えた。チームメンバーが支えあい、彼女も「自分よりも楽観的な」同僚に積極的に助けを求めたおかげだ。その同僚との会話は、前向きな考え方を取り戻すきっかけになった。「彼のオフィスに腰を降ろして、『どうしよう? そのうち大丈夫になるのかしら?』と言うと、彼は『もちろん。理由はこれこれこういうわけだ』と応じてくれたんです」

目標の三カ月はすぐに過ぎた。「このころには、朝起きると、とりあえず一日終わるまでならなんとかやっていける、と思えるようになっていました。で、最終的に本当にうまくいった」。実務の問題を解決したときには、四カ月がたっていた。

「長い間、暗いトンネルのなかにいたようでした。なぜそんなふうになったのか？　それを理解する手助けをしてくれたのは、父でした。『失敗したのは私のせいじゃない。たしかに銀行勘定調整を管理できていなかったけど、その問題が私の責任だなんて誰も言えない！』と私が言うと、父は、『いや、おまえの責任だよ。おまえがリーダーじゃないのか？』、そう言って私をじっと見つめたんです。そのとおりでした。『だったらそこに踏みとどまって、修復すべきじゃないのか？』。おかげで、私は踏みとどまって修復できた。そして、そこからたくさんのことを学べました」

このとき、エリンは大切な教訓を得た。細々としたことに注意を向けるあまり、チームが本質的な問題に集中できていなかった、という教訓だ。「おそらく、もう二度と二〇〇〇段階もの行動計画なんてつくらない。リスクのとり方もわかったと思います」。彼女はまた、暗い時期に感じる恐怖には根拠などないことにも気がついた。「今は、若い人たち、とくに女性に熱心にこう言っています。『どんどん前に進みなさい。最悪どうなるっていうの？』って。そうすると、だいたい『クビになる』って答えが返ってきます。そう、たしかに運が悪ければクビになるかもしれません。でも、恥ずかしい思いをするくらいで済むかもしれません。暗いトンネルに入っても、そんなのは長い仕事人生ではよくあることです。おそらく、クビにはならない。万が一クビになったって、次の仕事に就けばいいんです」

エリンは、その前向きさのおかげで次に進むことができた。ただし、上司との信頼関係を取り戻すには、かなりの努力が必要だった。「あのときのクライアントの多くが、彼の古い個人的な知りあいだったことを、私は見逃していました。あのクライアントをフィデリティに連れてきたのは彼だったんです。だからあれほどまでに怒った。彼自身が責任を感じていたんですね。でも私は『いつかはまた私のところに来て口をきいてくれるだろう。そのうちきっとうまくいく』と信じていました。実際そうなりました。一年たったころ、やっと打ち解けてくれて、昔の失敗をふたりで笑えるようになったんです」

エリンは、この苦い経験から多くを学んだ。つまずいて自信をなくしても、それが世界の終わりではないことがわかった。大丈夫なんだ、と。今では、素早く立ち直る力を、自分の強みのひとつに挙げている。「私が暗くなるのは、選択肢がなくなったとき。選択肢さえ生み出せれば、そのなかからひとつを選べるでしょ。ひとつ選べば、さらに選択肢が広がります」

彼女は、価値観もまた前向きだ。「人間は基本的に善であり、いいことをしたがるものだと思っています。それに、自分の行動はいつか自分に戻ってくる。私はそれを心おだやかに受けとめたいのです」

この大失敗のあと、エリンはフィデリティのリテールと機関投資家販売部門のリーダーとなり、業務部門の多くも統括することになった。そして、さらに進むときがやってきた。「フィデリティでは一七年にわたって素晴らしいキャリアを歩みました。けれど、二〇〇七年に、別のチャンスを追いかける時期が来たと思って辞めたのです」

キャリアの旅をはじめてから三〇年、エリンは今も学び、成長を続けている。「恐れのなかで人生を過ごすなんてもったいない。すべての人に希望のなかで人生をおくってほしい。失敗すると、怖くなって縮こまる。それは仕方ないけれど、本当はそんなときこそ、もっと大きくなるべきなんです。縮こまるんじゃなく、成長の機会にできたら素晴らしい。そのさなかにいるときは、たしかにつらい。でも、成長には痛みがつきものなのです」

フィードバックは絶対に効く！

人は、前向きなものの見方ができれば、逆境にも正面から立ち向かえる。そのための第一歩がフィードバックをつのることであり、事実を見すえることである。次に逆境が訪れたときは、あなたもぜひそうしてほしい。

いや、今からすぐにできることもある。やり方は簡単だ。あなたが逆境に立たされた場面を想像してみよう。たとえば、今やっているプロジェクトが空中分解しそうだ、とか。そして、起こりそうな結末をすべて予想し、書きとめよう。次に、それぞれに確率をつけてみよう。

エリンの場合は、自分の失敗から三つの結末を予想した。①クビになる。②頭にきて辞める。③フィードバックを受け入れ、状況の改善に努力する。そして、三つの結末をよく考えて（信頼できる同僚の助けも借りて）、それぞれの確率を五パーセント、一五パーセント、八〇パーセントと予測した。こうすれば、感情に惑わされずに、客観的にものごとを見る近道になる。ほかの人と一緒にやれば、自分の考えの及ばなかった別の結末も浮かび上がるはずだ。

そもそも、「書きとめる」という行為自体が、状況から距離を置く助けになる。実際に逆境に見舞われたときも、なにが起きたかを書きとめ、思い出せる要因を書いていくといい。そのうえで、今度は関係者一人ひとりの立場になって、それをどう見ているかを想像する。さらに、そのなかのどれが事実でどれがあなたの思い込みかを判別する。そして、あなたの信じる結末を描いてみるのだ。

たとえば、もしエリンが上司の立場で考えることができていれば、思い込みをくつがえすような事実に気づけたかもしれない。自衛の気持ちが先に立つと、視点はどうしても自分中心になるが、このやり方ならそれを防げる。信頼する周囲の人や、その状況に詳しい人たちにアドバイスを求めることにもつながるだろう。相談された人はあなたに、より客観的な視点を与えてくれるはずだ。その人たちに、あなたの書きとめたものを読んでもらい、なにかを書き加えたり、反論してもらうこともできる。相談する人がいなくても心配はいらない。一歩下がって関係者の視点を想定し、さまざまな角度から状況を見てみるだけでも効果はある。これが習慣化できれば、逆境にあっても失敗ばかり反芻することはなくなるはずだ。

そしてもうひとつ。フィードバックを受けるとき、自分が緊張しがちで弁解に走ってしまうタイプだとわかっているなら、なによりも充分に休息をとり、頭を冷やすことも大切だ。睡眠不足だと、心を開いて柔軟に考えることが難しくなる。不安にならないような質問をいくつかつくっておくのもいい手だ。たとえば、「もっと詳しく教えてください」「どこを変えたらよかったでしょう？」「そのスキルを身につけるにはどうしたらいいですか？」「あなたはどうやってそのスキルを身につけたのですか？」など。キーワードだけをいくつか書きとめて、そのときに見直してもいい（「自己弁護にならないように」、「質問しよう」など）。

フィードバックは確実に成長につながる道だ。どの女性リーダーも繰り返し「失敗や逆境から学べることを学びなさい」と言っていた。失敗しても、立ちすくんだり逃げたりせず、前に進むことができれば、その先には必ずチャンスが待っている。

9章 変化を恐れない女性は美しい

その部屋には大勢の弁護士や銀行員やアドバイザーがいました。私は言いました。「これからどうするかを話しあわなければなりません」。すると、みんながああだこうだと勝手に発言をしはじめました。そこで、次にこう言いました。「もう一度、はじめからやり直しましょう。みなさん一人ひとりに、私たちがなにをすべきかについての本音をうかがいたいのです。過ぎたことを話しても仕方ありません。どう前進したらいいでしょう」。今度は素晴らしい話しあいになりました。

——カレン・モーゼズ（オリジン・エナジーCOO）

すぐれた女性リーダーは、共通の意義ある目標に向けて組織を奮い立たせることができる。全員の目線を同じ方向に向けさせることができる。その目標と、リーダー自身の目標の間にズレはない。それは、はるかかなたの地平線の果てにある輝かしい場所へと向かう旅だ。

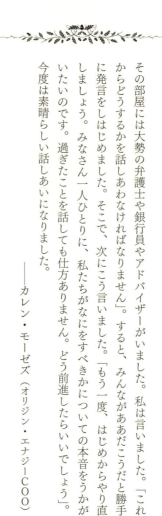

これがおとぎ話なら、主人公は幾多の困難を跳ねのけて無事に目的地にたどり着き、そのあとずっと幸せに暮らすことになるだろう。だが、現実はそうはいかない。障害が前途をふさぎ、ものごとは少しも思いどおりにいかない。状況が変われば、リーダーは進路を変えなければならない。目標に集中することは大切でも、それが正しくなくなったときには、手放す勇気も必要だ。とはいえ、これが本当に難しい。

ということで、あなたが次に身につけるべきスキルは〝順応性〟だ。じつは、多くの女性はこの点では長《た》けている。母親なら誰でも、幼いわが子が店で突然癇癪を起したり、思春期のわが子が毎日思いがけないことを起こしたりした経験があるだろう。母親でなくても、仕事と家庭の間で臨機応変に妥協したことがあるのでは？

女性にすでに順応性があるのなら、なぜ今さらそれを気にしなければならないのかって？　その答えは、「多くの女性が、オフィスの入り口をくぐるとこの利点を捨ててしまうから」だ。研究でも明らかになっているように、女性は仕事で困難に直面すると、必要以上に深刻にとらえる傾向がある。そして、さらに必死に働いて切り抜けようとする。そのやり方で成功することもあるだろう。だが、とてつもないフラストレーションをかかえ、相当のエネルギーを消耗するのは間違いない。それでは順応しているとは言えない。それに、そのやり方でもしうまくいったら、もっと効果的な道を探すのをやめてしまう危険性もある。

あなたはもう、すべてを元どおりにおさめようと不眠不休で頑張ったりしなくていい。全員が満足する妥協案を探らなくてもいい（そんなのはそもそも不可能だ）。困難な状況のなかで、同じことをさらに強く推し進めるのは最悪のやり方だと知るべきだ（これは、完全にあきらめるのと変わらないくらいに最悪）。

あなたに必要なのは、別の解決策を見つけること。変更を加えたり、まったく新しい戦略を考えたりすることだ。しかも素早く。それが順応性というものだ。

しなやかに階段をのぼる

先進七カ国で初の女性財務大臣となったクリスティーヌ・ラガルドにとって、順応性は欠かせないスキルだった。財務大臣になる前は、世界最大級の弁護士事務所ベイカー・マッケンジーで、初の女性会長も経験していた。クリスティーヌはこれまでにいないタイプのリーダー、順応性の大切さをありありと示したリーダーだ。

若いころ、彼女はフランスのシンクロナイズドスイミングの選手として大会に出場していた。そのころから、自分にはリーダーの素養があることを自覚していたという。「水泳選手になってすぐ、ジュニアチームのコーチになったのですが、それが楽しくて。メンバーに信頼されると、活力が湧きました。昔から、私はいろいろな意味でリーダーだったと思います。リーダーの使命は、メンバーの目標達成を助けること。女性ももっと、リーダーとしての仕事を引き受けるべきですね。周囲から期待されているならなおさらです」

世界的な弁護士事務所での一九年間について、クリスティーヌは笑いながらこう言った。「『ひどいものだったわ。いくつもの高い壁を乗り越えて、障害を次々に克服してきたのよ』なんていう言葉を期待されてるのかもしれませんが、あいにく実際にはそんなことはなくて、私にとっては素晴らしい経験でした。私の性格や夢や価値観が、会社の基本原則に合っていたからでしょうね」

とはいえ、クリスティーヌがトップに立ったころ、その事務所は苦境に立たされていた。「ちょうどインターネットバブルがはじけた時期だったんです。経営陣は信用を失い、批判されました。社員のモラルも下がりました。私は、とにかく自分のためにもチームのためにも信頼を取り戻し、事務所を活性化させることが先決だと思いました。弁護士というのは元来、自画自賛と自己批判が得意な人種なんですが、このときばかりは自分に目を向けるのではなく、クライアント第一の考え方に徹するよう、全員に叩き込みました。組織全体の意思決定、慣習、構造、自画像を見直したわけです」

それでも、さまざまな抵抗が待っていた。「弁護士ほど保守的な人種はいません。そもそもリスクを回避するよう訓練されていますからね。弁護士事務所の変革は、おそらく究極の難題でしょう」。彼女の前任者たちは、時間の無駄だとさえ言った。「『絶対にうまくいかない。難しすぎる。自分に跳ね返るぞ。そこに足をつっこむべきじゃない』などと言われました」

だが、彼女は何年もかけて改革を進めた。みんなを巻き込みながら柔軟に状況に合わせる、それが彼女のやり方だった。はじめは、世界中にあるすべてのオフィスに呼びかけた。彼らの賛同が欠かせないとわかっていたからだ。「みんなが一緒だということを確かめる必要がありました。じっくり時間をかけるつもりでしたから、充分に分析し、計測し、比較し、助言を受け入れました。四年目の終わりにようやく、それをやり終えました。そのあと改革案をまとめ、パートナー弁護士たちに提案したんです。でも、これを実行するには、七五パーセントの賛成票が必要でした」

クリスティーヌは、改革案を投票にかける会議に臨んだ。「長時間にわたる説明や議論がありました。自分がいちばん頭がいいと思っている六〇〇人が一堂に会している場面を想像してください。それぞれに大所帯を率いる、声の大きな人たちです。結局、午後の四時まで話しあったのですが、私はもう議論を尽くしたと思いました。そこで言ったんです。『決を採りましょう』って。結果は七二パーセントの賛成でした。ええ、七五パーセントには達しなかったんです。でも、私はいったん会議をお開きにした。そして、翌朝また集まることにしました」

もし、あなたがクリスティーヌだったらどうしただろう?

「その晩、私たちは必死に策を練りました。七二パーセントの賛成票を投じてくれたメンバーからも、前任者の一部からも、ぜひやり遂げてほしいと期待されていましたからね。過去、同じような状況になったときには、夜の間に反対派を説得し、最終的に承認に持ち込んだこともありました。だけど、今回はまず、翌朝六時にグローバルな経営委員と会議をし、どうすべきかを話しあいました」

そしてそのあと、ふたたび六〇〇人のパートナーが参加する本会議に入ったこのとき、クリスティーヌはみごとな順応性を発揮した。「ほとんどのパートナーが、再投票すると思っていましたが、私はこう切り出したんです。『昔ながらのやり方なら、提案が通るまで脅しをかけたり、案を焼き直したり、説得したりするところでしょうが、今回はそうするつもりはありません』」

驚いているパートナーたちに、彼女は続けた。「もう一年かけたいと思います。来年また戻ってきます。その間に、やらなければならないことをやるつもりです。私は、みなさんに満足していただきたいのです。これはみなさんのプロジェクトであり組織なのですから」

もう一年待つという決断は、決して簡単なものではなかったが、結局、これが転換点になった。「翌年、ふたたび改革案を会議にかけたら、九九パーセントもの賛成票が得られました。前年に提案を引き戻したからこそ、そして反対派の考えを尊重したからこそ承認されたのだと、みんなが言ってくれました。それは、尊敬と寛容と多様性を重んじる、この法律事務所の価値観と一致したやり方でした」。そう語る彼女は誇らしげだった。

しかし、その後まもなく、クリスティーヌは政府の仕事に就くため会社を辞めた。このとき、なんと彼女はたった二〇分ほどの電話一本で、新しい道を決めたという。これも、順応性のある人には決断力がともなう好例だろう。

「ニューヨークである買収案件に関わっていたときに、メールがきたんです。ちょうど、フランスでは政府が組閣している最中で、新メンバーが金曜の朝に発表されることになっていました。メールを見たのは木曜の朝、起きてすぐでした。財務大臣が、至急私に会いたがっているとあったんです」。大臣就任の要請だ、とピンときたという。

クリスティーヌはまず、予定どおりジムに行き、その行き帰りに、重鎮《じゅうちん》のパートナーたちに電話をかけた。「自分の相談はしませんでした。私がいなくなったら二五年働いてきたこの事務所がどうなるか、そこを聞きたかったのです。もし彼らに、『きみが必要だ。残ってくれ』と言われたら、私はとどまったでしょう。でも、話をした三人とも、『それは国家への義務だし、国を第一に考えるべきだ。買収案件なら心配するな』と言ってくれたんです」

ジムから帰ってくると、新しいメールが待っていた。今度は首相が話したいという。「それで首相に電話をかけて、二〇分ほど話しました。聞きたかったことをいくつか質問したと思います。そのあと、しばらく沈黙があって、首相に『お返事までどのくらい待っていただけますか?』と聞いたら、『いくらでも。でも電話はこのまま切らずに待っているから』って」

クリスティーヌはその夜アメリカを立ち、翌朝、財務大臣としてパリに降り立った。

どうして、そんなに重大な決断がすぐにできたのだろう? 「法律事務所を去れば失うものも大きい。私なりに短時間ながら熟考しましたが、基本的に私は自分の勘を信じているんです。もちろん、間違っていることもありますけど。家族には相談しました。ふたりの息子はしっかり批判もしてくれますから。ともかく最終的には、事務所側も快く送り出してくれました」

(「ダンスフロア」にも「バルコニー」にも立つ人に)

ハーバード大学教授のロナルド・ハイフェッツとマーティ・リンスキーは、「多くのリーダーは未踏の道に踏み出せない。そのせいで、順応性が問われる課題に対処できない」と言っている。新事業開発、新しい顧客の開拓、イノベーションの推進……どれも順応性が求められるが、なにが起きるかわからないから恐れが生じ、二の足を踏む。

こうした局面に立たされた人を、ハイフェッツとリンスキーは、「ダンスフロアとバルコニーに同時に立つようなもの」と言った。ダンスフロアにいると、人で囲まれていて、ほかが見えない。その場だけに没頭する。一方、バルコニーに立てば、ダンスフロア全体が見渡せる。広い視野を持てば、別の方向性を見つけやすい。ブレークスルーもしやすい。だが、困難なさなかにあるとき、周囲の人の感情のほとばしりを感じているときに、そうするのは難しい。かくして、たいていの人は怒り、混乱、不安、恐れ、フラストレーションを抱えることになる。

こうした感情が湧き上がるのは、なにも大きな変革のときだけではない。いじめにあったとき、あなたの決めた方向にメンバーが断固として反対するとき、入念に築いた計画を経営陣に批判されたとき、顧客に断られたとき……多くの人は疲れ切ってしまい、まともに考えることもできず、ただ敵があきらめてくれますようにとか、この苦境から救い出してくれますようにと願う。

でもじつは、苦しいときにバランスを立て直す方法がある。たとえば、会議に参加していて、討議がうまく進まなくなったとしよう。あなたは心臓がバクバクし、早口で他人の発言に口をはさみ、言い訳がましくなる。そんなときにすべきこと、それは「一歩下がる」だ。

まず、ゆっくり深呼吸して一〇まで数える。これはリセットするのに必要な時間だ。可能なら、数分間部屋を出て、現状を客観的に見直すといい。物理的に距離を置くだけで、思考も俯瞰《ふかん》できるようになるからだ。

部屋を出るわけにいかないなら、あなたと対立する側の人間になったつもりで、別の角度から問題を見てみよう。少なくとも、話すのはやめて聞くことに集中し、みんなの意見を理解するよう努めよう。そのうえで、発言の背景を確かめる質問をする。あなたがその会議のリーダーなら、会議の要約をしてもらってもいい。そして、テーブルをまわり、参加者それぞれの見方に耳を傾けよう。冷静にじっくりと考えられれば、状況は必ず違って見えてくる。

もし、目の前の問題にその場ですぐに対応しなくていいなら、メンターや支援者《スポンサー》にも客観的な意見を聞くといい。経験豊富な人たちは、冷静な目で、組織の全体像を理解する手助けをしてくれるはずだ。また、あなたと一緒にその問題の渦中にいる人に（それとなく）聞いてみてもいい。本心はどうなのだろう？　彼らをバルコニーに連れ出してみよう。あなたを支持している人は誰？　反対しているのは？　本当はどんなふうにものごとが進んでいる？

もちろん、バルコニーから眺めているだけではだめだ。ダンスフロアの視点と両方を持つことではじめて強力な武器になる。とりわけ、環境が激変していたり、社員が不安を抱えているようなときはそうだ。

だから、タイミングよく、ふたたびダンスの輪に入ろう。そして、厳しい質問を投げてみよう。

昔の人気テレビドラマの刑事、コロンボとコジャックを思い出してほしい。コロンボはよれよれのレインコート姿で、下手に出ながら容疑者にいくつも質問する。帰り際に尋ねるひと言は、しばしば事件を解くカギになった。一方、コジャックは正反対で、鋭くたたみかけるように頭のよさを見せつける。コロンボは究極の聞き上手で、コジャックは語り上手。どちらもデキる男だが、周囲に順応する必要がある場合は、コロンボを真似たほうがいい。

反対派にも声をかけてみよう。あなたの夢を支え、守り、強めてくれるような味方を見つけるのはとても大事だが、敵の反論を知り、それに応えれば、あなたの計画は確実に改善できるはずだ。ダンスフロアでは、あなたがみんなのお手本になることもできる。クリスティーヌが、会議の翌朝にパートナーたちの前で見せた姿のように。彼女はお互いを尊敬しあうという組織の価値観を体現した。だからこそ、翌年はほぼ全員が彼女に賛同してくれたのだ。

多くの女性はみんなに好かれようと必死に頑張ってしまうが、そんなことは不可能だ。なかには、あなたを妨害しようとする人もいるだろう。彼らが不満をあらわすと、今度は新手の抵抗者が顔を出す。それは、あなた自身だ。

自分のなかに潜む恐怖を真正面から見つめられるようになろう。そのとき、あなたは素晴らしい仕事をし、ひいては素晴らしいリーダーになる。

10章 もっとプロセスを楽しもう

仕事でも私生活でも山あり谷ありの旅路のなかで、アイリーン・ノートンを導いてきたのは「前向きな考え方」だった。柔軟な彼女は、いつも次のチャンスに手を伸ばし、記者として、ツアーガイドとして、雑誌発行者として、情熱を追いかけてきた。数年とはいえ、夢だったタイム・グループの社長にもなり、今はグーグルのメディア事業責任者として前向きに改革を進めている。

この章では、アイリーン・ノートンの話に耳を傾けよう。

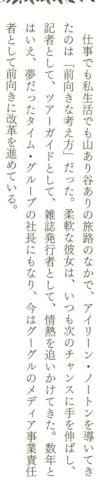

憧れのタイム社に

アイルランドからの移民だった私の父は、ニューヨーク電話会社に勤めていました。母は私たち六人の子どもを育てるのに精一杯だったと思います。両親は私たちに、学校では先生を敬うようにと言い、家でもさまざまなルールをつくっていました。時間内になんでも片づけること、部屋をきれいにしておくこと、フォークとナイフを正しく使うこと、親に隠しごとをしないこと、教会に行くこと……。おかげで、私はものごとをきちんと考えるほうだと思います。でも同時に、冒険家でもありました。自立と自信、それが昔から私のトレードマークでした。

四年生のとき、私がはじめて書いた詩が地元紙に掲載されました。ものすごくうれしかったのを憶えています。自分たちが住んでいたアパートメントの前にあった靴屋さんについて書いた詩でした。だから今でも靴が好きなんです。あれが、言葉と表現を意識した最初です。六年生のときには、トマス・ジェファーソンについて書いた短文で賞をもらいました。白髪交じりのご婦人たちの前で、その短文を朗読しました。人前で話したことなどなかったので、ひざがガクガク震えました。

大学を出たとき、二社から誘いを受けました。片方はウォール街の投資銀行で、もうひとつは新聞社のライターの仕事でした。投資銀行のほうがお給料がいいことは確かでしたけど、自分が書くことが大好きなのはわかっていましたから後者を選びました。旅行から家の改装からファッションショーまで、あらゆる記事を書きました。でも、上司が強烈で、結局しばらくしてその仕事は辞めてしまいました。辞めた直後は、ヨーロッパに戻って、語学力を生かしてツアーガイドでもしながら、しばらくは楽しく暮らそうと思っていました。

ところが、二年ほどしたころ、そろそろ真剣に仕事をするべきだと考えるようになって、ニューヨークのマスターカードで広報担当者として働きはじめました。ＭＢＡも取りました。夫とは、ウォートン校に入ったときに出会い、ふたりでヨーロッパに移りました。

私の本当のキャリアがはじまったのは、ニューヨークに戻った一九八九年からです。ウォール街で毎日コンピュータ画面を眺める生活など、私には考えられませんでした。そんなことになったら魂が死んでしまうと思ったのです。自分がなにを好きかはよくわかっていたので、出版界に進みました。そうやって、私はいつも自分の心がときめくことを選んできたんです。ジャーナリズムへの道は、私の心をときめかせるものでした。

タイム社へは、入るべくして入ったと言うべきでしょう。はじめは制作部に配属されました。MBA取得者が行きたがるような華やかな部署ではありませんでしたが、私は気になりませんでした。とにかくタイム社で働きたかったから。そして一年半がたったとき、フォーチュン誌の編集兼事業責任者になってくれと頼まれたのです。仲間たちが警告してくれたのを憶えています。「それはマズいよ。金融のほうがいい。編集になんて行っちゃだめ」。でも、私は雑誌づくりを学ぼうと心に決めていました。

それは、心から楽める仕事でした。事業は順調に拡大していましたし、フォーチュン誌の事業構造を再編する素晴らしい機会にも恵まれました。ちょうど、ふたり目の子どもがお腹にいて妊娠八カ月でしたが、なにもかもうまくいっていました。

「息子さんは不治の病」と宣告されて

ところが、そんな幸せな日々が、ある日ぱったりと止まってしまいました。息子が脆弱《ぜいじゃく》X症候群という難病だとわかったのです。医師からは、ひとりで生きることも、ふつうの生活をおくることもできないだろうと言われました。お腹の子どももその遺伝的な疾患を受け継ぐ確率は五分五分だ、とも。

それを知ったのは、ある火曜日の午後三時でした。翌朝、私はタイム・ワーナーの年次役員総会でスピーチをする三人のひとりに選ばれていました。その会は、はじめて全社に放送されることになっていた。もちろん、講演者のひとりに選ばれたのは大変名誉なことでしたが、私は病院から帰ると、どうでもいいスライドを完成させ、スピーチの中身を考えたことを憶えています。

いつもなら、これほど大勢の前で話をするとなるとかなり緊張していたはずです。でも、翌朝目が覚めたとき、もう最悪のことは起きてしまったのだと思うと、緊張するどころか、どこか解き放たれたような気持ちになりました。

私は壇上に上がり、落ち着いてスピーチをしました。もう怖いものなどないと思って。

聴衆の前で話していると、皮肉にも気持ちが楽になりました。働いて家族を支えなければならないのはわかっていましたが、仕事が痛みをやわらげてくれることもわかりました。あれ以来、人生を別の角度で見るようになりました。これまで大変だと思っていたことや重要だったことが、もう大変でも重要でもなくなったんです。違いを受け入れるようになり、他人に対してもあまり厳しくなくなった気がします。

ありがたいことに、私は悪循環には陥りませんでした。ふたり目の子どもが生まれる前に一度だけ大泣きしたことがありますけど……。娘も同じ病気かもしれないと思うと、悲しくて恐ろしくてたまらなくなったからです。でも、娘は健康で、私たちは三人目の子どもにも恵まれました。人生はわからないものですね。

当時は主人も私も、落ち込まずに病気に打ち勝ってやろうと必死でした。私は脆弱X症候群のエキスパートになり、息子にありとあらゆる治療を受けさせました。最初の数年は病気が治ると思っていましたので。でもその後、これは治らない病気なのだということを受け入れました。私はもともと前向きな性格です。落ち込みっぱなしではいません。

息子のパトリックは、ボストンにある要支援児童向けの寄宿学校に入りました。悩んだ末の決断でした。息子の人生は彼の望みどおりにはいきませんし、深刻な障がいを持つ子どもの世話は大変ですが、私たちは愛と喜びに満ちあふれています。息子とは毎晩話をします。最初に学校に行ったとき、あの子はナイフとフォークで食事をすることができませんでした。でも、今ではたくさんのことができるようになりました。身長も一九〇センチを超え、ユーモアのある楽しい人間に育ちました。

ついに社長に。そして……

ある日、CEOが私の肩を軽く叩いて、コスト削減の責任者になってくれないかともちかけてきました。この会社にそれが必要なのはわかっていたし、組織を信頼していたので引き受けました。

社員に嫌われるかもしれないと心配しましたが、ありがたいことに、彼らは私を嫌いにならないでくれました。コスト削減もうまくいきました。この仕事をしたことで、タイム社と経営陣をさらに深く知ることにもなりました。

タイム・ワーナーとＡＯＬの合併が発表されたのは、そのあとの二〇〇〇年一月です。わが社の株価は最高値をつけました。うれしくて踊っている人もいました。でも、ＡＯＬ事業は期待はずれでした。その夏、タイム・ワーナーの投資家対応の統括責任者が辞め、その部下も辞めました。きわめて複雑な合併を進めている上場企業なのに、投資家対応ができなくなってしまったのです。会長から私に直々《じきじき》に声がかかりました。後任になってもらえないかと。「どうして私が？」という気持ちでした。

投資家対応は、非常に気をつかう仕事です。やっても数年しかもたないとわかっていました。だけど、同時にこうも思ったのです。「巨大な企業同士の合併の席に着けるなんて、楽しそうじゃない。またとないチャンスかもしれない」。実際そうでした。今振り返ると、あの時期は戦争みたいでしたが……

それからおよそ八カ月後、今は会長になったアン・ムーアから電話を受けました。「アイリーン、すごく面白い仕事があるの」って。私はすぐに、「ああ、以前の職場に戻してもらえるんだ」とわかりました。アンはタイム誌での仕事について長々と話しはじめましたが、私はそれをさえぎって「もちろん、やらせてください」と申し出ました。タイム誌の仕事は、子どものころからの夢だった。その社長になれるなんて、夢にも思いませんでした。でも、かなったのです。歴代社長はまだ三人か四人しかおらず、女性ははじめてでした。

私は社長時代に、リーダーとしてずいぶん成長できました。それもこれも、組織の風土や文化や環境に心からなじめたからでしょう。なによりも学んだのは、信頼を築くことです。リーダーは決断力を示す必要があります。成果のあがらない人をずっとそのままにしておくわけにはいきません。銃弾のなかをともに歩んでくれるチームが必要です。もちろん、リーダーはチームのために弾を受ける覚悟も必要です。とにかく、チームづくりはリーダーの最も大切な仕事です。メンバーと心を通わせ、より高い目標に向けたビジョンを与え、道を示し、成果には報いなければなりません。

また、私は比較的早い時期に、自分がざっくばらんなタイプだということを自覚しました。失礼にならないよう気をつけてはいますが、歯に衣を着せたりはしません。間違いに気づいたときは、本人にはっきりと指摘します。その人がどうのという問題ではなく、それが私の役割だからです。問題を放置したり、仕事に合わない人に対してなんの手も打たずにいれば、私は尊敬を失うでしょう。こうした判断を、事実に基づいて、ビジネスとして、透明性をもって行なうことはとても大切です。決断力は、経験を積むごとに増していくものです。私にとってそれは、社員に好かれるより重要なのです。

そして二〇〇五年の初頭がやってきました。そのころ、タイム・ワーナーは財務的に手足を縛られていました。ＡＯＬとの合併のつけがまわっていたのです。それに、紙媒体事業は高コストにも苦しんでいました。読者はインターネットに流れていました。タイム誌も、根本的な変化のさなかにありました。二〇〇四年はこれまでで最高の業績をあげましたが、心の奥深くでは、もうこれほどの業績は望めないとわかっていました。

その年の終わり、アン・ムーアはついに大量解雇に踏み切りました。会社を救うためにはそれが不可欠だったからです。まずは上の立場の人間から切られることになりました。一二月一三日、六五人ほどが解雇されました。私もそのひとりでした。

アンは私のところにやってきて、声を震わせながら決定を伝えました。あなたの上司とあなたを解雇することにした、と。彼女が出ていくと、私は夫に電話をかけて、泣き声になりながら「クビになったわ」と報告しました。でもそのとき、夫はなんと言ったと思います？「そりゃすごいね！　堂々と休めるじゃないか」ですよ。

その夜、部下がみんなで私を食事に連れ出してくれ、私はしこたまウォッカを飲みました。そのままハイヤーに乗って、「じゃ、またね」と言い、ベッドに入ったのを憶えています。

ある意味で、ほっとしました。最後の年は打てる手も限られ、投資もあまりできず、裁量も持てませんでしたから。社内には疑念が渦巻き、信頼も損なわれていました。のびのびと仕事のできる環境とはとても言えなかったんです。

でも、だんだん怒りがこみ上げてきました。一カ月ほどはむしゃくしゃしていたと思います。なにしろ、それまでの人生はいつも自分で手綱《たづな》を握っていたのですから……。ヨガをしたり、家中を片づけたり、家族の世話をしたりして過ごしましたが、五月になると、もういてもたってもいられなくなりました。

仕事がしたかったんです。私は、次に働くとしたら三つの条件を満たすところと決めていました。ひとつ目は、完全にデジタルのビジネスモデルに基づいているところ。二つ目は、成長性が明らかなところ。そして三つ目は、私が共感できる原則や価値観を持つ経営陣がいるところです。

出版の仕事はお断りしました。いろいろ調べたり人と話したりしているうちに、三つの条件のすべてを満たすのはグーグルだと思ったからです。さっそく、ヘッドハンターに連絡しました。でも、そのヘッドハンターはこう言いました。「アイリーン、ぜひ紹介したい仕事はあるのよ。だけど、あなたに興味を持ってもらえるかどうか自信がないわ」。彼女は、タイム誌の元社長には、グーグルのニューヨーク事務所の広告メディア担当ディレクターは不釣りあいだと思ったようです。「事業規模はどのくらい？」と聞くと、四億ドルくらいという返事でした。それなら充分、と私は判断しました。

ニューヨークでグーグルの方と会って、正式にその誘いを受けたのは、六月の第三週ごろでした。夏休みをはさんで、九月から仕事をはじめました。

グーグルで活かせるスキルや経験はいくつもありましたが、それ以上に学ぶことがたくさんありました。仕事の性質上、最先端に立つ必要がありました。私は消費者のグーグルへの反応を見るのが楽しみでした。グーグルには面白いものがたくさんあります。広告まわりのイノベーションだけでなく、情報を取り入れて生活に役立てられるようなイノベーションもあります。そもそも私がタイム社に惹かれたのも同じ理由でした。でも、すごく違う部分もありました。グーグルはチームで働き、組織文化はフラットで階層がありません。私はそこが気に入りました。

もちろん、タイム社で働いたことに後悔はありません。唯一の後悔は、不吉な予感がしたときにも、そのまま居残ったことだけです。一七年も働いているうちに、会社への忠誠心からまわりが見えなくなっていたのかもしれません。

でも、とにかく私は幸運でした。今は多くの企業が失敗したり苦境に陥ったりしていますが、タイム・ワーナーにいた私は、それを早めに経験できたとも言えます。

「完璧さ」なんて気にしない

みなさんになにかアドバイスするとしたら、「自分を大切に」ということでしょうか。少々甘やかしたっていいのです。完璧な生活など存在しません。プライベートと仕事とのバランスが完全にとれるなんてこともありえません。以前の私は完璧主義者でした。離乳食もすべて自分でつくっていたくらいです。でも、たまに昔を振り返ると、なにを考えてたのかしらと思います。

完璧さやバランスなんて忘れましょう。人生は、ちょっとバランスが崩れているくらいでちょうどいい。雑然としているように感じるかもしれませんが、あまり気にしないで。うまくいかないことがあった日は、まずよく寝て、翌朝シャワーを浴びながら考えればいいんです。

私にはやる気も夢もありますが、ある意味なにも期待していません。いつも次の面白いこと、刺激的なこと、クールなことを探しています。肩書や報酬は二の次です。目的地でなく旅そのものに目を向ける、これがうまくキャリアを築くコツだと思っています。

最近、自分が二五歳のときにイタリアで書いた文章を見つけました。クローゼットを整理していたら出てきたんです。それは「死ぬまでにしたいこと」のリストでした。イタリア語をマスターする――やった。ギターを弾けるようになる――まだ。美しい庭――ある。子育てをする――いまその最中。一九歳のときはタイムで働くのが夢でしたが、それも実現しました。すべてのチャンスに感謝しています。

これからも、私はまだ働きつづけるでしょう。いつか振り返ったときには、こう言いたいですね。「なんて素晴らしい人生だったのかしら。大変なときもあったけど、スリルに満ちていた。すごく面白かったわ!」

Part III

手をつなぐ

11章 力を合わせてこそ一人前

ひとりではなにも成し遂げられない。この世で起きることはみな、人生の織物。一人ひとりが糸を紡いで、なにかをつくりあげるのです。

——サンドラ・デイ・オコーナー（元最高裁判事）

オコーナー判事の言う「糸」とは、人と人とのつながり、あなたが人生で積み上げていく人間関係だ。私たちがインタビューした女性たちもみな、人とのつながりが成功に欠かせなかったばかりか、それが心の大きな糧になったと語っていた。

強力な人脈がある人やメンターのいる人ほど、より高い地位に就き、より高い報酬を得て、より仕事に満足しているというデータもある。とりわけ女性リーダーはその恩恵を受けている。また、女性リーダーは人とつながる能力が高いので、チームの成果もあがりやすいことがわかっている。

だからあなたにも、人とのつながりを築くことは重要な仕事のひとつであると心得てほしい。人脈をつくるのは、昇進のためではない。あなたとチームをより健全にするためだ。

リーダーにはとくに人脈が不可欠だ。仲間やチームメンバーと強くつながりあえるリーダーは、意義と使命を全員と分かちあうことができる。一人ひとりを刺激し、仕事に没頭させることができる。周囲の人たちの知恵と活力と喜びを引き出すことができる。ゼロックスのCEOアン・マルケイヒーは、こう語っていた。「成功へのいちばんの秘訣は、自分の応援団をつくること。上司や取締役会の支援も大切ですが、なにより大事なのはチームメンバーの支えです」

女性ならではの長所を活かす

もともと、女性は人との関係をつくるのがうまい。進化生物学者は、この女性特有の能力が、有史以前から子孫と種族の生存確率を上げてきたという。男性の脳は、恐れやストレスに対して、戦ったり、逃げたり、じっと動かないといった反応を示すが、女性は古代からともに働き、互いに助けあって子どもを守り、生き延びるすべを身につけてきた。

女性は、ストレスや抑圧を感じたときに、オキシトシンのような「人間関係を助ける」ホルモンが放出される。職場でうまくいかないことがあると、男性は怒鳴りあったりするが、女性の多くは丸くおさめようとするのもこのせいだ。古代の生存本能が蘇るわけだ。

女性は、ほかにもさまざまな面で、この本能に助けられている。女性はおそらく男性より「思いやりと絆づくり」に長けているが、それも有史以前からの生存本能のあらわれだ。この本能が、女性にチームを気づかわせ、メンバーの生活を気にかけさせる。この包容力のおかげで、女性は他者の才能を活用し、献身を引き出し、並はずれたリーダーになれる。

（「つながる達人」に学ぶ）

金融情報提供企業と通信社が合併してできた、トムソン・ロイター社の最高イノベーション責任者であるアマンダ・ウェストは、「人とつながる」達人だ。

アマンダは、幼少期に家族とともにイギリスからアフリカに移住した。おかげで、お堅いイギリス娘になる代わりに、「裸足で林を駆け抜ける、野生的なアフリカ娘」に成長した。「弟と一緒に、なにもない平原をぐるぐると走りまわっていました。そのころから探検が好きでしたね」

だが、イギリスの寄宿学校に送られることになり、自由な日々は二年で終わった。「これは自分にとっていいことなんだって言い聞かせたのを憶えています」。アマンダは、人とつながることが自分の幸せと成功のカギだということを、誰から教わるともなく自覚した。「ごく幼いころから、そうやって生きてきたの」

とはいえ、イギリスは肌に合わなかった。「もうアフリカ人になっていたんでしょうね。それで、スワジランドにある寄宿学校に入った。その素晴らしい学校が、私のコミュニティになりました。思えば、あそこの生徒たちはみんな、チームづくりのスキルを持っていた気がします」

アマンダの「つながるスキル」が本格的に役立ったのは、働きはじめてからだ。就職早々、彼女は新規事業を開発するチームを率いることになった。メンバーは、さまざまな才能を持つ独立心の高い専門家たちだ。彼らをまとめるのはひと仕事だったが、個性の強い人たちに慣れていたアマンダは、「ひとつの使命と成功」にみんなで向かう雰囲気をつくりあげた。「四半期ごとにCEOに直接報告していたのですが、チームのみんなはそれを恐れつつ（CEOのトムは、私たちの方向性が気に入らないとバッサリと切り捨てるから）、刺激も受けていた。最初、報告するのは私だけでしたが、そのうちに少しずつ、ほかのメンバーも加えたんです。チームの団結を確かなものにするためにそうやって私たちは、計画より半年から一年前倒しで公約を実現した。チームが団結していたからこそできたことです」

アマンダは、新しい人間関係をつくることにいつもワクワクすると言う。最近も、IBMの研究開発部門のトップに連絡をとり、チームの勉強会を開いた。「準備は大変でしたよ。八時間もなにを話すか考えるわけですから。『やらなきゃよかったかも』って思った瞬間もありました。でも、はじまってみるとあっという間でした。IBMの科学者の話は最高だったわ。ほとんどの人は、しっかりお願いすれば話してくれるものです。自分でつくらないかぎり壁なんてないってことに、いつも気づかされています」

それにしても、これほど多くの人たちと強いつながりをつくりあげるコツはなんなのか？「とにかく相手の言葉に耳を傾けること」とアマンダは言った。「その相手がなにに動かされているかを理解することがとっても大切です。自分はどうでもいいの。女性はもともと聞き上手だと思う。男性は追いかけるのが好きだけど、女性は違う。育てるのが得意。単純化しすぎているかもしれないけど、人間関係をつくるうえで、これってすごく重要ですよ」

アマンダは早くから「助けあい」の極意もマスターした。それは、「まず自分が動いて相手を助けること」だという。

人脈づくりに時間を割く

女性特有の「人とつながる能力」に欠点があるとすれば、その人間関係が必ずしも仕事に役立っていないことだろう。女性の場合、時間をかけて、少人数の考えの似た人と深く関わりあうことが多い。反対に、男性は素早く、広く浅く人脈をつくる。仕事上で幅広く役立つのは後者だ。男性エグゼクティブは、同じ肩書の女性エグゼクティブに比べて何倍もの人脈を持っている。

また、男性は一般にビジネスと割り切った関係に違和感がないのに対して、女性は本物の友情を求めがちだ。だからいわゆる「人脈づくり」を嫌う女性もいる。それに、人脈をつくろうにも時間がない女性も多い。女性は仕事のあと家事に忙しいが、男性は会社を出てからも人脈づくりにいそしめる。そんなこんなで、多くの女性は仕事上の人脈づくりにあまり時間を割いていない。

でも、ここではっきりさせておこう。人脈づくりは必須だ。いい仕事をするうえでも、いいリーダーになるためにも、幅広い人脈は欠かせない。無理やり赤の他人に会えと言うのではない。ここで言っているのは、仲間、顧客、クライアント、メンター、支援者《スポンサー》、友人といった、自分の成長を助け、前向きな影響を与えてくれる人たちと関係をつくり、維持することだ。

私たちのインタビューを受けてくれたとき、アマンダは合併したばかりの会社の仕事に就いてまだ一〇日目だった。確かなことはなにもなく、企業文化も、直属の上司も、仕事の中身も、すべてが新しく変化している最中だった。新しい仲間たちについても知らなかったし、自分の役割や能力が買収会社のトムソンで評価されるかどうかもわからなかった。

トムソンは実務的で財務に厳しいことで知られる一方、ロイターは実験的なことやまだ試されていないアイデアに寛容だ。経営スタイルはかなり違う。アマンダは、順調な滑り出しは望めないだろうと覚悟していた。「トムソンの事業は巨大、しかも独自のやり方で成功しているから……。まずは信用できて役に立つ人間関係を構築して、いつかはトムソンの経営陣にも、私たちから得るものがあると思ってほしいわ」と彼女は言った。

人脈をつくるだけでなく、それを新鮮に保つこともまたアマンダの強みだ。「もちろん、かなりの努力は必要ですよ。じっとしていてはつながりは保てないから。私のスケジュール帳には毎週、〝電話する〟という書き込みがあるの。これまで驚くような発見があったのも、そうやって毎週九〇分を割いて人脈をはぐくんだおかげです」。アマンダはこのようにして築いた人脈から新鮮なアイデアを得ては、プロジェクトを完成させたり、助言を受けたりしている。

欠かせない「支援者」の存在

アマンダにはまた、必要なときに守ってくれる支援者《スポンサー》もいる。彼らとの関係構築にも余念がない。働く女性にとって、支援者はとても重要だ。もちろん、彼らがいなくても目的地にたどり着くことはできるが、もしいればおそらくより早く、より簡単にたどり着ける。それに、助けてくれる人や支えてくれる人がいるというのは、純粋にうれしいものだ。

支援者はたんなるメンターに勝る。もちろん、メンターとのつながりも大切だ。メンターのいる女性は、男性と同じ割合で昇進する可能性が高い。だが、支援者はそれよりさらに重要だ。あなたの力を信じてくれる支援者は、あなたのためにわざわざチャンスをつくってくれ、状況が思わしくないときにはあなたを守ってくれる。彼や彼女は、人事評価の一部としてあなたを助けているのではない。あなたもまた支援者の成功を助ける存在で、あなたとのつながりから得るものが多いからだ。そうあることで、お互いの関係はより充実したものになる。もしもあなたがリーダーで、チームを支えてくれる支援者がいれば、ひとりぼっちだと感じることはないだろう。

アマンダの場合は、最初の上司がはじめての支援者になった。その上司はアマンダのなかになにかを認め、大きな仕事を任せてくれた。「彼は私の限界を破ってくれました。でも、ある部署を任されたとき、私は大失敗してしまった。努力はしたけれど、うまくいかなかったんです。大きな部署ではなかったものの、自分の目の前でそれが傾いていくことは耐えられませんでした。そのしわ寄せが家庭にまでいってしまって……」。だから、アマンダは上司に、自分をはずしてくれと頼んだ。だが、驚いたことに上司は拒否した。そしてこう説明した。「今、きみはとても多くのことを学んでいる最中なんだよ。正直言って、学んでもらわなくちゃ困る。つまり私にとっては、これはうまくいっているんだ」

アマンダの三番目の（現在の）支援者は、ＣＥＯのトム・グローサーだ。合併した新会社でもＣＥＯとなった彼は、アマンダにイノベーションについて取締役会で発表するよう依頼した。「取締役会を納得させるようなプレゼンをするには、居心地のいい場所から出て、果敢に挑戦しなければなりませんでした。それを無事に終えたあと、私はトムにこう言いました。『これは必ずやり遂げましょう。ぜひ、あなたに率いてほしい』。そのとき、トムが振り向いて言った言葉は忘れられません。『なぜだい？』とトムはつき離すように言ったんです。『まずかったかも』って思いました」

アマンダは気落ちしながらも、ＣＥＯによる目に見えるリーダーシップと参加があってこそイノベーションが成功するのだと説明した。「このときに、しっかりと関係ができたんだと思います。トムも、私がなにかをやれる人間だとわかってくれた。実際、私も成果をあげましたし」

トムは、アマンダに決まりきった考え方を捨てるように励まし、アマンダも喜んでそれに従った。「トムは全員に慣習を捨てるよう、常識にとらわれないよう励ましてくれました」。大胆な考え方をした結果、仕事を失いそうになったことは何度もある。でも、支援者がいることで救われた。たとえば、インドの農家に携帯電話で天候と価格の情報を提供するという新事業を思いついたとき、社内では反対する人が続々とあらわれた。もしこれがうまくいけば、トムソン・ロイターはインドで巨大な情報ビジネスを獲得でき、他の市場でも同じ事業を展開できるはずだったが、この種の顧客に向けた事業の経験は皆無だったからだ。「すごくリスクが高いのは確かでした」とアマンダは言う。「二年前にこの事業計画を書いたとき、これが大きなチャンスであると同時に予測がまったくつかないこともわかっていました。計画に反対していた人はみんな、たぶん内心こんなふうに思っていた。『もし自分にそれだけのカネをくれたら、明日にでも二倍にできるのに』。私たちがおかしくなったと思った人も多かったはずです」

だがアマンダは、トムが彼女のチームに厳しく接しながらも支えてくれるだろうとわかっていた。それが大きな救いになった。「上層部からは『この案は絶対に通らない。もう後ろのほうに座っていたまえ』と言われたんです。でも私は『はいはい、そうですか』と思ってた。上層部は私の方向性が間違っていると確信していたけど、私は自分が正しいという自信があった。結局、私たちがつぶされなかったのは、トムの後ろ盾《だて》があったからです」

今、読者のみなさんはこう思っていることだろう。「どうやったらそんな支援者を見つけられるの？　誰が私にふさわしい支援者で、どうしたらその人になってもらえるの？」。その答えは次章以降で明かそう。

12章　女性だからできる「つながり方」

五万人の社員の能力を引き出し、成果をあげるにはどうしたらいいでしょう？　その問いは、どうすれば社員自らが会社のために役立ちたいと思うか、という問いに戻ります。ですから私は、「答えを教えてあげましょう」という態度から、「どうすべきかを教えてください」という態度に変わりました。その結果、社員に「自分は価値ある存在だ」と感じさせることができ、根本的な変化が起きました。組織が変わったのです。

――ブレンダ・バーンズ（サラ・リー・コーポレーション前会長兼CEO）

女性リーダーに「人脈」について尋ねると、ほとんどの人がチームや社内の仲間について語る。支援者《スポンサー》になってくれる上司のことより、仲間についての話に花が咲くのだ。彼女たちはまた、チームの魔法や、組織がひとつにまとまるときの誇らしさについても口にする。仲間の成長を見守るときの充実感は、家族を見守るときの気持ちと似ている。実際、女性リーダーはよく、自分の組織を家族だと語る。

多様な人々を受け入れることが、リーダーとしての重要な資質であるのは言うまでもない。だが、女性リーダーはとくに、この点をたびたび強調していたのが強く印象に残った。女性は生まれつき人間関係を求め、育てるのが得意なことは、すでに述べたとおりだ。その「世話と友情」の精神が、仕事にもよい影響を与えているようだった。

ゼロックスのCEOアン・マルケイヒーもそのひとりだ。アンは一九七六年に新卒でゼロックスに入社して以来、一度も同社を離れていない。人に寄り添い、友情をはぐくみ、多様性を受け入れることで、彼女はリーダーになった。二〇〇一年、ゼロックスは六四億ドルの売上を水増し計上したとして証券取引委員会(SEC)に摘発され、株価が大暴落した。アンはそのときもゼロックス再建の先頭に立ち、社員をひとつにまとめ、業績を見事に回復させた。彼女の経営スタイルが、ゼロックスの生き残りを可能にしたのだ。

「賢い人」より「慕われる人」に

アンはごく平凡な、思いやりのある家庭に育った。ただ、一点だけふつうと違うところがあった。両親はひとり娘のアンを、四人の男兄弟とまったく同じように扱った。「兄や弟と同じように高い期待をかけられていました。家族と友人から充分な支えを受ける環境に育ったことを、とても幸運に思っています」とアンは言った。

ゼロックスに入社したのは、多様な価値観を受け入れ、社会的な責任を担っている企業として評判が高かったからだ。入社してからも、ここには人をはぐくむ環境があると実感した。「入社から二〇年間は、ひたすら仕事を楽しみました。自分が認められ、会社に貢献しているとは思ったけれど、それ以上のことはなかった気がしますね」。アンにとって、会社は家族のようなものだった。同僚たちの多くも、同じように感じていた。

キャリアは営業部で磨いた。結果が目に見えて、金銭的に報われる営業という仕事が好きだった。当時のアメリカではまだ女性の営業は少なかったが、両親が教えてくれた価値観を信じていた。努力すれば男性と同じことを成し遂げられる、と。昇進できなかったときにはじめて、見えない壁があるのを知った。「営業マネジャーへの昇進面接を、何年も受けつづけたのにダメだったんです。でも、それが女性だからとは、それまでは露ほども思わなかった。きっと、平等に育てられたせいですね」とアンは言った。

その後も努力しつづけて、彼女はとうとう管理職になった。担当を打診されたのは、メイン州の営業チームだった。チームメンバーはずっとその仕事をしている、ひどく年上の男性ばかり。前途有望とは思えなかったが、アンは引き受けた。

結局、そこでの仕事が転機になった。「あれは素晴らしい経験でした。心を開いて仲間をよく知り、みんなで力を合わせて目標に向かった。そうしたら突然、全員がやる気を出しはじめたんです」。チームの力で、不可能に思えることも成し遂げられることを、アンはここで学んだ。メンバーのいちばんいいところを引き出すのは楽しく、人を導くコツをつかんだとも感じた。

アンは、さらに大きな仕事に挑戦しつづけ、ついに北米最大のニューヨーク市を統括するまでになった。経営陣の仲間入りをする準備はできていた。だが、子どもはまだ小さく、やるべきことは多かった。それで、ゼロックス・アメリカの社長が直属で統括する品質管理プロジェクトの責任者になる、という昇進話は断った。その仕事に就くとなると、一家でロチェスターに引っ越さなければならなくなるからだ。

友人には、アンが自分で自分の道を絶ったように見えたが、本人にとってはそれが正しい決断だった。その後マーケティングの仕事に就き、さらに人事の仕事へと進んだ。人事は門外漢だったのに、彼女はそこで大きな成果をあげた。「ちょうど、ゼロックスが大がかりな組織改革をしている最中で、人事は経営と組織効率に関わる魅力的な部門でした」と彼女は言う。「なにしろ人事は企業の将来を左右しますから。心が躍りましたよ」。この仕事が、リーダーシップを学ぶうえで彼女の転機になった。「心から楽しんで問題解決にあたりました。人の問題も、事業の問題も。まわりに賢い人たちさえいれば、熱心に取り組むことで、なんだって解決できるとわかりました」

この過程で社内のさまざまな人たちと絆をつくったことが、その後の成功にもつながった。「私ほどいろいろな人に助けられた人間はいないと思う。現場の人たちと連絡をとり、つながりを保つことは本当に大切です。そこから得た知識が、組織の方向性を決める助けになる。私はただ、たくさんの、本当にたくさんの人たちに支えられ、助けられ、その恩恵を受けているだけ。でも、それが真の成功の要因なんです」

幅広く、しかも深いアンの人脈は、CEOとして社の再建に直面したときにも大きな力になった。彼女ははじめから、この再建を全社規模のチームプロジェクトととらえ、これに取り組んだ。「社員に、あなたたちがこの組織のカギを握っているのだと知らせれば、彼らはそれを受け止めてくれます。ここでなにかを成し遂げるには、社員の心をつかむしかないと、私にはわかっていました。社員にもそれは伝わったと思う。それが彼らに活力とやる気を与えたんです」

多くの経営者が望んだ結果を出せないのは、社員との絆がないからだとアンは言う。「とても頭のいいリーダーなのに、社員がついてこない人たちを数多く見てきました。もしも、リーダーの資質をひとつだけ身につけるとしたら、『慕われる人になること』だと思いますね。決断力があり、経営の役に立つ賢い人はたくさんいるけれど、一致団結がなにより大切な大企業では、社員に慕われることこそがカギ。そうでなければ、結果は出せません。私が社員を信じ、社員を気にかけ、共通の目標に向かう彼らの力を認めていたことを、社員は知っていた。それが目に見えれば、社員は必死に努力する。少なくとも、ゼロックスの社員はそうでした」

だが、全員参加型のリーダーは、新たな責任を負うことにもなる。「社員はそのリーダーに期待するようになります」とアンは言う。「そのリーダーが社員と外の世界を失望させないように、彼らは見張っています。CEOでもどんなリーダーでも同じ。すごいプレッシャーです。リーダーはなにより、周囲の人を失望させてはいけない。だから、その期待に見あう仕事をしなければならないのです」。全員を参加させるということは、信頼を築き、維持するということだが、そのためには、まずあなた自身が自分に忠実でなければならないのだ。

職場に良好なコミュニティができれば、やりがいも生まれる。アンは、再建という困難な時期にコミュニティに助けられた。「大事なのは人間関係と経験。言い換えれば、あなたが積み上げる心の貯金です。時間がたつほどに利子は増えます。責任ある仕事は、頭で割り切るだけではできない。その仕事に感情と情熱が通っていないと、組織は最高の力を出すことができないのです。ゼロックスは、その点でずば抜けていた。おそらく、女性は男性より、愛とか気持ちとか情熱といった言葉を使うのに抵抗がないんでしょうね」

アンは愛と受容を家族から教わった。そしてそれを、リーダーとして毎日誰かに与えている。リーダーシップは愛なのだ。

「心の偏差値」は女性のほうが高い

アン・マルケイヒーがキャリアを花開かせたのには、もうひとつ要因がある。それは、直感に耳を傾けたことだ。彼女は、誰かに寄り添い友だちになりたいという気持ちに従って、膨大な数のゼロックス社員を、まるで自分の家族のようにネットワークの輪のなかに加えた。

さて、あなたはどうだろう？　女性にとって、友だちや職場での付きあいがどれほど大切かを考えてみてほしい。歴史を振り返っても、何世代も続いた女性のグループは数知れない。たとえば参政権運動の女性グループは、集団活動と支援と政治集会を繰り返して、ついに勝利を勝ち取った。その活動はいまだに続いている。もっと個人的なグループもある。祖母の世代が参加したお裁縫グループや、母の世代が楽しんだブリッジのグループ……。私たちの世代では読書クラブに入っている人もいるし、共通の趣味を持つ人たちから成るグループもある。

どこかに所属したいという気持ちは、仕事でも大きな助けになる。たとえば、スタンフォード・ビジネススクールには、在学中の二年間に毎週顔を合わせる「経営者を目指す女性の会」がある。このつながりは、卒業したあともずっと続く。多くの女性が、ビジネススクール時代の最高の思い出として、その会のことを挙げているほどだ。

なにかの一員になりたい。その思いは、人とのつながりをうながし、ものごとを前進させる。また、グループ活動は、敵対的な環境を開かれた安全な環境に変える助けにもなる。大半が男性の職場で、女性社員が団結して何かを求めた、といった経験がある人なら、すぐわかるはずだ。全員参加型のリーダーは、みんなが働きやすい環境をつくり、前向きなエネルギーと新しいアイデアが湧く好循環を生み出す。アンと同じように、チームメンバーをはぐくみ、気づかい、社員とともに力を尽くして驚くような成果をあげる女性リーダーは多い。チームが一度でも見事に成功すれば、その全員参加のやり方は、より多くのチームに広まっていく。

このやり方は、組織はもちろん、女性リーダー自身にもメリットがある。一般に、女性の多くは心の偏差値（EQ）が高いと言われているように、男性より人の内面をよりよく推しはかれる。実際、女性が男性より状況をより深く理解できるということは、多くの研究でも証明されている。だから、周囲の人を育て、多くの情報源を持てば、よりよい意思決定ができるのだ。ためしに、ミーティングのあとで、女性参加者に会議中のことを聞いてみるといい。ほとんどの女性は、そのときの様子をかなりよく憶えているばかりか、男性が見逃した微妙な心の動きについても語るはずだ。

会社以外のグループに所属してみよう

もしかしたら、あなたはすでに全員参加型のリーダーかもしれない。でも、まだそうでないなら、そんなリーダーになるために直感を使ってみるといい。少し考えてみてほしい。あなたをメンバーとつなげるものはなんだろう？　ひとりで働くときとグループを率いるときでは、気持ちにどんな違いがあるだろう？

まわりの人があなたをどう育ててくれたかも思い出してほしい。自分の心を打ち明けられる人を必要としたときはなかったか？　どうやって前に進んでいいかわからず、先輩にアドバイスを求めたことは？　そのとき、なにがあなたの助けになっただろう？　明確なロードマップ？　素晴らしいアイデア？　安心させてくれる言葉？　やさしい導き？　それと同じことをあなたがすれば、あなたも誰かの役に立てるにちがいない。

どこかに所属していることで、本物の充実を得る女性は多い。今どのグループにも入っていないなら、入ることを検討しよう。業界のグループでも社内のグループでもなんでもいい。

もちろん、あなた自身がグループをつくってもいい。同じことに心を傾けている女性をひとつにまとめてみてはどうだろう？　社外にも目を向けて、会社とかけ離れたグループに入ってみるのも新鮮だ。これまでにない視点を得られるし、職場でどんなことがあっても関係なく、あなたの価値を認めてくれる人に出会うこともできる。

意識的にそうやっていれば、包容力、つまりチームの一人ひとりを大切にし、全体の成功をはぐくむためのスキルは必ず磨かれていく。そしてそのスキルは、あなただけでなく、周囲の人や組織をも助けることになるのだ。

13章 「助けあえる」人間になるために

ある経営者と世間話をしていて、息子について相談したことがあります。息子はコンピュータに夢中で、私はそのことを少し心配している、と。すると、彼はこう言いました。「口を出さないほうがいい。やりたいだけやらせなさい。私が子どものころ、両親は好きなだけコンピュータに没頭させてくれた。だからこそ今、私は一流のエンジニアになれたんだ」。その言葉について深く考えました。それはつまり、お互いを尊重するということ、お互いの関係はそうやって築かれるということでした。

――パトリシア・ナカシエ（トリニティ・ベンチャーズパートナー）

女性は生まれつき、男性よりも人とのつながりを築くことに長けている。だが、すでに述べたように、職場での人脈となると話は別だ。

ビジネスにおいて、人脈づくりが得意なのは男性のほうだ。研究によると、彼らの人脈のつくり方は、生まれながらの社会的な本能に基づくものだという。バスケットボールのコートに入って、赤の他人と試合ができるのはなぜか？　スタジアムで四万人ものファンとともにスポーツを楽しめるのはなぜか？　「大人数の集団で行なう活動は、女性よりも男性のほうがそれを楽しむ傾向が高い。チームスポーツでも、政界や財界でもそうだ」と、心理学者のロイ・バウマイスターは書いている。

一般に、こうした広く浅いつながりによる人脈は、取引だと割り切ることができるし、お互いが利益をもたらすと認識すれば、きわめて強力にもなる。ほとんどの職場で広く浅い人脈が支配的なのはこれが理由だし、そうしたつながりが男性に偏っているのも、同じ理由だ。

その一方、より深い関係を願う女性は、こうした即席の集まりに嫌気がさすことも多い。男性は「私の背中を掻《か》いてくれたら、あなたの背中を掻こう」といった言いまわしを使うが、そんなあからさまな便宜《べんぎ》をはかりあうことを、女性の多くは快く思わない。彼女たちは、「便宜をはかってもらうために人間関係をつくる、なんていう考え方は正しくないのでは？」と考えがちだ。

ほかにも、自分から動かないさまざまな理由が浮かんでくる。押しつけがましいとか、相手が忙しすぎるとか、断られるだろうとか、品がないとか。面白いことに、家族や友人とはなんの抵抗もなくお互いのメリットのために動いているのに、仕事となると二の足を踏むのだ。

でも、そういう考えはこの際、改めたほうがいい。便宜をはかりあうのは悪いことではない。「自分がしてほしいことを他人にする」。じつにシンプルだ。ジョナサン・ハイドに言わせれば、それは「社会をひとつにまとめる接着剤」である。仏教からゾロアスターまで、あらゆる宗教でそれが原則とされている。お互いにとってよいことを与えあうのは、市民や人間としての成功にとっても、仕事の成功にとっても必要不可欠である。他者を助け、励ませば、自分にもそれがかえってくる。それに、深いつながりを望むこととも矛盾しない。

成功も失敗もチーム次第

サックス・ダイレクト（サックス・フィフス・アベニューのインターネット事業）社長であるデニス・インカンデラが、新規事業を軌道に乗せる際に役立ったのも「互いに助けあうこと」だった。デニスは、コンサルタントとして五年間の経験を積んだあとサックスに入社した。だが、転身した当初は苦労したという。「入社してすぐに、このウェブサイトを立ち上げたのですが、その将来像はかなりぼんやりとしていました。同時に進めていた組織の構築も、私には経験がなかった。だから最初のうちは大変で、必死に働きました。必要なスキルを身につけるのに四苦八苦しましたし、数えきれないくらい失敗もしました」

サックス・ドットコムを立ち上げたのは、インターネットバブルが頂点に達したころだった。一億ドル規模の事業を支えるインフラと組織を築いたデニスたちは、すぐに売上五億ドルに達すると見込んでいた。「ところが、初年度の売上はわずか一四〇〇万ドル。絶望的な気持ちになりました。大きな損失を出し、雇ったばかりの人たちを四割も切るはめになったんです。私たちには、セーフティネットもなければ、善後策もなかった。要するに、なにもわかってなかった。ただ成功するはずだと思い込んでいただけでした。ひどく落ち込みましたよ」

当時を振り返ったデニスは、根本的な問題は大胆すぎる事業計画でも過度の投資でもなく、リーダーである自分が、インターネット業界の経験豊富な経営者との人脈を築かなかったことにあると気づいた。確かな人脈があれば、サックス・ドットコムにとっても、デニスにとっても大きな助けになったはずだった。

彼女のような有能な人が、どうしてそうなってしまったのだろう？　サックスに入社したとき、デニスは自分くらい優秀なら、やる気を出して一日一六時間も働けば、たいていのものごとは片づくと思っていたという。だが、それでは充分ではなかった。「人との関係を築くことがいかに大切かということも、しょせん自分ひとりでは成功できないということもわかっていなかったんです」と彼女は言った。「ほかの人もきっと、この事業の成功に向けて必死になってくれる。そうすれば成功できると勝手に思っていました」。だが、うまくいかなくなってはじめてこう感じた。「本当は誰も、事業の成功など大して気にかけていなかった。これも私のせいでした」

デニスはひとり落ち込んだ。「ゆうに半年は落ち込んでいたと思います。その間は、毎日会社と家を往復するだけの生活でした。でも、このまま落ち込んでいたくはなかった。だから、自分に言い聞かせました。『別のことをやるか、これを成功させるか、どちらかを選ばなくちゃ。人生にはかぎりがあるのよ。こんなふうに無駄に過ごしちゃダメ』って。それで次第に目が覚めていきました。ついに、『気持ちを盛り上げて利益を出すか、辞めるかにしよう。もともとやるべきだったのは事業を成功させることだったんだから』と覚悟を決めた。そうしたら、『大丈夫、事業を立て直して軌道に乗せられる』って思えたんです」

先行きが明るくなり、上司の支えも加わって、デニスは事業の立て直しに乗り出した。その上司が厳しくも愛情のこもったフィードバックをくれたことも、彼女を動かすことにつながった。「人間関係でしくじっていた私に、上司がダメ出ししてくれたんです。それから、私がうまくいかなかった社員たちとも話をしてくれて、『彼女にもう一度チャンスを与えよう。いま学んでいる最中だし、彼女ならできるから』と言ってくれた。私がフィードバックを受けとめられるようになったのは、このときからです」

デニスは、ふたたびチャンスをもらえた幸運に感謝した。「正直言って、あんなふうにインターネットサイトの立ち上げに失敗した人間は、ふつうなら当然クビです」。やり直すことができたデニスは、今度はお互いの利益を最優先で考えた。「社内でこの事業の成功に欠かせないのは誰かをじっくり考え、その人のために何ができるかを考え、つながりを築こうと努力しました。この人が私の事業に入れ込んでくれるにはどうしたらいいのか？　そのためには自分を売り込んだり、なにかを求めたりするのではなく、私が彼らのために具体的になにができるのかを挙げることが先決でした。関係づくりの基本は、自分の立場から事業を考えるのではなく、相手の人の視点に立って、どう役立つかを考えることです。たとえば、他部署の役に立つために店舗への来客数を増やしたり、店が推しているブランドに注目を集めたりといったことですね」

　こうして、ゆっくりと、しかし確実に、デニスは橋をかけていった。最大の難関は、明らかに新入りのデニスを嫌っていた上層部のひとりに気に入ってもらうことだった。「彼女はたぶん、『また名門大学のMBAを鼻にかけた新人がやってきて、あれこれと改革を唱えるんでしょ』と思ってたはずです。私のすることはなんにでも反対していましたから」とデニスは言う。

　ある日、尊敬する先輩からアドバイスをもらったデニスは、その女性をランチに誘い、面と向かってこう切り出した。「私たち、はじめから対立してしまいましたね。おそらく私のことを気に食わないと思っていらっしゃるんでしょう。あまり尊重していただいていないようにも感じます。それがすごく残念です。関係を修復するために、なにか私にできることがありますか？　力を合わせて働くことが、私にとっては本当に大切なんです」。彼女は驚いていたという。「でも、対立をはっきりさせることもときには必要でしょ。おかげで一年もしないうちに、社内に確固とした人間関係の土台をつくれたし、今ではあちこちに応援してくれる人ができました。その女性エグゼクティブともすごく親しくなったんですよ」

　仲間や経営陣やチームメンバーと強い絆を築いたことが、デニスにとって成功と失敗の分かれ目になった。「長年かけて素晴らしいチームを築いてきました」とデニスは言う。「今は、仕事に心から情熱を燃やす優秀な人たちと一緒に働くことが、私のエネルギーの源です」。自分が大切に思う人たちと成功を分かちあい、彼らから学ぶことで、デニスはリーダーとしてより強くなり、より自信を持てるようになった。「あるとき、昔より仕事ができるようになっている自分に気づいてからは、仕事に行くのが本当に楽しくなりました。まだ学ぶべきことはたくさんあるけれど、私のキャリアのなかで、人間関係はいちばん大切な教訓になりました」

デニスはこれまでを振り返り、こうも語った。「私にとっては、サックス・ドットコムがはじめての子どもで、娘は第二子なんです。娘や夫に聞かれたら怒られそうだけど、でも本当なの」

あなたから差し出せる九つのこと

人間関係は、まずあなたがなにかを差し出すことからはじまる。

人はなにかを受け取ると、お返しをしなければと思うものだ。文化や国が違っても、この点に変わりはない。「お互いさま」の精神は、人間行動に深く刷り込まれているからだ。私たちの祖先は、食べ物がたくさんあるときにみんなに分け与えていれば、次に自分が必要になったときには食べ物をもらえることを学んだ。今では無料サンプルからチャリティーのくじ引きまで、ビジネスでも「前もって贈りものをおくる」手法がすっかり定着している。

「お互いさま」の精神は、あまりよく知らない人や、まったく知らない人との関係づくりにも活かせる。たとえば情報交換。高名な女性リーダーが、ある任務にふたりの候補を考えていたとき、そのうちのひとりは、電話をかけてきて自分にやらせてほしいと訴えた。もうひとりも電話をかけてきたが、こちらは、この仕事の課題について以前から考えていたと言い、それを書きとめて差し出した。そこに書かれたどの課題も、このリーダーに役立つものだった。彼女がどちらの候補を選んだかは明らかだろう。

これでもまだ「お互いさま」という考え方がピンとこないなら、小さなことからはじめてみるといい。たとえば、最近一緒に働いたエグゼクティブに、興味を持ちそうな記事を送ってみよう。たぶん、相手は意外なほど喜んでくれるはずだ。相手に注意をはらうのもポイントだ。よく観察し、耳をすませば、彼らがなにを必要としているかがわかるかもしれない。そして、あなたがそれを与えられるかもしれない。知りあいになりたい人がいたら、その人についてもっと情報を集め、相手に役立つ贈りものを考えよう。

例として、あなたが差し出せるもののリストを次に挙げてみた。

①ノウハウ　つながりたい相手にとって価値のある知識や分析を、あなたはすでに持っているかもしれない。あなたより目上の誰かに役立つものを探しているなら、相手がどんな情報を必要としているかを想像し、それをいちばん上手に届ける方法を考えよう。たとえば、ポッドキャストで情報を見つけたらMP3プレーヤーにダウンロードしてそれを貸すこともできる。関係のありそうな本を読んで、要約を送ってもいい。

②人脈　あなたは相手の助けになれる人を知っているかもしれない。目上の人であっても、あなたの知りあいが役に立つ場合はある。住所録を見て、相手が興味を持ちそうな人や、役立ちそう

な人を考えよう。

③レーダー　つながりたい相手が、社内の人がなにを考えているかを知りたがっている場合もある。経営上層部は、あなたほど社内のことに通じていない。ありのままの真実を聞く機会もほとんどない。だから、聞いたことを集め、メッセージにして、公平にそれを伝えてみよう。

④時間　あなたが思っている以上に、あなたの時間には価値がある。多忙な同僚を助けるにしろ、誰かがもっとたくさん仕事を片づけるのを助けるにしろ、あなたが時間を使ってくれたことを相手は忘れないだろう。あなたが親しくなりたい人のプロジェクトは積極的に手伝うにかぎる。

⑤聞く　いい聞き手になり、相談に乗ったり意見を言ったりすることもできる。実際、ある女性リーダーは、正直な意見はなかなか聞けないのでありがたいと言っていた。重要なミーティングのリハーサルを聞いて、はっきりと、親切に感想を言ってくれる人が欲しいと言っていたリーダーもいる。

⑥家族への手助け　たいていの人にとって、いちばん大切なのは家族だ。知りあいになりたい人の子どもや配偶者の手助けができないかを考えよう。その配偶者がある業界について知りたいとしたら、あなたが誰かを紹介できるかもしれない。

⑦質問　いい質問をすることで、誰かのよき相談役になれる場合もある。ただし、これは単純ではない。どんな質問が相手の考えを深めることに役立つかをよく調べること。「もし○○だったら？」という仮定の質問が役立つ場合も多い。

⑧スキル 想像力を羽ばたかせよう。その相手が不得手なことはなんだろう？ ある女性リーダーは、プレゼンテーションのデザインを改善したいと申し出てくれた若手社員と親しくなった。喜んだリーダーは、のちにその若手社員を助けてあげた。

⑨申し出 今すぐにできる具体的なことがなければ、いつか自分が助けになりたいと思っている旨を相手に伝えよう。ただし、相手に先になにかをしてもらう場合（仕事を与えてもらうなど）には、この申し出では弱い。これは、ほかになにも思いつかないときに使おう。もちろん、申し出ることと自体は損にならない。

世の中には、社交的な人と内気な人とがいる。社交的な人は、知らない人との出会いにワクワクし、どこででも誰とでも仲良くなれるが、内気な人は、知らない人ばかりの部屋に入っていくことを考えただけでも不安になる。外に出ると傷つきそうで、怖くなるかもしれない。だが、知らない人と会うことには大きな利点があると心得て、勇気を出してほしい。慣れればきっと打ち解けてきて、楽しめるようになるはずだ。

助けあいは「習慣」にすべし

助けあいを単なる取引きと考えるにしろ、それ以上の価値あるものと考えるにしろ、仕事上欠かせない武器であることに違いはない。キャリアの階段をのぼる途中でも、トップになってからでもそうだ。それでもまだ気が引けてしまう人は、あなたの隣にいる男性社員はいつも気軽に他人に声をかけ、助けの手を差しのべていることを思い出してほしい。彼らはいつか見返りがあることをはっきりと意識している。さあ、あなたも一歩を踏み出し、いつか誰かと関係をつくることを心がけよう。

助けあいは機械的なものではないから、相手になにかしてあげたら必ずお返しがある、とはかぎらない。お返しがあるとしても、受け取るまでに何年もかかる場合だってある。だからこそ、助けあいは日常的な習慣にしなければならない。

その種を植えるのは、今だ。

14章 今日からできる人脈づくり

私たちはみな同じ人間です。心を開いて、学ぶ意志があることを前面に押し出せば、殻にこもらずに自分をさらけ出せば、きっと、あなたの人生に他者を招き入れることができるはずです。 ——キャロル・シェン（エスティローダー・カンパニー・チャイナ代表取締役）

寒々しいホテルの宴会場に行かなくても、せかせかと相手を説得しなくても、人脈はつくれる。実際、あなたにはすでに人脈がある。たぶん、それをきちんと育てていないだけだ。この章では、すでにある人脈をどう活用すれば、働く女性として成長できるかをお話しよう。人脈を使ってできることは、仕事以外にもある。ときにはそれが、社会や組織を変える助けにもなる。

もしも、たくさんの人がいて、それぞれの人が自分にしかないなにかを提供してくれる場所があるとしたら、あなたもそこに身を置きたいのではないか。「人脈を構築する」とは、そんな場をつくることをいう。

人脈の構築はワクワクする冒険だ。生まれつき恥ずかしがりやの人にとっても、だ。たとえば、人脈づくりの達人であるキャロライン・バック・ルース。彼女はアーンスト&ヤングでグローバルな医薬品業界担当の責任者を務め、女性問題に関する積極的な発言でも知られている。だが本人は、本当はそれほど社交的ではないという。

キャロラインの人脈作戦

キャロラインは八歳のとき、「世界の指導者になる！」と決めた。「小さいときから、夢は大きかったんです。ケネディ大統領の大ファンで、人類は月に行けると言った大統領の言葉も信じてました。大統領は海外援助へのボランティアも呼びかけていたでしょ。あれにも感動したものです」

キャロラインの母親は、改革を訴える弁護士として二五年の経験を積んだあと、極度に内向的な性分を乗り越えて、裁判官に立候補した。父親もまた弁護士だったが、こちらは目立ちたがりやでリスクを恐れない性格だった。キャロラインは、母親と父親の両方の性格を受け継いだ。「三人兄弟の真ん中だった私は、いつも人より高いところに登りたがったし、人より速く走ろうとしてました。泳げないのに湖に飛び込んだこともあるんですよ。昔からせっかちで、新しいことに挑戦したがった。いつも『どうしてだめなの？』と思っていたわ。枠にはめられるのがいやだったの」

その性格のせいで、一九六〇年代の終わりごろは、いろんなことに手を出しすぎた。反抗的で、勉強にはまったく身が入らなかった。「私がなにかを成し遂げられるなんて、誰も思ってなかったはずです。あの時代のいいことも悪いことも、すべて試していましたから。でも、ここまでやったら充分という自制心は私なりにあったのよ。他人がどう言おうと、なにが正しいかは自分にしかわからないってことも、このころに知ったんです」

高校三年のときには、カンボジア侵攻への反対集会を開いて停学処分を受け、一度は大学に入れなくなった。だがその後、随時願書を受け付けていたオハイオ州立大学に入学。大学時代にはもう、指導者になるという夢がはっきり見えていたから、名門のジョージタウン大学に編入した。夢を実現するには、優秀な成績を残さなければならない。キャロラインはオールAを取った。次に、専攻をラテン系言語からロシア語と経営に変えた。四年の課程を三年で終えた。さらに外交関係の仕事に就こうと決め、それもやり遂げた。彼女は着実に夢に向かって進んでいった。

そして、ソ連（現在のロシア）に派遣されたとき、キャロラインが大急ぎで励んだのが人脈づくりだった。「敵対的な環境のなかで、ウズベキスタンのタシュケント、アゼルバイジャンのバクー、それからモスクワに駐在しました。ロシア語は母国語じゃないから、なかなか信頼してもらえなかった。だからなんとしても、現地の人たちの心にふれて、個人的な関係をつくる必要があった。そうしなければ、お互い疑念が晴れないでしょ。一年半ほどは、とにかく人間関係を築くことに集中したわ。そのなかで、自分ではなく相手を中心に考えることや、他者の目的を理解することの大切さを学んだんです。相手がなにを考えているかだけでなく、どう感じているかも理解しなければいけないと知ったし、そのことに責任を持つようにもなりましたね」

キャロラインはいつも、まず長期的な目標を立て、そこに到達するために役立つ人脈を構築する。最初は知人からスタートして、その人を足がかりに新しい人を紹介してもらうのだ。「長期計画は欠かせません。むこう一〇年の目標を立てて、そこに到達できるように努力するんです。それと、その計画のなかに、自分がまったく知らないけど興味がある目的地を五つ入れる。目的地といっても、物理的な場所じゃないわよ。『私が学ぶべき大切なことはなんだろう？』って考えるんです」

とはいえ、彼女がこうしたスキルを身につけたのは、四〇代になって離婚し、シングルマザーになり、それまでの金融のキャリアと子育てを両立するのが難しくなってからだった。「離婚したときに金融業界は去りました。自分の証券仲介会社も持ってたけど、やりくりが大変で、経営のプレッシャーと子育てを両立できなくなったから……。私にとっては子どもたちがいちばん大切だということを、子どもたちに知ってもらいたかったし」

こうして、次のキャリアを探すことになった。「私は、目的地が決まったら『誰に会えばいいか？』と自問します。きちんと目的を持って人に会うことが大事だから」。目的によって、築くべき人間関係の種類が違うことに、キャロラインは気づいていた。「目的地別に色分けした表までつくって、人脈を開拓したんですよ」

はじめは、それぞれの目的別に、会うべき人を二、三人決めた。その人たちに会って話を聞いたら、自分の興味も聞いてもらって、必ず次に誰に会ったらいいかを推薦してもらった。すると、人に会うたびに視野も人脈も広がった。「自分のまわりに人間関係を築いて、それを広げていくことに、すごい充実感があるんです。そして、あるとき突然、自分がその輪の中心にいることに気づく。誰かが私に相談に来て、私が彼らを助けることができる。アーンスト&ヤングに入ったのも、それがきっかけでした」

人脈のなかに誰がいるか、いつその人たちを助けられるか、逆にいつ助けてもらうのか……。キャロラインにとって人脈とは、戦略的提携のようなものなのかもしれない。彼女は、人脈構築はこまめにすべきだとも強調した。顔の広さは関係ない、とも。「支援者《スポンサー》ひとりにつき、ざっと五人のメンターが必要です。さらにメンターが五人なら二五人の戦略的サポーターが必要。男性はこうした関係づくりがとても上手なのに、女性は、『メンターならいますから大丈夫』なんて言ってしまう。企業の知的資本の半分は人間関係。個人の資本なら、おそらく四分の三が人間関係でしょう」

キャロラインが人脈づくりに成功しているのは、あたたかい人柄のせいでもある。「こう見えて、私はもともとすごく人見知りなんです。知りあいがいないパーティなんて絶対に行かない。でも、いったんその場に行くと、のめり込む。誰かを知りたいという好奇心はあるんです。人には興味があるし、なにを考えているか、どう感じているかを知りたいとも思います。いやな人だと思うことはほとんどない。だって、みんななにかしらいいところがあるでしょ。そうそう、私も勉強中なんだけど、相手を知るいちばんの方法は、自分のことを忘れて、相手について考えることね」

キャロラインは五〇歳のとき、このスキルをふたたびフル活用した。「六〇歳になるまでには、社会に貢献できる立場にありたいと思っていたから、政党への後援をはじめました。献金集めなんてやったこともなかったのに。大学とも関係を持ちました。それまで本を書いたことも、教育機関で教えたこともなかったけれど。『仕事以外で女性の活躍を推進するために、自分になにができるだろう?』って考えて、財団とも関係をつくった。仕事でも、新たに医薬品業界に取り組みました」

キャロラインは、人脈づくりは早めに狙いを定めて、時間をかけたほうがいいと言う。「人脈は、必要なときにすぐつくれるものじゃない。いざというときになってからはじめても遅いんです。だから、肝心なときより前にネットワークをつくっておかないとね。下心があるみたいに聞こえる? でもそうじゃない。私にとっては『目標を追いかける』という感じです」

彼女はさまざまな組織で、あるときは教師として、またあるときはメンターとして人々を指導するなかで、人脈づくりの能力はあるのに、それを仕事でうまく活かせない女性が多いのはなぜかを考えてきた。「女性は、個人的にはいろいろな人と知りあって人間関係をつくっていく。でも職場では、そうした関係づくりの能力を商売に利用しているように感じてしまうんです。そうなると、図々しいとか、相手に申し訳ない、なんて思う。でも本当は、人脈づくりは押しつけなんかじゃないんです。相手を助けることに目を向ければ、それがよくわかるはずですよ」

そしてこうも言った。「女性は、考え方が逆さになっているんじゃないかしら。自分たちは生まれつき〝与える能力〟があるのに、実際には与えていない。私の言う〝人脈構築〟は、女性の〝与える能力〟を解放します。本当は、お互いに価値のあるやりとりを築いている、と考えるべきなんです。あなたがしていることに私は興味がある。あなたもまた、私のしていることに興味がある。だから情報交換をしましょう、と。いつ、お互いが必要になるかわからないのですから」

目的地への道筋を描き、ビジネス、学術、慈善分野で新しいつながりを築いたキャロラインには、お手本とする人たちが五、六人いる。彼女はその人たちを「私が選んだ取締役」と呼ぶ。「『私の取締役になってください』って一人ひとりにお声をかけました。全員が仕事で成功し、私がこうなりたいと思うような方ばかりです。その方ごとに、素晴らしい目的とスキルがある。どの方も、私が正しい理由で正しいことをするように導いてくれるので、熟考したいときに頼りにしています。仕事のことだけじゃありませんよ。親として、娘として、妻として、人生の本当に大切なことを考えるときにも相談しているんです」

「人脈マップ」をつくろう

多くの女性にとって、人脈づくりは「きらいな野菜も食べなさい」と言われるようなものだ。自分のためになるのはわかっていても気が進まない。それに、実際いやな例もたくさんある。その場でいちばん偉い人に媚《こ》びたり、あからさまに自分を売り込むような人を見て、あんなことはしたくないと思うのも無理はない。

でも本来、人脈づくりは政略ではない。それは自分以外の誰かに興味を持ち、その人に寄り添い、助けの手を差し出すことだ。人脈づくりは、働く女性として、またひとりの人間として成長するカギになる。だから、価値あるものとして考え直してほしい。人脈とは、「あなたのキャリアに興味を持ち、積極的に成長を助けてくれる」すべての人のネットワーク。そう考えれば、ワクワクした気持ちになれるのではないだろうか。

人脈づくりの第一歩は、「知人のなかで、あなたの成長と成功を助けてくれる人は誰か」を確認することだ。まず、次のふたつの条件に合う人をすべて書き出してみよう。①この二年間で、直接またはかなり親密に一緒に働いた人たち。②この二年間に、ある程度親しく付きあった人たち（それ以前に付きあいの深かった人を含めてもいい）。組織、業界、役割、集団にいる知人一人ひとりについて、じっくりと考えてみてほしい。

それができたら、それぞれの人が、あなたのキャリアにどのくらい影響を持っているかを考えてみよう。その人たちは、社内でどれほど力があるだろう？　どのくらい人脈が豊富だろう？　その人と自分の関係がどんな種類のものかも考えよう。社外の企業経営者やビジネスパーソンのなかで、あなたにアドバイスをしたり、支援者になってくれる人はいる？　あなたのためにチャンスをつくってくれそうな人は？　もちろん、あなたに帰属意識や仕事の意義を与えてくれる人も思い出してほしい。その人は、仕事とはかけ離れたところにいるかもしれない。まだ人脈に含めていないかもしれない。

さて、そのリストアップがすんだら、次はそれをデザインマップ上に書き入れる番だ。次ページの図を見てほしい。横軸は、あなたがその人とどのくらい居心地よく一緒に働けるかを、縦軸はそ

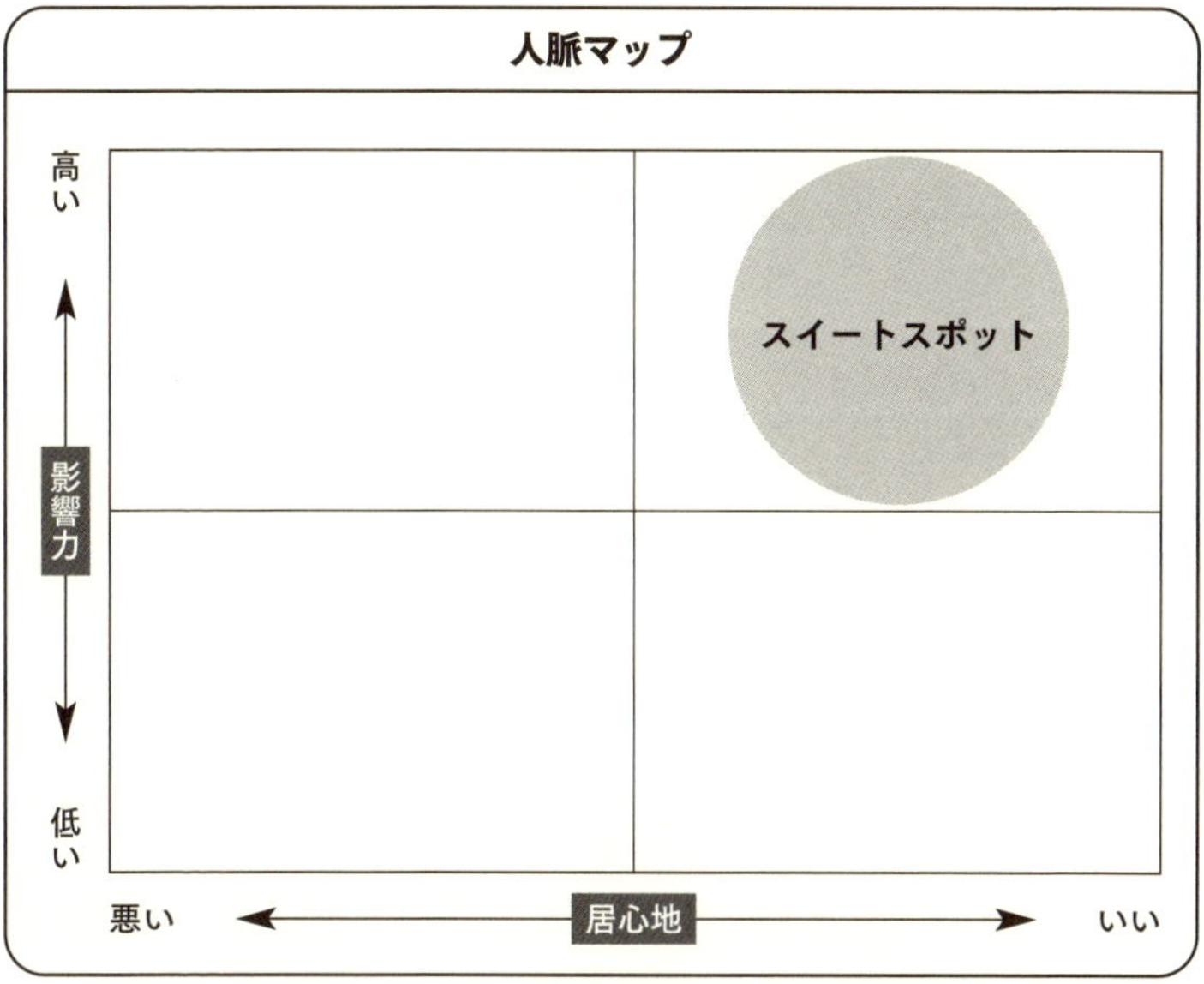

の人の影響力を示している。

四分割された図の右上の枠が「スイートスポット」だ。ここに入るのは誰だろう？　たくさんの人がいれば最高だ。このなかから支援者を見つけることができる。もし誰もいなくても、心配はいらない。私はこれまで数百人の若い女性とこのマップをつくってきたが、ほとんどの女性は、この枠に入る人が少なかった。たいていの女性は、右下の枠にたくさんの名前を書く。つまり、親しい友人のような仕事仲間は多くても、もう一段上の成長につながる影響力のある人は少ない、ということだ。もちろんキャロラインも、右上の枠を埋めることを目指した。そうすれば人脈づくりが一気に進むからだ。

だが、それで終わりではない。左上の枠を見てほしい。ここに入るのは、影響力はあるが、まだあなたに手を貸していない人たちだ。手を貸していないのは、あなたが積極的に彼らを知る努力をしていないからでは？　とくに権力の座にある人は、近寄りがたく感じてしまう。その人の噂を聞いて、見る目が曇っていることもある。ある女性エグゼクティブは、働きはじめのころ、経営陣のひとりを避けていた。その人の悪い噂を聞いていたからだ。だが一緒に仕事をしたら、とても楽しかった。その後、彼は彼女の重要な支援者のひとりになり、その後も長年にわたって付きあいが続いた。

噂が本当とはかぎらない。もし本当だったとしても、あなたにとっては違うかもしれない。

人脈のマップは、みんなそれぞれに違う。大事なのは、あなた自身がどうしたいかだ。どれくらいバランスがとれているか？　どの部分に投資すべきか？　今ここで外の世界に出て、もっといろいろな人と知りあうべきか？　楽しみながら、自由に考えをめぐらせてみよう。

うまくいくためのふたつのポイント

人脈づくりにはふたつのポイントがある。ひとつは「多様性」だ。キャロラインも言うように、自分の所属する部署以外の人や、社外の人にも目を向けたほうがいい。可能性を絞ってはいけない。多様なネットワークを取り込むことで、情報の幅が広がり、違う視点が生まれ、結果として知識の質が上がるのだから。

大きなキャリアチェンジを考えているなら、この点はとくに重要だ。あなたの友人や知人は、あなたをひとつの角度からしか見ていないので、無意識のうちにバイアスがかかっているだろう。また、社内の人や同じ職業の人は、別の分野のチャンスに気づけない。

それに、キャリアチェンジを考えるような人生の転換期には、ちょっとした創意工夫が新たな扉を開くことがある。そのためには、新鮮なものの見方がとても大切だ。もちろん、たとえ今の仕事に満足していても、新しいつながりや考え方に心を開いておくにこしたことはない。それは、確実に成長の糧になるはずだ。

人脈づくりのもうひとつのポイントは、「公式と非公式にわけて考えること」だ。社内に、あなたの成長を助けてくれるメンターはいるだろうか？　会社にメンター制度があるかもしれないが、間違いなく非公式の人脈のほうがはるかに役立つ。だが非公式の人脈は、あなた自身が築くしかない。だから、社内にメンターがいる人も外に目を向けよう。そして、まったく別の世界に旅してみよう。慣れてきたら、後輩たちもそこに連れていってあげるといい。

とはいえ、どこからはじめたらいいのだろう？　まずはキャロラインのように、長期的な目標を定め、あなた自身が到達したい五つの目的地を決めてほしい。目的地は必ず五つ定めること（ただし、仕事関連の目的地は一カ所だけにする）。冒険のはじめは、なにに（誰に）出会うかわからないから、複数の種を蒔いておくほうがいい。

それができたら、「六次のへだたり」の法則に従おう。この法則によれば、知りあいの知りあいを六人たどっていけば、どんな人ともつながることができる。まずは、わずか数歩でもいいから、目的地に近づく助けになってくれそうな人を探そう。そんな人が五人いれば、さらに別の知りあいができるはずだ。こうして、人脈は倍々に広がってゆく。たとえば、あなたが追いかけているトピックに興味のありそうな他社の人を知らないか、職場の同僚に聞いてみよう。あるいは、知りあいのリストを見ながら、どんなつながりが可能かを頭のなかでイメージしてみよう。家族、友だちの友だち、仕事関係の組織の会員、クライアント、近所の人、同級生、従業員なども含めて考えよう。

該当者が見えてきたら、あとはその人のいる道を行くだけだ。五つの目的地に向けて、すぐに三〇人、四〇人、あるいはそれ以上の新しい知りあいができるだろう。のちのち、自分がつくりあげたネットワークを振り返ってみるのはうれしいものだ。そこには、同じ価値観によって結ばれ、お互いを支援しあう素晴らしいコミュニティがあるはずだ。

でも、今はまだそこまで行き着いていない。人脈も生き物と同じで、つねに手入れをしないと腐ってしまう。人脈とは、つまるところ知人の集まりであり、そのすべてはつながりの質にかかっている。昨今では、人脈を維持するためのソフトウェアもあるが、私は、紙とペンを使うか、簡単なスプレッドシートを使って、いつ、どんなふうに声をかけたかを記録していくほうがいいと思う。やりとりは一度きりではだめ。何度かお付きあいしないことには、あなたを覚えてもらえない。

人脈マップをつくるのは楽しい。キャロラインの人脈マップは壁いっぱいの大きさだ。さまざまに色分けされ、線でつながれている。どんどん人名で埋まっていくのを見れば、誰だってうれしくなる。そこには面白いパターンがあるのもわかるだろう。その人脈をさらに充実させるには、図のなかにいる人同士をあなたが紹介すればいい。あなたが「つなげる人」になるのだ。

自分のことばかりではなく、いつもみんなの成長に目を向けておくのも、人脈づくりの大切なポイントだ。人脈マップ上のすべての人の成長を助けてほしい。多くの人を助ければ気分が上がるし、あなたが助けてもらえる機会も増える。

そうしているうちに、いつかあなたもキャロラインのように、自分が築いた人脈マップが、じつは人生のマップだと気づくにちがいない。「自分の目的地を見てみると、共通項があることに気づいたの。それが人生の意義を見つける助けになりました。私にとってそれは、困っている女性と子どもを助けることだったんです」と彼女は語った。

あなたもぜひ、共通項を見つけてほしい。

15章 支援者《スポンサー》を探せ！

デイビッド・ロックフェラーは、おそらくこの街で最も力があり、最も思慮深い人物です。私は彼についていこうと決めました。「自分なら、彼の力とニューヨークへの熱い思いを活かして、街の再建ができるかもしれない」、そう思ったからです。

——キャスリン・ワイルド（パートナーシップ・フォー・ニューヨークシティCEO）

あなたには、職場で「援護射撃」してくれる人はいるだろうか？　あなたの働きを認め、成功できるよう見届けてくれる人はいるだろうか？　あるいは、あなたが輝くチャンスをつくりだしてくれる人は？　それが「支援者《スポンサー》」だ。すぐれた仕事をする人、すぐれたリーダーには、もれなくその成功を助けてきた支援者がいる。この事実だけは心にとめておいてほしい。あなたにもそんな人がいれば、その人を大切にしなければならない。

まだそんな人がいない？　ではこの章で、どうしたら支援者ができるかをお教えしよう。すでにいる人は、あなたが誰かの支援者になることを考えてほしい。誰かに与えた信頼と時間と努力は、喜びとともにいつか必ずあなたに戻ってくるはずだ。

支援者の大切さを伝えるルースの物語

モルガン・スタンレーの副会長で、三児の母で、乳ガンの克服者でもあるルース・ポラットは、かなり早い時期に支援者を見つけた。そして、投資銀行で女性が珍しかった時代から、経営陣のひとりとなった今までずっと、彼らを頼りにしてきた。

ルースは私たちに、「メンター」と「支援者」の違いをこう教えてくれた。第一に、メンターは知恵を授けてくれるが、支援者は手を貸してくれる。第二に、支援者はあなたの力を信じているのに対し、メンターは必ずしもそこまで入れ込んでいない。以下で紹介するルースの物語を通して、ふたつの違いを読みとってほしい。

ルースが平社員二年目のときのこと。クライアントだった消費財メーカーの会長が、「取締役会へのプレゼンは女性にしてもらいたい」と上層部に依頼した。このメーカーの顧客は女性ばかりで、女性の視点が欠かせなかったからだ。そして、ルースに白羽の矢が当たった。「それまで、取締役室に入ったこともありませんでした。もちろん、取締役会にプレゼンした経験もなかった。文字どおり、まな板の上の鯉でした。『泳ぐか溺れるかのどちらかだ。やるしかない。行け』と言われたのですから」

幸い、彼女は泳ぎ切った。「素晴らしい経験でした。あのときのことは言い間違いまで憶えていますが、全体としてはうまくいきました。上司が私に賭けてくれたおかげでした」。粘り強さとひたむきさが、ルースのトレードマークだった。だからウォール街を最初の職場に選んだのでもある。

ルースがイギリスで生まれたとき、父親はまだ大学生で、家族とアメリカに移住するのが夢だった。ホロコーストを逃れた父は、夢をかなえる唯一の道はニーズのある分野を勉強することだ、と考えた。そこで独学で物理を学び、ルースが三歳のときに見事ハーバード大学で教職を得た。一家は、ルースが一〇歳のときにカリフォルニアに永住した。粘り強さと高い学習能力、そしてリスクを恐れないことがルースの特徴なのも当然だろう。

彼女はまた、努力家でもある。こちらは母親ゆずりだ。母親は心理学者としてずっと働いていた。「学校から帰っても、いつも家には誰もいませんでした。だからなにもかも自分でしなければならなかった。仕事をするのは、私にとっては当たり前のことだったんです」

ルースはスタンフォード大学で経済学を学び、ワシントンDCに移って司法省に勤めた。だが、政府の仕事には長居しなかった。「ビジネススクールではじめて、M&A（合併と買収）という仕事をあるのを知って、それに魅せられました。多少は戦略も必要ですが、主に実際の取引に関われる仕事だからです」

当時、ウォール街で一流と言われる企業は三社あり、モルガン・スタンレーはその一社だった。その社員と倫理観、文化に魅力を感じたルースは、一九八七年に同社のM&A部門に転職した。株式市場が暴落したのは、その直後だった。「どうして金融界に入ってしまったんだろう？　これからどうなるんだろうと思いました」

だが、ルースは持ち味を発揮して必死に働いた。「徹夜も日常茶飯事でした。家に帰って、シャワーを浴びて、また出社して……。それでも楽しかった。自分たちの関わった案件が、新聞の一面を飾っていましたから」

M＆A部門で働いたことで、ルースは若いころからベテランバンカーと接する機会を得た。「かなり若手のころから、ウォール街の伝説的人物たちと働きました。おかげで、企業の経営レベルにいる人たちの前でどうふるまうべきかを学べました」。続いて、自分はラッキーだったと言い、七人の名前を挙げた。大物のもとで見習いをしたことが、支援者を探す第一歩になったのだ。

ルースは自らの経験から、意識的に支援者を探すべきだと強く勧めた。「支援者を見つけられるかどうかは、あなた次第です。もし、上司があなたに賭けてくれないようなら、別の人を探すべきでしょう。上司は変えられませんし、そのままでは先に進めませんから。私はたくさんの男性と一緒に仕事をしてきました。ええ、上司はいつも男性でした。みんな悪気はないのですが、偏見が根づいていました。ときには思い切りが必要です。『上司が変わらなければチャンスはない』と自覚してください。多くの女性は、必死に働いて謙虚に下を向いていれば、そのうち認められると思っています。でも、いくら必死に努力しても、認めてくれない上司は少なくない。そんな上司のために努力したところで、上司だけが認められて、部下であるあなたは永遠に陽の目を見ることはないんです」

だから、あなたを助けてくれる支援者は自分で探さなければならないというわけだ。だがそのためには、支援者があなたを認めてくれるよう、自分の強みを知っておくことが前提となる。

ルースも、支援者になにかを与えられるかどうかがカギだとわかっていた。「ただの親切心から支援者になってくれると思うほど、私も子どもではありませんでしたから。自分から積極的に彼らの仕事を助けました。相手の役に立っていたことは間違いないでしょう」

一九九二年、メンターでもあった上司がライバル会社に引き抜かれたとき、ルースは一緒にモルガン・スタンレーを辞めた。そして新しい会社で、金融グループを二年間率いた。でも、じつは辞めてすぐに後悔していた。「メンターと一緒に辞めたとき、新しい会社の経営陣のことをよく考えていなかったのが間違いでした。自分が辞める理由や、とどまることのなにが不安なのかといったことも、考えが足りませんでしたね。父も、『どうして辞めるのかさっぱりわからん。今の会社には高い倫理観があるし、おまえもずっとそれに惹かれていたじゃないか』と言っていました」

彼女はこう続けた。「すべての点をきちんと検討していたら、本当は自分は辞めたくないってことがわかったでしょう。モルガン・スタンレーで長年働いたことを、自分にも会社にも、もっとはっきりさせるべきでした。もちろん、会社にきちんと思いをぶつけても、同じ結果だったかも知れません。『あなたの期待にはそえないから、辞めたほうがいい』と言われたかもしれない。でも、もしかしたら私の言い分をそれなりに認めてもらえたかもしれません。いずれにしろ、会社を辞める前には、すべての課題をさらけだしてよく考えないと後悔する、ということを学びました」

一緒に辞めた上司とは強い絆があったものの、ルースは新しい会社の仕事も企業文化も好きになれなかった。「どうしよう。私のキャリアがだめになってしまう。戻りたいのに戻れない……」。ずっとそう思っていた。

モルガン・スタンレーに戻るチャンスが訪れたのは二年後だ。ただし、戻っても彼女に肩書はなし。格下げだった。昔の同僚がみんな役職に就いているなかで、それを受け入れるのは難しかった。そこで、経営陣にこう訴えた。「泥水を飲めとおっしゃるんですか？ 見せしめにはなりたくありません。『もし辞めなかったら、今ごろ出世してたのに』なんて言われたくないのです」。すると、ＣＥＯは答えた。「心配はいらない。最初の年は大変だろう。だが、二年もすれば戻ってきてよかったと思えることを請けあうよ」

ルースはこのＣＥＯの言葉を、個人的な約束として受け入れた。彼を信じることにしたのだ。彼女がまず信頼したことで、何人ものマネージングディレクターが、彼女の支援者になると約束してくれた。「彼らは『出戻りが難しいのはわかっているよ』と言ってくれました。戻って正解でした」

そしてその数年後、乳ガンが見つかり、ガンと闘うことになったことで、この支援者たちはますます欠かせない存在になった。ガンと診断されたと告げたとき、支援者のひとりだった投資銀行部門のグローバルヘッドは、「もしかしたら、仕事をすることが回復につながるかもしれないよ」と言った。「彼は、私が仕事をしたければ会社に来ていいと言ってくれました。会社のためじゃなくて、私自身のために。大きな励みになりました。私がどれほど仕事を愛しているか、彼は知っていたんです。私はできるかぎり仕事を続けたかった。あと数十年続けられることを祈ってもいました。仕事でも家庭でも充実していることが、私にはとても重要だったんです」

メンターよりも支援者が重要な理由

メンターとは、経験と知恵に基づいてあなたを導き、助言を与えてくれる存在だ。メンターがいれば助けになるし、人数が多ければ恩恵も大きくなる。

だが、メンターはあなたのキャリアの軌道まで変えてはくれない。ルースが語っていたように、あなたのために働き、あなたのキャリアに直接関わるのは支援者だ。支援者は、チャンスを与えてくれることもある。なにかがうまくいかなかったときや失敗したときに、あなたを守ってくれることもある。もちろん、結果は出さなければならないが、あなたはもうひとりぼっちではない。

支援者はたいてい、あまり目立たない形で助けてくれる。たとえば、あなたがいない場所で、根深い偏見と闘ってあなたを弁護してくれるとか。あなたもご存じのように、男性なら許される行為でも、女性がすると裏目に出てしまうことは多い。男性は押しが強くても癪《しゃく》にさわらないのに、女性だといやがられがちだ。同じように、男性は自分の手柄を主張できても、女性がやると厚かましいと思われる。だからといって、手柄を求めないでいると、今度は人の上に立つ準備ができていないと思われてしまう。どっちに転んでも女性は不利なのだ。

でもそんなとき支援者がいれば、あなたの代わりにあなたの手柄を主張し、あなたがきちんと評価されていなければ声をあげてくれる。

すでにさまざまな経験を持つ支援者は、組織のなかの落とし穴や袋小路を避けるように、あなたを導いてもくれる。社内政治や文化規範を教えてくれて、組織のなかであなたが認められ、リーダーとなる方法も教えてくれる。あなたのことを心にとめている支援者なら、きっと微妙な障害を迂《う》回《かい》する手助けにもなる。

なにより、支援者は価値あるフィードバックを与えてくれる。また、行きづまったときに心の支えになる。信頼できる支援者がいれば、あなたは心を開き、事実に耳を傾けることができるだろう。

支援者を見つけるために最初にすること

残念ながら、会社に入ってすぐ支援者ができた、なんて幸運な人はまずいない。支援者がいない人は、今すぐ探しはじめるしかない。

でも、そんな人はどこにいるのだろう？　まだあなた自身に経験が少ない場合は、同僚や先輩に、彼らがどうやって支援者を見つけたかを聞こう。若手の場合は、共通の興味や、特定の仕事への情熱によって支援者と結びついていることがよくある。支援者は専門知識を後輩に伝えたいと思っているから、非公式な付きあいからつながりができることも多い。

だから、まずは時間を割いて、自分の強みと情熱は何かを考えよう。14章で紹介した「六次のへだたり」を思い出し、あなたが興味を持っている分野で働いているリーダーを見つけよう。そして彼らに声をかけ、あなたの興味を伝えよう（その際は、お互いの利益になるように心がけること）。

身近な人たちのなかから、支援者になりそうな人を探すのもひとつの手だ。あなたのまわりに、これまでも誰かの支援者だった人はいないだろうか？　部下を支援することに喜びを感じる人は、長年そうした活動を続けていることが多い。同僚のネットワークを使って、多くの女性の昇進を助けているエグゼクティブはいないか尋ねてもいい。

もちろん、あなた以外の人も同じ支援者を狙っている可能性はある。もう長蛇の列ができているかもしれないし、その支援者と共通の情熱でつながっているかもしれない。だが、心配はいらない。もしそうならば、まだ注目されていない人で、よき支援者になってくれそうな人を見つければいいだけのことだ。その人にとっても、支援者になる訓練ができるいい機会になるだろう。

ちなみに、支援者になってもらえそうな人をリストアップする際は、「複数」の人を「より深く」知ると、うまくいく確率が高まる。支援者候補の強みや知識を調べ、それが終わったら、一歩下がってもう一度よく考えるのだ。あなたが情熱を傾ける仕事に、その支援者も熱心に取り組んでいるか？　その人はあなたのキャリアに大きな影響を与える地位にいるか？　仕事と私生活の両面で気兼ねなく話のできる人か？　相性のいい人ばかりではない。それはそれでいい。あなたにぴったりの支援者が見つかるまで、気長に探すこと。時間をかけるだけの価値はある。

16章 「仲間の一員」として活躍しよう

分子遺伝学者のシャーリー・ティルマンは、プリンストン大学初の女性学長だ。多くの女性リーダーと同じく、彼女もまた、素晴らしい両親から、「人はなりたいものになれる」と教わってきた。彼女の夢は科学者になることだった。そこで終わってもよかったはずだが、運よく人と人を結びつける才能を自分のなかに発見し、それをはぐくんだ。その結果、シャーリーは研究室から広い世界へ飛び出し、リーダーへの道を歩むことになった。

この章では、シャーリー・ティルマンの話を聞くことにしよう。

科学の道を選んだら

「いつごろから科学者になりたいと思ったのですか?」って聞かれるたびに、私はいつもこう答えてきました。「科学者になりたくないときなんてありませんでした」。小さいころからずっと、数字やパズルに熱中していたんです。物心ついたころから、数学好きであることを褒められていたし、女性だから違う道に進んだほうがいいなんて、これっぽっちも思わなかった。昔からなぜか自信たっぷりで、だからいろいろなことに前向きになれた。自信があったおかげで社交的になったし、新しいことにも怖じ気づかずに挑戦できました。子どものころからそんな勇気があったのは、両親が絶対的な安心を与えてくれ、本当の価値とはなにかを教えてくれたからでしょう。

でも、私の世界観を根底から変えてくれたのは、高校の歴史の先生でした。私はそれなりに勉強ができたし、生活態度もきちんとしていたけれど、その先生は、世界のことをもっと知るべきだと教えてくれたんです。「よくできました」とか、「いいレポートだね」と言うんじゃなくて、「もっと頭を使いなさい。もっと自分自身に挑戦してごらん。世界ではここで起こっているより、もっとすごくいろいろなことが起きているんだよ。こうすれば、世界にもっと関われる」と言ってくれた。あれは決定的でした。とくに放課後の歴史クラブで、私の視野を広げてくれました。ある年には、地元の半径一六〇キロ以内に存在する宗教をすべて調べました。私にとっては目からうろこが落ちるような経験でした。その先生は今も私のお手本です。

総じて、指導者には恵まれていたと思います。大学三年のとき、教授から、きみは偉大な化学者にはなれないと言われました。成績は優秀だったのに、その教授は、それは必死の努力の成果であって、私が心から化学を理解しているわけではないと見抜いていたんです。自分の不得手な分野を知るのは、ときとして得意なことを見つけるのと同じくらい大切なことです。教授は私を真剣に気にかけてくれたからこそ、厳しいことを言ってくれたのだと思います。

幸い、私はそのときにはすでに、別の科学分野を模索しはじめていました。難しくても、私がもっと貢献できる分野があるんじゃないかと思って。そこへ教授の言葉があって、私は分子遺伝学へと進む道を変え、この分野で世界に影響を与えることになったわけです。

私はどうして化学に向いていなかったのか？　なぜ分子遺伝学では成功できたのか？　化学は、勉強すればするほど抽象的になっていきます。具体的なものから離れていくにつれて魅力を感じる人も多いのですが、私は逆にだんだん知的な興味を失いました。紙の上にたくさんの式が並んでいるような世界は面白くなくなってしまったのです。一方で、分子遺伝学に惹かれたのは、その分野の疑問を解決することで、それがいつか誰かの役に立つ可能性があると思えたからです。

博士号を目指して指導教授の研究室に入った私を、メンターとなってくれた先生は同僚のように扱ってくれました。私のアイデアに期待し、私の反論を望み、彼の提案への対案を望む。ありがたいことに、私の指導者だった男性たちは、私を本物の科学者として扱ってくれたんです。だから私も、自分が本物の科学者だと思えたのです。

私はもともとはっきりとものを言う性格ですが、それでも励ましが必要でした。大学院の初年度に、のちに私の博士号の指導者になる人が教えているゼミに参加したとき、私はさっそく手を挙げて質問しました。「おっしゃることを完全に理解してないのかもしれませんし、まったく的はずれかもしれませんし、聞き逃したのかもしれませんが……」と前置きして。そうしたら、リチャード・ハンソンが授業のあとで私に近寄ってきてこう言った。「あんなふうに質問しちゃだめだ。申し訳なさそうに聞かなくていいんだよ」。彼は、私の質問は的を射ていたし、ほかの多くの人もそう思っていたよって教えてくれたのです。

扉を開けてくれた人

誰かのお手本になるだけでも、メンターにはなれる。でも支援者は違います。教え子を仕事に推薦したり、講演者のリストに加えてあげたり、賞の候補者に挙げたりと、ふだんからキャリアの後押しをするのが支援者です。私は幸いにも、フィル・リーダーという非凡な支援者を得ることができました。若いころからさまざまな機会に恵まれたのは、研究室への私の貢献を彼が周囲に語ってくれたからだと思っています。

科学者は孤独。暗い研究室に閉じこもって、白衣のポケットにボールペンを詰め込んで、誰とも話さず、群れない——そう思われています。でも、そんなことはありません。実際の科学者は、それとはほど遠い。科学分野で成功するには、なによりもすぐれた実験を行なわなければなりませんが、ただ論文を発表するだけでなく、会合に出たり、セミナーを開いたり、研究についてより多くの人に発表する努力も欠かせません。新人にはそれが難しく、ひどく苦手な人もいます。会合に参加しても、最初は誰も知らず、ひとりぼっちですから。だけど、自分から話しかけなければはじまらない。なんとしてでも、そのスキルを身につけることが必要です。最初のうちはぎこちなくても、そうやって得られる情報は膨大です。自分の研究が多方面で議論されるようにもなります。私に言わせれば、科学はきわめて人づきあいが大切な学問なんです。

若いころは、いろんな会合に出かけていって、隣に座った人に自己紹介をしては質問したものです。新しいコミュニティに入ったら、自分を証明しなければなりません。勇気がいりますが、会話が終わるころにはいつも「あんがい平気だった。緊張して損した」なんて思いました。

もしチャンスが目の前に来たら、それをつかむ。これが大切です。私は、支援者がその扉を開けてくれたことに今もとても感謝しています。まだ経験が浅かったころ、国立衛生研究所の研究会に参加するよう言われたことがありました。研究費の評価グループに招かれたのです。私が選ばれたのは、それが一九八〇年代のはじめで、科学関係の政府機関にはまだ女性が足りなかったからです。もし私が男性だったら、たぶん呼ばれなかったでしょう。そこで私は考えた。女性だからというだけで選ばれたのなら断るべき？ それとも、参加して成果をあげれば女性も認められるんだから、誘いを受けるべき？ 結局、私は受け入れて、のちにはそのグループのリーダーになりました。もちろん、最初は緊張しましたよ。なにしろ憧れのヒーローたちに囲まれていたんですから。

その後、高名な科学者のブルース・アルバーツが、全米研究評議会の委員会に参加しないかと誘ってくれました。これは、ゲノム配列の可能性を研究調査する委員会で、ノーベル賞受賞者や二〇世紀の偉大な遺伝学者たちが参加していました。私は唯一の女性委員、しかも最年少でした。数十億ドルもの予算を得てゲノム配列を研究するその委員会を、私は心から楽しみました。最高に知的で刺激的な活動だった。委員会を統率するブルースからも、たくさんのことを学びました。彼は、ありとあらゆる対立をうまくまとめていました。ゲノムの配列には賛否両論あって、委員はみな頑固だったから、意見がなかなか一致しなかった。熱い議論を何度も交わし、抗議のために辞任した委員もいたほどです。でも、最終的にこの議論がヒトゲノム計画につながったのです。

これ以降、私は何度も政治の世界に引きずり出されることになりました。ブルースから頼まれると断れなかったというのもあるけれど、こうした活動が私に道をつくってくれて、最終的に今の仕事に行き着いたわけです。

学長になってわかったこと

私は大好きなことを仕事にできて、本当に幸せだと思います。科学がとにかく好きだから。失敗もありましたが、生まれ変わってもまた科学者になりたいですね。

大学の学長になったのは、ハロルド・シャピロの後任を探す委員会に入ったのがきっかけです。その委員会に入って四カ月がたったころ、委員長から委員を辞めて学長候補になってくれないかと頼まれたのです。あれが、人生でいちばん驚いた瞬間です。正直、まったく思いもしなかった展開でした。私の頭にあったのは、生命科学を支えてくれるような学長を選ぶことだけでしたから。

そして、私は近年ではじめて、プリンストン大学の学位を持たない学長になったのです。採用委員長は、私がありったけの力を注ぐことがわかっていたんだと思います。私たちは、プリンストンらしさについて、あるいはプリンストンにふさわしくないものについて、また強みや弱みについて、とことん話しあいましたから。おそらく、私はこの大学をよく理解していながら、同時にバラ色の色眼鏡で見ていない人間だと思われたのでしょう。実際には、自分がプリンストンをそれほど理解していなかったことをあとで思い知りましたが……。ただ、この大学にはまだやるべきことやできることが多いと私が考えていたことを、委員長が見抜いていたのは確かです。

あなたには他者の身になって考える能力がある、と理事のひとりは言ってくれました。他者への共感力は、プリンストン大学のような組織を導くのに、とても重要な資質です。大学は家族のようなものですから。もうひとつ大切なのは、自分の仕事に誇りを持ち、それを尊重すること。私は毎朝、自分の仕事がいかに大切かを感じています。自分の組織を誇りに思うと同時に、その組織がつねに正しいことをしてほしいとも望んでいる。それから、個人の考えや精神を尊び、大学が体現する表現の自由も重んじている。自分が大好きなことをしていると、いつもやる気が湧くものです。

私は学長としてきわめて大きな責任を担っている、そのことを毎日ひしひしと実感しながら、この大学に影響を与える決定をくだしています。プリンストン大学は、多くの人に愛されてきた偉大な教育機関です。私の任期中になにか悲惨なことが起きると考えただけでもぞっとします。かといってリスクを完全に回避すれば、組織を前進させられません。私に求められているのは、費用と便益をそれぞれ考えて判断をくだし、大学の使命を追いつづけながら評判を汚さず、学生や教師やスタッフへのリスクを最小限にとどめることです。

二年前には、早期受験制度を廃止するかどうかの判断を迫られました。一九九〇年のはじめに、他大学同様、プリンストン大学も、春と秋、年二回の受験制度を採用しました。早期受験はもともと、どの大学に行きたいかをはじめから決めている学生向けに設置された制度でした。ところが、その意図と関係なく、恵まれた学生たちに使われるようになった。定期受験より早期受験のほうが合格率が高いことに受験カウンセラーたちが気づき、その結果、恵まれた学生たちがさらに有利になったのです。

不公平を放置しておくわけにはいきません。それで五年ほど前から、早期受験制度の廃止を考えはじめました。私たちが廃止を決めたとき、同じ決断をしたのは一校だけ、ハーバード大学がその前の週に廃止を決めていました。廃止は大きなリスクを伴います。優秀な学生の応募が減る危険がありますから。リスクの大きさゆえに、私たちは膨大なデータを集め、調べ、理事会の支持を求めなければなりませんでした。理事会とは何時間も議論をしました。

この決断でなにより大切だったのは、適任者を集めて考えをまとめることでした。そこには、入試委員長も含まれます。入試委員長が賛成しなければ、廃止はできない。もちろん、学部の学長や学内の上層部の支持も必要でした。要するに、全員のコンセンサスをまとめあげなければならなかったのです。

決めつけは嫌いですが、女性と男性のリーダーを見ていると、女性リーダーのほうが全員の支持をとりつけたがるのではないでしょうか。このときは、公平な試験環境をつくりたいとみんなが思っていたから、強い反対意見があまりなくて助かりました。

あなたにも潜在能力がある！

私の見るかぎり、リーダーになりたての女性は、男性よりも少し自信に欠けることが多いようです。でも、早目に能力を証明するチャンスを与えれば、もっと多くの女性リーダーが育つはずです。本人に「自分には素晴らしい潜在能力がある」と自覚させることが、社内の人にそれを認めさせるのと同じくらい大切です。リーダーとしての資質はそろっているのに、そのことを自覚しない女性が多すぎます。どうしても遠慮しちゃうのね。

私は、早いうちからチャンスを与えてもらえてラッキーでした。頼りになる人たちにも恵まれましたし。でも、女性科学者がみんなこれほどの幸運に恵まれるわけじゃありません。実際、ひとつの業績を勝ち取るために必死に闘い、メンターに成功を妬《ねた》まれ、足を引っ張られた多くの女性科学者を知っています。それは厳しい世界です。

どんな業界であれ、今後、女性がトップになることを本当に望むなら、男性とは違う育て方を工夫することを真剣に考えたほうがいい。私はつくづくそう思います。

Part

Ⅳ

どんどん参加する

17章　一線を越えるときがきた

高校時代、私は二七人の女子スポーツ部員のひとりでした。第一志望はテニス部。男子しかいなかったので、私もプレーしたいなんて訴えたら心臓発作でも起こすんじゃないかと心配でしたが、コーチはこう言ってくれたのです。「どうしても入りたいなら、試験を受けてもらおう」。私は好きだった男の子相手に闘うことになりました。当然、私が勝って、入部を許可されました。もし入れなかったら、またトライしたかって？　もちろんです。

――ドナ・オレンダー（全米女子バスケットボール協会会長）

見えない一線を越えたそのとき、あなたはものごとを〝受けとめる〟人から、ものごとを〝起こす〟人になる。それは文字どおり、仕事と人生の周囲に張り巡らされた境界線を破るということ。一線を越える――それは、あなたが自分のためにできる最高の行動だ。それには勇気がいる。強い意志もいる。自分自身の抵抗心や恐れと闘う必要もある。でもそのとき、自分でも驚くようなエネルギーが発揮される。

飛び込んでみる、すべてはそこに集約される。だから、あなたも行動しよう。立ち上がってあなたの存在をみんなに認めてもらおう。自分で自分を成長させよう。リスクがあってもチャンスをつかもう。さあ、心に根づいた恐れに立ち向かおう。

「外交官の妻」から「スパイ」に

チャンスをつかんで一線を越え、人生を変えた女性リーダーのひとりに、デイム・ステラ・リミングトンがいる。彼女はイギリス保安局、つまりＭＩ５初の女性局長だ。

社会に出たのは一九六〇年代のはじめ。女性が歓迎されない時代だった。最初の仕事は記録保管係で、歴史家のために教区や村の記録を整理していた。

だが、結婚して夫がインドでの仕事に就くと、ステラは記録係を辞めて新しい扉を開けた。「仕事はきっぱり辞めて夫についていき、外交官の妻になりました。それなのに偶然、カクテルパーティで保安局にリクルートされたんです。当時は、東西冷戦のさなかでインドはその前線、東と西が出会う場所でした。スパイがたくさんいて、謎めいた世界の中心にいる実感があった。『すごい！ワクワクする。ジェームズ・ボンドみたい』なんていう気持ちで、この世界に入ったんです」

ステラには、その才能があった。保安局で二七年務め、事務員から分析官に抜擢《ばってき》された最初の女性になった。さらに現場に入り、監督的な役割を果たし、ついにはトップになった。「なにかをやり遂げれば、あなたに対する周囲の固定された見方も変わるものです。『女性だから、あれは無理だ』なんて言われなくなる。『彼女はあれもやった。もうちょっと様子を見よう。これも任せられるかも』と思われるようになるんです」

一歩ずつ進みつつ、望みを声に出す

ステラは、戦時のイギリスで不安を抱えながら育ったが、若いころからはっきり自分の意見を持っていた。「なにかを成し遂げよう！　と心に決めていました。ワクワクするような人生をおくりたかったから。小さいころは、『大人になったらなにになりたい？』と聞かれると、いつも『パイロット』と答えていました。女性パイロットなどいない時代でしたが、『楽しそう。やってみたい』って思ったんです」

なにかに飛び込むきっかけは、ステラのように「声を出す」ことだ。問題は、それが難なくできる女性が少なく、大半は人前で意見を言うのを恐れるという現実だ。組織で活躍し、ひいてはリーダーになるためには、まず声を出し、自分を表舞台に出す必要がある。あなたの考えを人々に知ってもらい、プレッシャーのもとであなたがどうふるまうかも見せなければならない。だから、今日からはじめてほしい。これはいわば愛のムチだ。後まわしにすれば、それだけ声はあげにくくなる。黙っていればいるほど、あなたは見過ごされてしまうだろう。

投資業界で高い地位に就いたある女性が、はっきり意見を言うようになったきっかけを教えてくれた。「毎週月曜に、上層部の会合があったのだけれど、はじめのうちはただ聞いているだけ。まわりは男性ばかりで、私は彼らから学んだの。しばらくして、私も意見を言うようになった。バカな発言はしたくないけど、きちんと仕事をしているわけだから、そのことはしっかり話すべきじゃない？」。人前で話せるようになる秘訣は？ と聞くと、「練習」というシンプルな答えが返ってきた。彼女はまず、自分の行動を分析し、お手本になる人をよく観察し、そこから学んだ。そうしているうちに、周囲の人が彼女に意見を求めるようになったという。

あなたも一歩ずつ進んでいこう。一九七〇年代にイギリスに戻ったステラも、産休をはさんで仕事を再開したものの、はじめは書類仕事だった。「女性は現場に出るんじゃなくて、書類を扱う仕事や機密分析に向いていると思われていたんです。もちろんそれも大切な仕事ですが、『最前線の』活動じゃない。街に出て、情報源を開拓し、操る仕事じゃありません。私たち女性は、全方向を囲まれたガラス箱のなかで働いているようなものでした」

そんな状況に対して、ステラと数人の女性たちは声をあげた。「そのころまでに、かなり多くの女性がここで働いていましたから、集まって訴えたのです。『どうして、私たちは男性とまったく違うキャリアしか与えられないのでしょうか？ 男性と変わらないのに』ってね。上層部はかなり頭を悩ませたようです。うまい答えを見つけなければならなかったから。そこに、男女差別禁止法が施行されました。それで上層部も、いよいよ女性を少し昇進させなければならないと考えはじめました。もちろん、役職に就いた女性たちは、すごく優秀でしたよ。今では女性も危険な地域で大活躍しています」

あなたもステラに学んで、自分の望みを声に出そう。意外なことに、成功の秘訣は〝ただ頼んでみる〟ことだったりする。自分で勝手に限界をもうけている人や、断られるのを恐れて頼まない人は多い。まだ準備ができていないと足がすくんでしまう人もいる。勝ちたくなんかないと思う女性も。だが、声をあげなければ、誰にもあなたの望みはわからない。それればかりか、無関心だと思われたり、無能だと思われてしまうこともある。だから、少し大胆になってあなたの望みを伝えてほしい。ただし、そのためには自分がなにを望んでいるかをよく知っておかなければならないが……。

ステラも、頼んでみたからこそ、扉の向こうに足を踏み入れることができた。だが、それでもまだ、自分に「男の仕事」ができることを証明しなければならなかった。「男性の仕事」とは、酒場に入り、赤の他人に声をかけ、できるかぎりの情報を手に入れること。それが、彼女に課された実地試験だった。あとで上司が酒場に入ってきて彼女の正体を明かしたときにも、平気な顔で対応しなければならなかった。

「私みたいな者にはまったく場違いなテストでした。その酒場は飲み屋街のいかがわしい場所にあって、男性しかいなかったのですから。しかも、上品な人たちじゃありませんからね」とステラは笑いながら語った。「男たちは、しわくちゃのレインコートを着たままカウンターに寄りかかっていました。私は思い切ってひとりの男性に話しかけました。相手は明らかに驚いていた。私を『あちらの商売』だと思ったようでした」。上司が酒場に来てくれたときは、ほっとした。「とっても居心地が悪かった。自分は本当にこんな仕事がしたいのかと悩みましたよ」

自分の声を見つけ、発するとは、ただ話し上手になることではない。それは、勇気を持って主張し、伝えたいメッセージを磨くことだ。本気で問題を解決しようと思えば、準備は欠かせない。時間をかけて調査し、伝えたいことをおさらいするといい。そして、できるかぎり具体的に語る。あらゆるシナリオを考え、障害をどう乗り越えるかも考えておけば、成功率はぐんと高まる。

「人生の手綱」を握っているか？

どんな仕事をするときでも、「手綱は自分が握っている」と感じられることは大切だ。その感覚が勇気を与えてくれる。勇気があれば、声をあげ、チャンスをつかめる場所に自分を置き、大胆にリスクをとることができる。手綱を握っていると感じられれば、やる気と力が一気に湧き上がる。批判的な意見に悩んだり、攻撃にくじけることも少なくなる。

要するに、「自分が手綱を握ること」は成功の条件だ。誰かがあなたを選んでくれるのを待っていてはいけない。チャンスは自分でつくりだすのだ。でも、どうやって？　ステラの場合は単純なルールを決めていた。「自分より無能な人のもとでは働かないようにしていました。だから成長できたんです。それから、トップになろうなんて野心はなかったけれど、いつも『自分のほうがうまくできる』と思って次の仕事に取り組んでいました」。これが、「手綱を握る」ということだ。

スパイ部門の部長を二年間務めたあと、ステラはテロ部門の仕事を提示された。「上司は私に頼みにくかったと思いますよ。私はテロの専門家でもなんでもなかったから。でも、私はその話に飛びついて、『ぜひやらせてください』と言いました。なにか新しい面白い仕事を頼まれると、いつもやりたくなるんです。失敗したらどうしようなんて思ったことはありません。『きっと、私にその仕事ができると思うから頼むんだ。だったらできるはず。彼らは私のことも仕事のことも知ってるんだから』と思っていました。もちろん、夜中に急に心配になったこともあります。『どうして引き受けてしまったんだろう？』ってね。だけど、『私には無理』などと思ったことは一度もありません」

一九八〇年代の終わり、ＭＩ５はアイルランド共和国軍（ＩＲＡ）と戦っていた。アイルランド軍は、テロをしかけて北アイルランドからイギリスを撤退させようとした。ロンドンで爆破事件が起き、ドイツ駐留中のイギリス軍も攻撃を受けた。テロ部門の仕事はいっそうハードになった。

ステラは語る。「私の就任三日前に、スコットランドのロッカビーでパンナム１０３便が爆破される事件が起きました。テロ対策の経験がなかった私が、あのときいちばん苦労したのは、『自分の仕事はいったいなにか』という問いに答えることでした。その答えは、『現場の人たちに必要なスキルと支援を確保し、作戦が完遂できるようにすること』。ひとつでも間違えば、私は首相や閣僚からやり玉にあげられたでしょう。思えば、しょっぱなから危機的な状況でしたが、きわめて刺激的でもありした。作戦がうまくいったときは心から満足しました」

スパイになりたい人でなくても、ステラは素晴らしいお手本だ。あなたのキャリアの次の節目はなんだろう？　そこにたどり着くために、なにをすべきだろう？　それを成し遂げるための手綱を、あなたは握っているだろうか？　その目標に到達するために、なにをしているだろう？　もし、その答えが「わからない」「誰かに足を引っ張られてできない」「無理」「自分ができることはあまりない」といったものなら、それを取り去って果敢に挑戦できる方法をここでお教えしよう。

リスクとチャンスは隣りあわせ

高い夢に向けて行動すれば、安全でない道も通ることになる。ステラの物語からもわかるように、なにかに飛び込むことは、リスクをとることでもある。だから恐れがつきまとう。だが、私たちが話を聞いた女性リーダーはみな、それを当然のように受け入れていた。なかにはまったく恐れを感じないという人もいた。慎重な人もいたが、そういう人も入念にリスクをはかり、決定をくだしたあとは、しっかり前に進んでいた。

リスクをとるのは簡単ではない。だがステラは言う。「なにもかもすんなりいったら、トップに必要とされる芯の強さを身につけることはできないでしょう」。ＭＩ５の局長に任命されたステラも、前例のない個人的なリスクを負った。史上はじめて、政府がＭＩ５の局長名を公開したからだ。イギリスのタブロイド誌は、すぐに彼女の住所を見つけ出した。そのせいでステラたち家族は、夜中に引っ越しするはめになった。

「あのころは心が引き裂かれそうでした。娘がまだ幼かったので……。それまで娘は、友だちに私の仕事のことは内緒にしていたのですが、みんなに『あれ、本当にあなたのママ？』と聞かれたそうです。私たちは身元を隠して暮らさなければならなくなり、自宅にも私たち宛ての郵便は届きませんでした。娘は信頼できる友人とだけ付きあいました。とても胸の痛む出来事でした」

多くの人はこれほどのことはないにせよ、キャリア、そして人生は、リスクを伴う判断の積み重ねであることに違いはない。リスクをとらなければどうなる？　周囲が期待する道をただ進むだけだ。もちろん、それがあなたにとっていちばんいいことなら問題はない。それがあなたの強みを活かし、あなたがそれを楽しみ、人生に意義を与えてくれるなら。でも、そうでなければ？　その場合は、リスクをとらないことがリスクになる。

ハーバード大学の心理学者で『明日の幸せを科学する』（早川書房）の著者ダニエル・ギルバートは、人間の脳だけが持つユニークな能力を研究した。それは、特定の状況下でなにが起きるかを想像し、未来を思い描く能力だ。私たち人間は、悪いことが起きた場合の不幸を過剰に見積もる傾向がある。新しいことに挑戦できないのはそのせいだ。だが、リスクを認識したうえで決断をくだした人は、ものごとが悪いほうに転んでも幸せな気分になっていたことに、ギルバートは気づいた。

つまり、もしもあなたが、今やろうとしていることのリスクが大きすぎると思うなら、最悪の場合どうなるかを具体的に考えればいい。そこから分析して、最悪の事態にならないためにはどうしたらいいかを見つけ出せば、恐れは確実に減るのだ。

ものごとを正面から見すえ、自分の能力に自信を持つ——そうすることでリスクは減る。ステラがいい例だ。あなたが目指す分野の専門性を高め、知識と経験という土台を固めれば、新しい役目に就くときに躊躇することもなくなるだろう。

また、女性にはもうひとつ、リスクを減らせる生まれつきの資質がある。それは、意思決定に多くの人を参加させるという資質だ。「MI5の局長になってはじめて気づいたことのひとつは、意見は違っても自分を恐れない人、怖がったりおべっかを使ったりせずにアドバイスしてくれる人をまわりに置くことの大切さです。私ひとりで正しい判断ができるとは思っていません。経済界には、独断的なリーダーが多すぎます。『自分は正しい答えを知っている。どうしたらいいか自分はわかっている』と思っているんでしょうね」

ステラは、多様な視点を提起しつつチームとして機能できる集団が最高だと考える。「仲間を選ぶのはあなたです。イエスマンばかりのチームではだめ。誰もが意見を言う機会を与えられている、と感じられるようにチームを導くべきです。ミーティングのあとに、正しい決定をしたとみんなが思えるように。リーダーは、そのスキルを身につけなければいけません。ものごとを前に進めるだけでなく、コンセンサスを得ることの大切さも知っている人の集まりが望ましいですね」

新しいことに飛び込めない理由はたくさんある。育った環境、習慣、対立を避けたい気持ち、自信のなさ……。数えるときりがない。でも、行動を起こさないのは、道の真ん中にある大きな岩をそのままにしておくようなものだ。それでなくても機会は平等ではないのだから、余計な障害は避けるのではなく、さっさと取り去ってしまう。これが正解だ。

18章 立ち上がり、声をあげよう

自分らしくあることを恐れてはいけません。あなたの価値観に沿って生きなさい。あなたの人生を生きなさい。子どもの学芸会を見るために「職場をそっと抜け出した」と教えてくれた女性に、私は言いました。「それはだめ。そっと出る必要なんてない。私なら堂々と正面から出るわ。もしそれが気に入らない人がいたとしても、気にしない。結果を出せば、個人的なことはどうでもいいはずだもの」。誰でも立ち上がって、すべきことをして、にっこりすればいいんです。彼らの目を見て、こう言ってください。「もし気に入らなければ、クビにしてください。別の仕事を見つけますから。私は能力があるし、努力家です」ってね。

――シェリー・ラザラス（オグルヴィ・アンド・メイザー会長）

自分のために立ち上がる勇気。リーダーに欠かせないこの資質を、生まれ持っている女性もいる。だがそれ以上に、努力して身につけた人は多い。そういう人たちは、少しずつ主張することを学び、少しずつ議論に効果的に影響を与える技術を学び、少しずつ人を導くスキルを身につけていった。

覚えておいてほしいが、主張することはあなたの成長を助けるだけではない。それは仕事の一部でもある。「存在感」を身につけることも同じだ。存在感とは、ただ意見を言うだけでなく、その場を圧倒し、周囲の人たちの信頼と献身を集めることをいう。

主張したがらない女性が多いのはなぜか？　男性がペラペラとまくし立てるなかで、女性はどうして黙って座っているのか？　その理由は挙げればきりがない。

- 言わなければいけないほど重要なことがないから
- 自分の言いたいことは誰かがもう言ってしまったか、これから言うだろうから
- 男性は話したがるから（そうさせておく）
- 言葉より行動が大事だから
- 自分が出る幕ではないから
- 聞くことが自分の役目だから
- 新入りだから
- いちばん下っ端だから
- 会議以外できちんと仕事をするから

どれもみんな言い訳だ。発言したがらない本当の理由は、心の奥にある恐れを隠すためなのでは？「目立つ」のが怖い、バカにされるのが怖い、たいした人間でないと思われるのが怖い……。私たちはなにかしら言い訳や理屈をつけて、自分を守ろうとする。それを深く探ったら、本当の恐れが表に出てしまうから。なかには、黙っていたほうが尊敬されると勘違いしている人もいる。

議論に参加して意見を言うのが難しいのはよくわかる。主張したらしたでバカにされ、しなければしないでバカにされる。実際、主張する女性は、しっぺ返しをくらうことも多い。攻撃的で、気難しく、押しが強い女だというレッテルを貼られてしまう。そのせいか、女性は誰かの意見を代弁することには抵抗がないのに、自分の意見はなかなか主張できないことが研究でもわかっている。大半の女性は、まわりの人が自分の望みに気づいてくれるまで待っているのだ。

だが、そうやって待っている間に、男性は望みのものを手に入れるために交渉し、自分を売り込んでいることを忘れてはいけない。女性はあまり交渉しない。女性の二割は「一度も交渉したことがない」というデータもあるほどだ。

自分の声を見つけるための五つのレッスン

ヘッドハンティングに定評のあるコンサルタント会社スペンサースチュアートで、北米企業の取締役招へい部門を率いるジュリー・ダウムは、人を理解することに長けている。長年にわたって、アメリカ企業の女性リーダーたちと一緒に仕事をし、その人にぴったりの仕事を見つけることに喜びを感じてきた。そんな彼女が、あなた自身の声を見つけるためのアドバイスをしてくれた。彼女に教わった五つのレッスンを紹介しよう。

レッスン①多少ぎこちなくてもいいから、はっきりと意見を言おう

「私は、ある上司に意見を持っていいのだと教えられるまで、自分の声を見つけることができませんでした。私を信じてくれたその上司は、ただ『きみが先に話して』と言った。彼は私に意見を言う権利を与えてくれたのです」

とはいえ、ジュリーも最初は「どう言えばいいのか」がなかなかわからなかった。「女性はみんなそうですが、私も正しい答えを知らなければ話す権利はないと思っていました。正しい答えが大切だと思っていたんです」。だから、コツコツと仕事に励み、正しい数字や正しい答えを探そうとしていた。そうしなければならないと思い込んでいた。

でも、今のジュリーには、黙っていることなど想像もできない。

レッスン②最初の「五分以内」か「六人以内」に発言しよう

議論やミーティングは、意思決定のためのプロセスと考えるべきだ、とジュリーは言う。そうだとすれば、発言し、問題解決に参加することはとても重要だ。「発言しない人は忘れられます。少しでも参加しないと、なにも貢献していないと見なされます」

具体的には、会議がはじまってから最初の五分以内に発言するか、はじめに発言する六人のなかに入ることを勧めている（どちらもうまくいくことは彼女自身が経験ずみ）。あとになればなるほど、発言はしにくくなる。「私も昔は、手を挙げて発言するのに勇気をふりしぼったものです。相当な努力が必要でしたよ」

レッスン③失敗してはじめて声が見つかることもある

女性の多くは、出だしでつまずいた経験がある。ジュリーもそうだった。「はじめのうちは、本当につまずいてばかりでした。自分のやりたいことをやらせてもらえない仕事だったせいもあるでしょう。『間違ってる。全然楽しくない。私には向いてない』と認めるまでに、何年もかかりました」。ジュリーはある朝、ワクワクしない仕事に行く毎日に慣れっこになっている自分に気づいた。そしてやっと、仕事を辞めた。「もう終わろう。自分がやりたいことを探さなくちゃ」。彼女は自分の声を見つけたのだ。

すると、チャンスが目の前にあらわれた。収入は大幅に下がったものの、新興企業の人材採用チームで働けることになったのだ。それは彼女が本当にやりたかったことだった。「そのころには、お金は問題じゃないとわかっていました。自分の好きなこと、自分が得意だと思えることをやりたかった。家族との時間を犠牲にして働くのだから、やりがいのあることをしたいと思ったんです」

レッスン④熱い思いを口に出そう

一九九二年、ジュリーは産休の間にアニタ・ヒルの公聴会をテレビで見て以来、女性リーダーを熱望するようになった。「私はアニタと同年代でした。彼女がどんなキャリアを歩んできたかを聞き、男性たちが彼女にひどい仕打ちをするのを見て、こう思ったんです。『信じられない。まだこんな状況だなんて』」［訳注：黒人の最高裁判事候補にセクハラされたとして、元部下の女性アニタが公聴会で証言したところ、ほぼ全員が男性だった出席者に、侮辱的な質問を浴びせられつづけた］

産休を終えたジュリーは、女性の職場問題に取り組んでいる「カタリスト」という非営利組織で働きはじめた。変革はトップからはじめるべきだと信じ、組織の上層にのぼる女性を増やす助けになりたいと思ったからだ。「女性役員の数を調査しはじめたらあまりにも少なくて、それ自体がニュースでした。人口の半分は女性なのに、企業の女性役員はたったの五パーセントだったの」

カタリストはこの調査結果を発表するとともに、女性幹部を登用したい企業経営者をサポートしはじめた。「あの報告書は、今も女性役員の誕生を助けているんですよ。まだ目標には届いていませんが、以前よりはずいぶん増えました。私たちが風向きを変えたんです。今もまだ女性役員は足りないけれど、取締役たちの頭にはそのことがありますし、議論も盛んです」

レッスン⑤自分の発言に責任を持とう

あなたにとってなにが大切かは、あなたがいちばんよく知っている。あなたが発言しなければ、他人は推しはかるしかない。いや、あなたがなにを求めているかなど、おそらく考えてもくれないだろう。ジュリーは言う。「自分にとってなにが大切かをしっかり自覚し、それを周囲の人にきちんと伝えてください。『私はこうしたい。ここでそれを実現するにはどうしたらいいですか？』と」

ジュリーは、ある男性の同僚がなんのてらいもなく望みを主張したときのことをよく憶えている。「彼はこう言ってました。『週末は働かない。週五日、二四時間必死で働くつもりだ。でも、週末は働かないよ』。彼がそう言い切ったあと、誰も彼に週末に働けとは言いませんでした。私はこう思ったものです。『私にはあんなことは言えない』」

だが、ジュリーは変わった。家族も仕事も犠牲にしたくなかった彼女は、きちんと望みを声に出すことにした。「いくらでも努力するつもりでしたが、家庭と仕事の両立のためには、会社にかけあうことも大事です。私も思い切って『こうしてほしい』と伝えたら、『いいですよ』と認めてもらえました」

ジュリーはすべての女性に、声をあげるよう励ましている。企業の取締役のなかにも、そのことでジュリーに感謝している人がいる。

今すぐはじめたい「ふたつの練習」

自分には無理？　そんなことはない。あなたも、言うべきことを言えるようになる。ただ練習が必要なだけだ。その練習は、今すぐにでもはじめられる。

ひとつ目の練習はこうだ。次のミーティングで、出席者全員の名前を書き出し、それぞれの発言を五段階で評価する。5がいちばんためになる発言、1がいちばんくだらない発言だ。少なくとも三〇分は記録をつけてみよう。あとで出席者それぞれの平均点を計算したら、きっと驚くはずだ。発言の水準は、思っていたほど高くないことがわかるだろう。それさえわかれば怖くない。あなたも議論に飛び込もう。

もうひとつの練習は、上手に話すコツをつかむためのものだ。まず、頼みたいけれど頼みづらいようなことを何かひとつ考えよう。口に出すと心臓がドキドキしてしまうようなことだ。そして、それを書き出したら、友だちを相手にロールプレイをしてみる。このとき、まずは友人にあなたの主張を言ってもらうのがポイントだ。相手側に立てば、あなたの頼みが他人にどう聞こえるかがわかる。そのあと、立場をもとに戻して、伝え方を調整しよう。

ただし、控え目にしてはいけない。この安全な場を借りて、ぎりぎりまで言ってみるのだ。そうすれば、強く自分を押し出すとどんな感じになるかがつかめる。一度でも練習していれば、難しい会話になったときにも怖じ気づかないですむ。

さあ、準備はできた。

効果的な「口調」と「伝え方」がある

「どう言うか」は「なにを言うか」と同じくらい重要だ。その場の感情にまかせるといい結果になりにくい。情熱を抑えたり、パンチのある言葉を引っ込めたほうがいいという意味ではない。せっかく主張するのだから、言葉の調子を慎重に選び、事実を整理して、説得力をもって表現しよう、と言っているのだ。

効果的な口調と伝え方に関しては、マーシャル・ローゼンバーグの研究から学べることが多い。ローゼンバーグは、対立を避けて難しい状況を切り抜ける方法を教えている。

仮に、プロジェクトチームのメンバーであるスージーとボブが、重要な新製品の発売方法を練っているとしよう。スージーはボブのオフィスにいて、いくつかの課題についてボブの賛同を得ようとしている。ところが、ボブはずっと携帯端末を見たり、電話に応えたり、オフィスに立ち寄る同僚に挨拶したりしている。

それが続くうち、スージーは自信がなくなり、だんだん落ち着かなくなる。心のなかの声が不安をかき立てる。「スージー、あなたは彼にとってまったくどうでもいい存在なのよ。なにを言っても聞いてくれないわ。やり返しなさい！」。ざわつく感情を抑えながら、スージーは言った。「ボブ、いろいろと邪魔が入ってしまって落ち着かないわ。きちんと私の話を聞いて。すごく重要なことだから。いま集中できないなら、あなたの都合がいいときに時間をとりましょう」

声を荒げたわけでも、批判したわけでもない。見たことをそのまま話し、自分がどう感じたかを伝え、それがどうして問題なのかを言っただけだ。そのうえで、相手の都合を尊重するような解決案を出したスージーに、ボブは心を開いた。「そのとおりだね。じつは今、悪い知らせが来るかもしれなくて、気が散っていたんだ。今日の午後の遅い時間に、もう一度話しあったほうがいいようだ。もしよかったら、邪魔が入らないように、外でコーヒーでも飲みながらやらないか？」

これは、「感情的にならずに毅然とした態度をとるにはどうしたらいいか」という見本だ。このやり方なら、きちんと声をあげることが怖くなくなる。こんな率直な言い方をしないほうがいいように思うかもしれないが、事実を感情と切り離し、共感を持って耳を傾ければ、相手の抵抗感は薄れるものだ。家でも試してほしい。夫にも子どもにも効くはずだ。

さらにもうひとこと。女性には、なによりも「ノー」が効果的なときがある。女性リーダーの多くは、このスキルを身につけるのは難しかったと告白したが、同時に、これは欠かせないとも言った。断るのは気をつかう。大切な人間関係にひびが入るのではないかと心配になる。その結果、あまりにも多くの女性が、ノーと言わずにすむように、あれこれと努力している。そのつもりもないのにイエスと言ってしまったり、まわりくどく言ってしまったり、なにも言わなかったり……

だが、リーダーともなると、そんなことはしていられない。交渉の専門家であるウィリアム・ユーリーは、「まず、相手に対して純粋に興味を持っていることをきちんと示し、敬意をもってはっきりと断る」よう指導している。そのあと、お互いに次に進めるような別の案を出せば、相手も気分がよい。

しゃべりすぎてしまう人への処方箋

ところで、女性のなかには、熱意がありあまってしゃべりつづけてしまう人もいる。この場合どうなるかは、ご存じのとおりだ。話せば話すほど、聞いてもらえなくなる。

もしあなたがこのタイプなら、あなたが他人にどう思われているかを知る必要がある。まずは信頼できる仲間に聞いてみよう。同僚や、上司や、チームメンバーや社外の人たちにも、それとなく尋ねてみるといい。きちんとお願いすれば、あなたが度を越えてしまったときには、教えてくれるようになるだろう。同僚や友だちに頼んで秘密の合図を決めておき、会合や人のいる場所ではそれで知らせてもらってもいい。熱くなっているあなたを救ってくれるはずだ。

会議中、まわりの人と比べて自分がどのくらい長く話しているかを記録するのも手だ。質問だけにとどめて、話す時間を制限してもいい。他人の話を聞いているときには、うっかり口を出さないよう、口に手をあててふさぐのもいいだろう。ノートをとるのも、身体を使って他者の話に集中するひとつの方法だ。どこかで前もって練習できればなおいい。気持ちが盛り上がってしゃべり出しそうになっても、よく考えてから反応できるようになるまで、あきらめずに工夫しつづけよう。

やってみればわかるが、人の話を聞くには集中力が必要だ。あとで意見を言うつもりで聞いてはいけない。相手があなたの持論に賛成かどうかを確認しながら聞くのもいけない。聞くときは、ひたすら相手の主張や気持ちを理解することに集中するのが正しい。あなたが心を開いて聞き入れば、相手には必ずそれが伝わる。すると会話がはずみ、本物のつながりができる。

その姿、動き、立ち方が、じつは言葉よりも雄弁にその人を語っていることがある。信じられないなら、次の実験をやってみてほしい。

あなたの「存在感」がわかる実験

まず、同僚に集まってもらう。あなたはその部屋のなかに入っていき、ただ「こんにちは」と挨拶する。そのあと、あなたの存在感を十段階で評価してもらうのだ。（1はネズミが入ってきたような感じ、10はライオンのような大物感）。評価が終わったら、もう一度試してみよう。ただし、今度は目標とする数字をまず決める（たとえば、攻撃的ではないけれど、大胆で自信があって決断力がありそうな感じなら7。落ち着きがあって中立的なイメージを出したいなら5というように）。同僚にはその目標を言わないで、身振りを添えてひと言ふた言ほどを口にしたら、もう一度、評価してもらおう。

この実験をすると、自分では強すぎる表現でも、ほとんどの場合そう思われていないことがわかる。自分では7だと思っても、まわりには3に見えていたりするのだ。それがわかったら、歩き方や立ち方、声の調子や表情などを変えてみるといい。もちろん、場所によって必要とされるものは違う。その場に合わせてうまく存在感を出すには、相応のスキルが必要になるだろうが、まずはこのやり方でいい。とにかく一歩前進すること。これがなにより重要だ。

19章 幸運を引き寄せるのは、あなた

はじめて事業買収をした日のことは、今でも忘れられません。あれは一九九九年でした。店の前に立って、私は思わず泣いてしまいました。「こんなに借金してしまった。なんてことをしでかしてしまったんだろう?」。でもその一方では、自分のやっていることをきちんと理解してもいました。私はなぜそうしたのか? その事業を立て直して、素晴らしい業績を出したかったからです。今ではこのブランドが、オーストラリアの若い女性のなかでいちばん人気になりました。

――ナオミ・ミルグロム(スーザン・グループ会長兼CEO)

あなたは、誰かを幸運だと思ったことはあるだろうか? 私たちが話を聞いた女性はみんな、自分のことを幸運だと思っていた。だが、よくよく聞いてみると、彼女たちは自分から成功できる場所に向かっていた。リスクをとって、自分から多くのチャンスをつくっていた。

幸運は、自分のキャリアに責任を持ったときに手に入る。責任を持てる人は、自分の運命は自分でつくれると信じている。人生の手綱を握っていると感じ、たとえ成功の確率が大きくなくても、情熱を胸にそれを追いかける。もしうまくいかなくても、批判されても、打ちひしがれることはない。明日、よりよい結果を出すか出さないかは、自分次第だとわかっているからだ。

ラクなことばかりじゃ成長しない

大手ヘッジファンドのチューダー・キャピタルで、戦略部門を統括するオリーブ・ダラーも、自力で幸運を引き寄せた女性のひとりだ。

その人生のはじまりは、幸運とはほど遠かった。北アイルランドの貧しい家庭で、六人家族の長女として生まれた。早くから大人びていたのも、「そうするしかなかったから」だ。

北アイルランドでは、カトリックとプロテスタントの対立から、一九七〇年代には暴力的な抗争が起きていた。「一〇歳のころには、あちこちで事件が起きてました。大学に入学するまで、テロは日常茶飯事でした」。両手にあまるほどの友人や知人が命を落としたという。「どこでも事件に遭遇した。悲惨でした。若い命をたくさん失いました」

両親とも、若いころに学校を辞めて農場の手伝いをした。生活が苦しかったから、それしか道がなかったのだ。でも、子どもには教育を受けさせ、貧乏から抜け出させたいと必死だった。「お金も土地もなかった。とにかく、なにもなかったの。でも、母はものすごく賢い人だった。なにしろ、私たちが学校で微積分を習っていたとき、私たちに教えられるようにと夜学に通って微積分をマスターしたくらいですから」

両親は、娘が高校を出ていい仕事に就ければ充分だと考えていた。地元の銀行の窓口係にでもなって、運よく管理職にでもなれれば、と。だがオリーブは、北アイルランドを出ることを夢見て、エジンバラ大学に行くと心に決めた。「都会には行ったこともなかったけど」。めでたくエジンバラ大学に合格して家を出る日、両親とはフェリー乗り場で手を振って別れた。オリーブはいよいよ、ひとりで歩き出した。

それから二年後、今度はアメリカのペンシルバニア大学で学ぶチャンスが訪れた。「飛行機に飛び乗って、アメリカに行きました。両親も『すごいじゃない。頑張って!』と励ましてくれた。でも最初の数カ月は最悪でした。まったくなじめなくて」

オリーブは、エジンバラ大学の成績優秀者だったが、アメリカでは違っていた。最初の会計の試験では、一〇〇点満点で三三点だった。単位を落とすまいとして、自分に言い聞かせた。「頑張るのよ。とにかくやるしかない。教え方が違うだけよ」。ひたすら勉強するしかない、と思った。

そのとおり、オリーブはやり遂げた。アメリカで働くのも面白いかもしれない、そう思いはじめた彼女は、イギリスに帰って学業を終えると、大手会計事務所に次々と応募した。「八社から落とされました。『イギリスでなら採用してあげるし、もし仕事ができれば転勤もできる』って。当時の最大手事務所がエジンバラで採用してくれたから、あきらめてそこに入社するつもりでした。

で、ある晩、夕食を食べていたら電話が鳴った。ルームメートがそれを取って、『フィラデルフィアのなんとかって人から』と言った。私は母かと思ったけど、フィラデルフィアだと言い張るの。電話に出ると、男性がこう言った。『応募の手紙を受け取りました。そこでご提案なのですが、飛行機代をお出ししますから、一八カ月働いてみませんか？　弊社かあなたかどちらかが気に入らなければ、また飛行機代をお出しします』。その言葉を聞いたとたん、もう行く気になっていました」

ちょっとした幸運に恵まれた——オリーブはそう思った。だが、アメリカでの資格がない彼女は、会計事務所で裏方の仕事しかさせてもらえなかった。頭にきて、アメリカで会計士試験を受けることに決めた。それから九カ月は、仕事をしながらアメリカの会計制度を猛勉強した。「ある日、大きな銀色の星が着いた手紙が届いたけれど、てっきりジャンクメールだと思って捨てたの。その数週間後、上司から部屋に呼ばれた。『ああ、とうとうクビになるんだ』と思ったら、上司が、『いつ教えてくれるのかと待ってたよ。州で二番目に高い得点だったんだって？』って言ったんです」。オリーブは銀メダルをもらっていた。捨てた手紙はその通知だった。その日から、彼女の役職は変わった。

数年間会計の仕事をしたあと、オリーブはハーバード大学でＭＢＡをとり、マッキンゼーに入社した。だが、また出だしからつまずいた。どうやら自分はコンサルタントに向いていないらしい、そう思って辞めようとしていたそのとき、意外なチャンスがあらわれた。オーストラリアで六週間かけてプロジェクトを進めることになったのだ。「富裕層向けの金融プロジェクトで、私の得意分野でした。でも大規模な組織再編の案件で、プロジェクト自体が崩壊しそうだった。最初のクライアント会議では、チームメンバーのふたりは居眠りをしていた。そのくらい疲れ切ってたんです。『いったいどうなってるんだろう？』と思ったのを憶えています。それからはもう必死にその会社を再建しました。もちろん、クライアントはすごく喜んでくれました。結局、六週間のつもりが、素晴らしい九カ月になったんです」

だが、またもつまずいた。次に就いたプロジェクトでは、なにをやってもうまくいかなかった。「悲惨でした。パートナーからはクビだと言われた。でも、上司のところにいくと、『彼はきみをクビにできないよ。そういうシステムにはなってないから』って」。クビがつながったオリーブは、手綱を握りなおした。「ここになじむか、そうでなければ辞めるかしかなかったけれど、このまま辞めるのはいやだった。辞めるならせめて気分よく辞めたい。失敗したという気持ちのままで辞めたくなかったんです」

とはいえ、このときはそう簡単には解決できなかった。「私の性格が問題だと言われました。私は考えていることがすぐ表に出てしまう。表情にも言葉にも出ちゃうんです。だけど、あのとき逃げないできちんと取り組んだことで、結果的には以前よりいい人生になったと思っています」

その後の一年半で、オリーブはパートナーに選ばれ、さらに上級パートナーになった。結局、一四年間マッキンゼーで働いたあと、二〇〇四年にはチューダー・キャピタルの戦略・人材担当になった。今では、子どものころには想像もできなかったような富と地位を手に入れている。「父はいつもこう言ってました。『今どこにいるかを心配するのはやめなさい。それより、どれほど遠くまで来たかを考えたほうがいい』。そして、私は本当にそう考えられるようになった。この会社でなにが起きても、どんなところで働こうとも、もう大丈夫」

オリーブは、人生の手綱を自分で握ることが成功のカギだと信じて疑わない。「失敗の経験は貴重です。ラクなことばかりやっていると、当然だけど成長しない。あなたの世界はあなたがつくる。誰かを責めてもむなしいだけ。最高の人生にするかどうかを決めるのは、あなた以外にいないんですから」

あなたの本心を確かめる三つの質問

「当事者《オーナーシップ》になる」とは、自分の力で自分をコントロールすることをいう。つまり、あなたの運命はあなた次第だと信じることだ。その反対が、ものごとは自分の努力やふるまいに関係なく起きてしまうと信じること、あなた自身ではなく、ほかのなにかや誰かがあなたの人生を決める、と考えることだ。

自分次第と考える人は、そうでない人より自信とやる気があり、リスクを恐れない。反対の人は、外部の承認（褒め言葉）に頼って自尊心を保っている。女性はどちらかというと後者になりやすい。あなたはどちらだろう。次の質問に答えてほしい。

●自分が仕事をもらえなかったり、昇進できなかったりしても、その仕事に就いた人がえこひいきされているなどとは思わないか？
●給料の交渉をしたことがあるか？
●問題に正面から取り組んだら、たいていのことは解決策が浮かぶと思えるか？

このうち「いいえ」がふたつあれば、自分次第という思考になっていないと思ったほうがいい。そんな人が、自分次第と思えるようになりたいなら、どういう場面であれば自分が結果を左右できるかを、同僚やメンターや支援者に尋ねてみるといい。あなたが実際にどのくらい力があるのかを、正直に教えてもらうのだ。おそらく、予想以上に自分の力が及ぶことは多いと気づくだろう。あなたと同じような状況にあるほかの人（たとえば男性）に、どのくらい自分に結果を左右する力があると感じているかを聞いてみるのもいい。彼らはあなたより自信があるのでは？「女性は、男性が交渉によって好条件を勝ちとっていると知ると立ち上がり、男女格差が縮まる」という研究結果もある。あなたもあとに続こう。

さあ、人生の手綱をしっかり握って！　そして、自分が本当はどこに行きたいのか深く考えて！

好奇心をくすぐられるような仕事があったら、まず、こう自問してみよう。この仕事は、私の能力を高めてくれるか？　自分の興味に合っているか？　その結果、自分が求めているものとは違うと思ったら断ればいい。でも、合っていると思ったら手を挙げよう。日々こうして判断することに集中すれば、人生の手綱を手放すことはない。

オリーブは何度も失敗し、つまずいた。それでも歩みを止めなかった。三度のキャリアチェンジを経てやっと、自分の居場所を見つけた。彼女だけではない。それが現実の人生だ。

もちろん、険しい山をただ我慢して登ればいいわけではない。自分に合わない会社で時間を無駄にするくらいなら、別の会社を探したほうがいいだろう。女性を支えてくれそうな会社、女性がトップにのぼっていたり、評価や昇進の基準が誰にでもわかるような組織はないか調べてみよう。その会社は、福利厚生になにが含まれるのかを全員がはっきりわかる形で打ち出しているだろうか。優秀な社員が上にのぼる道を明示しているだろうか。そうした会社なら、成長できる環境があると思っていい。あるいは、人生の手綱を握る究極の手段として、起業という道だってある。会社員生活が合わない人には、それも一手だ。

ここで注意したいのは、「いちばん正しい」一歩、つまり成功と幸福を与えてくれる最良の道を探そうと必死になるあまり、それがストレスになる人がいるということだ。オリーブの人生を見ればわかるように、正しい道はひとつではない。だから、「正しい」道という考え方は捨てたほうがいい。でないと、先に進めなくなる。

さらにもうひとこと。自分の運命を自分で背負うことは、野心を持つということでもある。多くの女性は「野心」という言葉を嫌う。世間は謙虚な女性を好むから、それを避ける人もいるし、そもそも野心などないと否定する人もいる。

だが、率直に言おう。野心を持つのはいいことだ。自分の望みを自覚するのはいいことだ。それが望みをかなえるための力強い一歩になる。女性は男性の野心に魅せられるのに、どうして自分が野心的だと思われるのはいやなのか？　研究によると、原因は幼少期の刷り込みにあるらしい。

昔から、リーダーになるには男らしさが必要だとされてきた。ありとあらゆる分野で女性が成功していても、その古臭い考え方はいまだに大手を振っている。分析的で、はっきりとものを言い、リスクをいとわず、判断が速い――いわゆる「リーダーの資質」は男性有利に傾いている。男らしさの典型といってもいい。

でも、女性リーダーにも、野心や明晰な決断力はある。リスクをとり、明快に主張できる。同時に、彼女たちは理解があり、前向きで、包容力と思いやりがあり、喜びにあふれている。そのうち、こうした資質もリーダーの条件になるはずだ。男性であろうと女性であろうと変わらない。

だいいち、自分に野心があることを認めれば、成功できるかどうかは自分次第だと素直に思えるようになる。できないことばかりに目を向けるのをやめれば、驚くほど前向きになれることに気づくだろう。

これを言い換えれば、自分を信じるということだ。私たちはあなたの力を信じている。だからこそ、この本を書いたのだ。

20章 こうすれば、誰でも前に踏み出せる

私はスリルを追い求めるタイプではありません。スキーにたとえれば、急斜面を滑降するのは好きですが、きちんと下まで滑れるという自信がなければ滑りません。なかには自分の技術を過信して急斜面を滑降する人もいますが、そんな人には怪我がつきものです。反対に、技術は充分あるのに、怖くて滑らない人もいます。私は、さあこれから滑るぞというときに、胃がきゅっと引き締まる感じが好きです。

——ショーナ・ブラウン（グーグル事業運営担当副社長）

若い女性にリーダーシップの研修をしたとき、私は重要なことに気がついた。同じことでも、女性リーダーたちはチャンスとして見なすのに対し、若い女性はリスクだと思ってしまうのだ。リーダーになった女性たちは、リスクがあるからといって成長のチャンスを逃したりしなかった。あなたもそうすべきだ。

新しい仕事に就くことはリスクだし、新しい経験を求めて転勤するのも、仕事を辞めて子育てに専念するのもリスクだ。職種や役割を変えれば、以前ほど成果が出ないかもしれない。会社を辞めれば、一生お金に困るかもしれない。だが、リスクを避けることなどできない。避けつづけていれば、そこで可能性は閉ざされてしまう。

多くの女性リーダーが、「自分は怖がらない」と言っていたが、みんながみんな恐れ知らずというわけではない。チャンスが目の前に来ると、誰しも隠されていた恐れが浮き上がるものだ。その恐れに立ち向かうことは、チャンスを受け入れるための最も重要な過程だといってもいい。勇気がいるが、いったん受け入れてしまえば、自分がささいなことを怖がっていたと気づける。自分の力でどうにかやれるとわかれば、心も軽くなる。

「迷ったら飛び込む」が正解

ローラ・チャは、それを体験した女性だ。リスクをとり、リスク管理に精通することで、黎明期にあった中国の株式市場を監督するという責任を果たし、大きな成果をあげた。だが、友人たちには強く反対された。

上海生まれのローラは、一九五〇年代のはじめに家族とともに香港に移住した。もともと海外の大学に行って、香港に住もうと考えていたという。長女のローラは責任感が強く、幼いころから慎重だった。「小さいころは、知らないものを怖がっていました。でも、恐れをなくすには外に出てなにかするのがいちばんです。その思いが私を動かしていました」

結婚は早く、アメリカの大学に在学中に、香港出身の学生と一緒になった。「ふたりで大学院に行くつもりでした」。だが子どもができて、夫がビジネススクールに通っている間、ローラは子育てに専念した。六年たって、子どもがふたりになり、ローラもようやく大学院に行くことにした。ロースクールだ。「両方の家族や親戚は反対しましたが、夫は賛成でした。勉強そのものはまったく難しくなかった。勉強以外のいろいろなことのほうが大変でしたね」

これが彼女の転機になった。「ロースクールに行くと決めたのは、おそらく人生でいちばん大切な決断でした。子どもがいても、その機会を心から満喫した。行く前は、自分の意見に自信がなかったのですが、弁護士になってからは、自信を持てるようになったんです」

ローラは大手弁護士事務所に入り、仕事を楽しんだ。一九八〇年代になって、夫が家業を継ぐことになると、そろって香港に戻り、今度はニューヨークに本社のある法律事務所の香港支社で働くことにした。アメリカの大手企業のために、中国事業の交渉を手助けするのが仕事だった。

ここまでは、大してリスクなどとっていないように思えるかもしれない。移住して、遠い国の大学に行き、ロースクールを卒業し、いくつかの仕事を経て、長年働き、パートナーになり、価値ある職業人として充実した人生をおくる――そういう女性はほかにもいるだろう。

だが、ローラは違っていた。香港市場がほぼ完全に崩壊してから二年後の一九八九年、ヘッドハンターから連絡が入る。市場を改革するために創設された、香港証券先物委員会（ＳＦＣ）に誘われたのだ。晴天の霹靂《へきれき》だった。SFC改革のインパクトは大きく、それが香港の金融市場への信頼を取り戻すものになるとローラは確信していた。でも、改革案が失敗したらどうなる？　それに、ローラは今の仕事が好きだった。安定していて、居心地もよかった。それを捨てるのは大きな決断だった。

あなたならどうするだろう？　ローラはこう語った。

「まず、『うわっ、これはリスクが高すぎる』と思いました。新設の組織ですから知りあいもいませんでしたし。それでも、なにか違うことに取り組める面白いチャンスだと思ったんです」。サンフランシスコの弁護士事務所時代のメンターに電話で相談すると、彼は意外なアドバイスをくれた。「外に出て、羽を広げて、世界を見なさい」。そのひとことで、ローラはリスクよりもチャンスのほうがはるかに大きいことに気がついた。「どうにかなるって思いました。もしいやだったら、また法律の世界に戻ればいいんだって」

とりあえず、二年か三年ほどやってみるつもりで仕事を引き受けた。だが、結局は一〇年もそこにとどまり、証券先物委員会の副委員長にまでなった。一心に委員会を助け、成果をあげつづけたのだ。

ローラはやるべきことは充分やったと感じた。コーポレートガバナンス改革については、政治的な闘争もあり、心身ともにハードな日々だった。「公人として見られることに疲れてしまって、もう少しゆるい、というか自由なことをしたくなったの。それで、もう契約更新はしないと政府に伝えました」

するると、意外な展開になった。ローラの辞任が発表されてすぐ、北京の友だちが電話をかけてきた。「首相があなたに中央政府で働いてほしいと言っている、と告げられました。そのときには意味がよくわかりませんでした。『アドバイザーになってほしいということかしら』と言ったら、友人が『そうじゃない。北京に来てほしい。中国証券監督管理委員会の副委員長になってほしい』と言ったんです」

このチャンスもまた、新たなリスクや恐れと隣りあわせだった。中国の政府機関で、本土育ちでない人間が副長官レベルの役職に就くのは、ローラがはじめてだった。それは、政治的な支援者がないばかりか、官僚から疑いの目を向けられることも意味する。案の定、周囲の人たちは口々に警告した。「よくそんな勇気があるね。伏魔殿《ふくまでん》かもしれないよ。あれもこれも責められて責任をとらされたらどうするつもりかい？」

あなたなら飛び込む？　ローラは飛び込んだ。本土を離れて西洋にチャンスを見つけてから五〇年後、西欧的な資本市場を中国で興すために戻ってきたのだ。「朱鎔基《しゅようき》首相がここで働くよう声をかけてくれたことは、私の職業人生でいちばん大きな事件でした。それがハイライトです。誰だってそう思うでしょう。リスクはありましたけど、私はそれをリスクだと思わなかった。この冒険のいい面は、悪い面にまさると思ったんです」

もちろん、リスクは大きかった。「いろいろな批判を受けました。でも中国政府首脳部は、私がこの仕事に心血を注いでいることも、集中していることも、いい仕事をするために努力していることも知っていました」

ローラは、この「一世一代のチャンス」という経験からこう語った。「自分に自信がないと、そこにチャンスがあることに気づけません。仕事ができないと、自信を持てません。つまり、実力がないとだめなんです。それに、ものごとを見る目がなければ、チャンスがあっても気づけません。たとえ気づいたとしても、あなたのところには降りてこないかもしれません。もちろん、運も大きいでしょう。チャンスが巡ってきたとき、私はたまたまいい位置にいて、それを利用できました。ロースクールに行くまでに六年待ちましたが、卒業したときちょうど中国への直接投資が最高に盛り上がっていて、卒業後はサンフランシスコの大手法律事務所に入れましたから。香港に戻ったときには、ニューヨークの弁護士事務所に採用されました。そこで、中国初のマクドナルドなどの合弁事業を手がけはじめました。でも、とにかく私は一歩ずつ、階段を上がっていったのです」

運に見放されたこともあった。深刻な病気にかかったこともあった。それでも、ローラはものごとのよい面を見つづけた。「チャンスが訪れると、無性にワクワクするんです。疲れたり、大変だと思ったことはありません。やりがいがあるし、ベストを尽くすだけですから」と彼女は言う。「私は前向きなエネルギーを発散させているみたい。ずっと前に、誰かが主人に聞いたんです。『きみの奥さんはよく働くね。きみは大変じゃないの？』って。そのときの主人の答えはこうでした。『いや、働いていないともっと大変だから』。仕事は私の充実と満足と自己実現の手段です。自分の仕事人生に悔いはありません」

なぜ、リスクをとるのは難しいのか？

人はみな、慣れ親しんだ場所から一歩外に出ると、落ち着かなくなる。とくに女性は、概して男性よりも慎重だ。ある調査では、女性のおよそ三人に一人は、リスクをとっても仕事の成功につながらないと考えていた。私たちが行なった調査でも、女性は男性よりリスクをとりたがらない傾向にあった。

それにはもっともな理由もある。組織のなかで女性は、援護射撃してくれるような力のある支援《スポン》者《サー》がいない。また、同僚からの助けも男性に比べて少ない。支えになってくれる女性も少ないし、トップの地位に就いている女性となるとさらにごくわずかだ。そう考えると、居心地のいい安全地帯を出たがらない気持ちもわかる。

だが、リスクには必ずそれに見あった見返りがある。冒険をしなければ、なにも得られない。それに、新しい挑戦に飛び込むことで成長できる。「学習領域」に足を踏み入れなければ、人はなにも学べないのだ。

新しい場所に一歩踏み出すのは怖い。失敗する恐れ、批判される恐れ、自分の力が及ばなくなる恐れ、傷つく恐れ。でも、そんな場所でこそ人は成長する。それが真実だ。

だからこそこの本にも、女性リーダーたちが経験してきたたくさんの判断ミス、間違い、挫折、大失敗を描いた。谷（と山）を経験するのは当たり前、それが成長に欠かせない要素だとわかってもらうためだ。

チャンスをつかむ人は「逆に」考えている

インタビューした女性リーダーたちは、みな驚くほど何度もチャンスに出会っていた。それは、ほかの人よりただ運がよかったからではない。ひとつには、彼女たちがチャンスに対する心の準備をしていたからだ。準備ができていたから、ほかの人には見えなかった可能性が見えたのだ。しかしなにより、彼女たちは新しい場所に飛び込むことで、幸運を手にしていた。先が見えないからといってじっとしているのではなく、恐れで固まるのではなく、道を定め、一歩を踏み出していた。

そんな女性リーダーに、私たちはいつもこう聞いた。「どうして、それがチャンスだとわかったのですか？　なぜ飛び込むことができたのですか？」。そうこうしているうちに、それは彼女たちが、「まずはじめに、ものごとのいい面を見るからだ」とわかってきた。私たちのほとんどは、うまくいかない可能性を挙げてリスクをはかろうとする。うまくいかないシナリオばかり考えがちだが、逆なのだ。

だから、あなたも逆に考えてほしい。まずはじめに、最高にうまくいった場面を想像してみる。次にそれを書きとめ、目に見える形にする。その仕事から、あなたがなにを学べるか、どんなスキルを身につけられるか、どんな道が選べるか、どんな人に会えるか……。さらに、そのチャンスについて話しあえる人を五人選び、この仕事のいちばんいい面はなんだと思うかを尋ねる。聞ける人がいなければ、あなたが尊敬する人ならこのチャンスをどうとらえるか想像すればいい。たとえばトーマス・エジソンやスティーブ・ジョブズなら、なにがいい点だと言うだろう？　そうすればきっと、アイデアが湧いてくる。それも書きとめておこう。

そのあとに、あなたがなにを恐れているかを考え、それを書いてみよう。「大失敗しそうで怖い」「自分がニセモノだと思われてしまう」「バカにされる」「クビになるかもしれない」「転職できないかもしれない」……。なんでもどんどん書き出してみるのだ。

人は恐れに助けられることもある。前もって計画したり、必死に働いたり、悪い面を避けようとするのは、恐れがあるからだ。だが、そうやって恐れを振り払おうとすると、結局、恐れに支配されてしまいがちだ。そうではなく、恐れを正面から見つめ、それがどんな行動につながるのか、その行動がなにを引き起こすかを見きわめるほうがずっといい。あなたの人生のボスはあなただ。深呼吸して。あなたは自由なのだ。

ここまでで、恐れに邪魔されず、その仕事を引き受けた場合の本当のリスクはなにかを理解する準備はできた。次は、うまくいかない可能性をどうしたら減らせるかを考える番だ。最悪のケースを直視してほしい。その仕事が受け入れる価値のあるものかどうかを決めるのは、あなたしかいないのだから。

まずはそっと、小さなことから

リスクをとれるようになるためには、小さなことから試すのもよい方法だ。多くの女性は、仕事で自分の望みを要求するのはリスクが高いと思っている。だったら、まずは仕事以外の場所で、言い換えれば結果がどうなってもかまわないところで、なにかを要求してみよう。たとえば、店に入って値切ってみる。実際に値切りたいわけではない。ただのリスクテイクの練習だ。

それから、自分を知ることも大切だ。あなたの強みと能力を誰よりもよく知るのはあなた自身。潜在的なリスクを減らすのに、あなたの能力をどう使ったらいいだろう？　チャンスを達成可能な目標に変えるには、あなたの強みや知識をどう広げたらいいだろう？　まわりの人にも聞いてほしい。たくさんの人の意見を聞けば聞くほど、これまで知らなかった自分の一面がわかってくるはずだ。

それでもまだ怖い場合は、あなたがいちばん自信のある分野で、ちょっとだけ冒険してみるといい。自分の部署で少し違うことをやってみるだけでも、より大きなチャンスに挑戦するきっかけになる。ローラも言っていたように、専門知識と経験にまさるものはない。特定の業界や分野に関して誰にも負けない知識を身につければ、ゆるぎない自信ができる。ある男性は、専門分野に誰よりも精通した女性は、みな積極的にリスクをとり、そのたびに成長していると言っていた。ローラもまさにそうだった。

なにかのエキスパートになれと言われても、途方に暮れるかもしれないが、まずはあなたが情熱を持っていることからはじめればいい。時間をかけて学ぶ意欲と少しの創意工夫があれば、誰でもきっとエキスパートになれる。大切なのは、あなた自身が興味をそそられるような、あなたにとって価値ある分野を選ぶこと。そのうえで、できるかぎりの知識を得ることを目標にするのだ。

知識は能力を上げ、能力は評判を上げ、評判は新しいチャンスの扉を開いてくれることを忘れてはいけない。

〈本当はリスクをとらないほうが危険!?〉

一歩を踏み出すより現状にとどまることのほうが本当は危険だということを、あなたも心の底ではわかっているはずだ。「山に登る人《クライマー》」には落ちる危険がある。でも、怖がって安全な地上でじっとしている人よりもずっと、心が満たされている。

歳をとって、前庭のロッキングチェアに座っている自分を思い浮かべてほしい。そのあなたは、やらなかったことを悔いていないだろうか？　たとえ悔いがいくつかあったとしても、それが、心が痛くなるようなものでないことを願う。

かつてガンジーはこう言った。「人は〝自分自身の恐れ〟というフェンスに囲まれた輪のなかにいる」。そのフェンスを越えるのは、今だ。

21章　ピンチは必ず乗り越えられる

二〇〇四年に女性リーダーたちへのインタビューをはじめたときから、アンドレア・ジュングは私たちの力強いサポーターになってくれた。彼女はエイボン・プロダクツのCEOであると同時に、産業界屈指の女性リーダーである。女性を助けることに情熱を燃やし、一九九九年にCEOに就任して以来、エイボンの改革を率いてきた。業績が落ち込んだときにも、驚くべき打たれ強さを発揮し、大胆に自己を改革して、社の再建を進めた。

この章では、アンドレアの話を紹介する。

人生が変わった瞬間

私はとっても大切に、同時にとっても厳しく育てられました。両親の私に対する期待はそれは大きかったの。たとえば、ピアノの練習は一日きっちり六〇分と決まっていました。五九分じゃだめ。

母がメトロノームの脇にキッチンタイマーを置いて、時間を測っていたんです。中途半端はいけないということを、私はこうやって幼いころから刷り込まれました。

はじめて就いた仕事は、ブルーミングデールス百貨店の仕事です。小売り研修からはじめたんですが、ハンガーを変えたり、在庫を数えたりとつまらない仕事で……。数カ月もすると、研修生たちのほとんどは職探しをはじめていました。私も実家に電話して愚痴りました。「つまらない仕事ばっかり。勉強してきたことがちっとも役に立ってない。もう辞めようかと思ってる」って。そのときの母の言葉は強烈でした。ピアノの前に座っていたときと同じだったんです。「うちの家族に途中で辞める人はいませんよ。まだはじめたばかりじゃないの。学ぶことがあるはずです。つまらないかもしれないけれど、上にのぼるには下からはじめるのが当たり前でしょ」

だから私は辞めなかった。結局、そこでの経験が私の成功の第一歩になったんです。あきらめなければ、困難や退屈やひどい上司からも学べる。やりぬくことが大切だってよくわかりました。

目標に向けて努力することも、両親から教わりました。四年生のとき、画材用品店の前を通りかかったら、青いベルベットの箱に入った一二〇色の色鉛筆を見つけたんです。欲しくてたまらなかった。でも、そんなお金の余裕はないし、クリスマスも誕生日もまだ遠かった。すると、母はこう言いました。「努力してオールAを取ったら、買ってあげます」。私はしゃにむに勉強して、その色鉛筆を手に入れました。両親のおかげで、高い目標を立てて頑張ることを学べたんです。

三〇代になったころは停滞期でした。自分のやっていることに少しも意義を見いだせなくて、思うように成長できていないとも感じていました。エイボンに転職したのは、肩書に惹かれたからでも大企業だったからでもありません。当時、私がエイボンに転職するなんて、誰ひとり思っていなかったはずです。家族も同僚も、業界の誰も。それまで高級品販売の世界にいたから、似たような会社の経営に入るだろうと期待されていたんです。一九九〇年代のはじめ、エイボンはまだ二流の訪問販売会社というイメージで、業績も落ち込んでいた。リスクは少しどころじゃありませんでしたから。

それでもここを選んだのは、私なりに考えがあってのことです。第一に、エイボンはグローバル企業だった。第二に、独自の販売チャネルがあった。そして第三に、企業再建を経験できた。第四に、以前にやったことのない仕事というのもありました。当時は、こんなふうに冷静に考えたつもりでした。でも、いま考えると、どれも決断の理由の一割でしかなかったですね。転職した理由の九割は、この会社に意義を感じたから。このビジネスモデルに、世界中の女性の人生を変える力があると思ったからです。そこに理屈抜きに惹かれ、私の転機が訪れたのです。

入社したあと途上国を巡り、自社の影響力をこの目で見て、私たち次第で世界中の女性にチャンスを与えられることを確信してからは、さらにやる気が湧き上がりました。なんてやりがいのある仕事なの！　って。

私の強みは、恐れないところです。両親から受け継いだこの資質には、本当に助けられました。これは子どものころからなんです。だから、大胆なキャリアチェンジにも足がすくんだりはしなかった。逆に胸が躍った。それが正しいという確証はなかったけれど、勉強になることはわかっていましたから。もし、この仕事がうまくいかなかったとしても、それは負けじゃないって思っていました。

世の三〇代はじめの女性のなかには、心から情熱を燃やせない仕事に就いている人が、たぶんたくさんいるでしょう。私が意義のある仕事を見つけられたのは、比較的若いときにリスクをとったからだと思っています。仕事を愛せないなら続けるべきじゃない。なにか別のことをやるべきでしょう。

「責任を持つ」とはどういうことか

エイボンでの最初の数年は、自分の能力を超えるような大きなチャンスは目の前にあったものの、まだ右も左もわからない新入りで、やるべきことが山積みでした。こういうとき人間は、仲間と一杯やりながら愚痴る人と、なんとかしてそれに取り組む人に分かれるんじゃないかしら？　ここでどうするかが、キャリアの分かれ目になるんだと思います。とくに若い人にとってはね。少なくとも、私はそうでした。

私は国内のマーケティングを統率していたのですが、あるときから、「海外での成長戦略を描いて、エイボンブランドをグローバル化させるしかない」と確信しはじめました。グローバル戦略を気に入らない人は多かったから、反対派が団結してつぶしにかかるのはわかっていましたが、私は信じる道を進むことにしました。

問題は、自分の考えをどう表明するか、でした。家に帰ると毎晩、その方法を考えました。経営陣にも、ここにこそチャンスがあることをうまく知らせなきゃいけない。このときは、幸いにもCEO兼会長のジム・プレストンが支援者《スポンサー》になってくれました。おかげで、私は経営陣に持論を展開でき、興味を持ってもらえました。

ジムは時代の先を行く人でした。はじめて会ったとき、彼の机の後ろに小さな盾《たて》がありました。見ると、四つの足跡が刻まれている。裸足のサル、裸足の人間、男性のビジネスシューズ、そしてハイヒールです。つまりそれは、リーダーの変遷を示すものだった。正直なところ、そのときは「本気なのかしら」と思いました。エイボンでさえ、役員のほとんどは男性でしたから。

でも、はじめのころから、ジムは私にこう言っていたんです。「いつか女性がこの会社を経営する。そうでなきゃならない」。その言葉どおり、ジムは私の昇進も支えてくれました。はじめて会って以来、彼は私のメンターでもあって、私のためにひと肌もふた肌も脱いでくれたんです。彼にできないことでも私にはできると信じてくれ、私に賭けてくれた。彼の援護射撃がなければ、私はここまで来られなかったでしょうね。そうそう、私がCEOになった日、ジムはその盾をプレゼントしてくれたんですよ。今は私の机の後ろの、同じ場所に飾られています。

支援者を得たことは、本当に幸運でした。「もし三九歳の私に賭けてくれる人がいなければ、私は今この仕事には就いていなかった。私は完璧とはほど遠い。知らないことも多い。でも、彼は私がものになると信じてくれた」。そう自分に言い聞かせています。ジムに比べると、私たちはまだ若い人に充分なチャンスを与えていない。次世代を信じない人は、時代に取り残されるでしょう。

今は、自分の仕事とは関係のないことで、私に連絡をくれたり、会いにくる女性もたくさんいます。最近も、法務部のある社員が、ブランドの問題について意見をくれました。それが本当にずばりと的を射ていたんです。彼女がわざわざ時間をとってその報告書を書いてくれただけでも、すごいことだと思いました。昼間はいつもどおりの仕事をしつつ、別の人から助けてほしいと言われて、責任を持ってそれをやり遂げたんですから。

責任を持つとは、「こうすべきだ」と口を出すことではありません。「こうすれば自分が役に立てる」とか「こうすれば一緒に成果をあげられる」と行動することです。でも、そう信じるには情熱と勇気がいる。組織の成功に必要な真の自己責任とは、そういうことなんです。

〈人生最大の難事業に取り組む〉

私が一九九〇年代に入社したとき、エイボンは三〇億ドル企業で、一九九九年も規模はそれほど変わっていませんでした。それが私の代で、突然八〇億ドル規模になった。そこまでの巨大企業を経営するには、今までと違うものが求められます。人材も、能力も、プロセスも、考え方も戦略も。もちろん、戦略の実行方法もまったく違います。私たちはなんとか先まわりして能力を強化しようと努めましたが、規模の拡大に全然追いつけませんでした。二〇〇五年には、企業規模が現状の能力や投資戦略やプロセスを完全に上まわっていました。私たちにはすべてを変える必要がありました。会社にとっても挑戦ですが、リーダーとしての私にも大きな挑戦でしたね。

二〇〇五年の秋に、あるエグゼクティブ・コーチと交わした会話は忘れられません。そのコーチは、私に厳しく迫りました。「私がCEOだったら〝斧〟を持ってバッサリ切る準備をしているよ」って。ここまでの規模の再建を率いる経営者は、たいていは外部から招へいされます。そういう人のほうが客観的に切るべきものを切れますから。その話をしたのは、金曜の夜八時。彼は私にこう言いました。今日、取締役会にクビにされたつもりで家に帰って、月曜の朝に再建請負人としてふたたび雇われたと思ってほしい――

つらかったけど、私は前を向くことにしました。仕事にしろ個人的なことにしろ、もともと失敗を引きずってくよくよ後悔しつづけるタイプじゃありません。このときも、前を見つめるほうが私には重要でした。これからどうするか？　どう解決するか？

そして月曜の朝、私は人員削減に踏み切りました。友だちも、信頼され愛されるリーダーたちも失うだろうと覚悟して……。まず、四カ月で管理職を三割近く減らしました。この時期に世界中をまわって、数千人の社員にも会いました。人員削減の理由を説明する必要があると思ったし、それを公平に進めると確約しなければならなかったから。

自分がクビになるのは怖くなかったけど、会社が傾くのは怖かったですね。だから、大きな変革ができたんだと思います。とはいえ、楽観的な私をもってしても、この仕事は人生最大の難事業でした。心身ともに疲れ果てて、軽い肺炎にまでかかりました。それでもゆっくりと状況が上向いて、こんなメールも届くようになったんです。「最初はあなたの言っていることが飲み込めませんでした。でも、わざわざ私たちに直接会いにこられる勇気は素晴らしいと思いました。あなたの方向性は正しいと思います。私がそのお役に立てればうれしいですが、もしそうできなくても立て直しには賛成です。それがとるべき道だと思いますから」

弱点を自覚しながらも、信念を貫く

私がCEOになったとき、実家で父がCBSのインタビューを受けたことがありました。そのとき、「娘さんがこうなることを予想なさっていましたか？　娘さんは子どものころからああでしたか？」と聞かれた父は、全国放送の番組なのにこう答えたんです。「思ってもみませんでしたよ。あんな性格でリーダーとして成功できるなんてね」。うちは典型的なアジア人家庭だから、はっきりしているのはいいけれど、攻撃的な態度はいけないと教わってきました。家のなかでは「建設的な対立」なんてありえなかったし、「つばを飛ばして議論する」なんて厳禁だった。だから父は、自分が手塩にかけて育てた礼儀正しいアジア人の娘が、企業経営者になるような性格だとは想像もできなかったわけです。CEOといえば、工場を閉鎖して社員のクビを切る男性だと思われていましたから。

じつは、最初にビジネスの世界に入ったときは、私も苦労しました。会議で元気よく発言するなんてことが、私にとっては文化的に合わなかったから。アジア人ははっきりとものを言うのが苦手なんです。三〇代から四〇代にかけて、その点はかなり努力が必要でした。でも今は、攻撃的になりすぎず、それでいてはっきり自分の意見を言えるようになりました。ときどきやり過ぎることもあるかもしれませんが……

人生最大の転機ですか？　あえて挙げるなら一九九八年でしょうか。会社の業績が落ち込んだとき、まだCEOに選ばれる前ですね。この変革期に自分が必要とされていると思って、私は会社にとどまった。肩書が欲しかったわけでも、CEOになりたかったからでもありません。ただ、自分はこの会社をひとつにまとめ、土台をつくり、方向性を定め、社員をやる気にする手助けができると思ったんです。あのときはじめて、リーダーには困難な時代に人々を助ける責任と特権があることを知りました。私が心の羅針盤に従うべきだと思ったのは、自分のキャリアのためではありません。エイボンへの情熱が、すべてにまさったんです。

それでも、まだ努力しなければならない点はたくさんありました。この仕事は果てしない再生のプロセス、永遠の自己改善のプロセスですから。人は自分のことを褒めてもらいたいと思うものですが、真実を正直に告げてくれる人をまわりに置かなければなりません。失敗したCEOを見ると、いつも自分を客観視できていないことに気づきます。誰かが鋭くつっこみを入れてくれなければ、成長も改善もできない。だから私は、周囲の人の意見は意識的に聞くようにしています。

とはいえ、人の意見をきちんと聞くにも努力が必要でした。私はだいたいすぐに意見を決めがちで、他人の意見が耳に入らなくなることも多い。それで、コーチングもお願いしました。「リーダーが口を開いたとたん、みんなイエスしか言わなくなって、微妙なニュアンスや他人の意見が直接聞こえなくなる。自分の見方しかわからなくなる。だから、いちばん最後に話すほうがいい」と教わったのはそのときです。実際、そうしてみると、微妙なニュアンスを判断できるようになりました。はじめに考えたのと同じ結論になることもありますが、一八〇度変わることもある。私は直感的な人間で、もともと柔軟なタイプですが、耳を傾けるスキルを身につけたことで、より多くのことができるようになったように思います。

リーダーに必要なのは、情熱と共感です。大勢の人をマネージメントできても、メンバーの気持ちを盛り上げられなければ失格でしょう。二一世紀のリーダーには、「継続的な変化と転換」という考え方が欠かせません。成功のカギはＩＱとＥＱを同時に持つこと。最高の人材を採用し、その人たちをやる気にさせ、後ろを振り返らず、自分を心配しないこと。それらを全部ひとつにすれば、正しい目標を持った真のリーダーになれます。偉大なリーダーにね。

大統領より娘を優先した日

私には子どもがふたりいます。私にとって、これはとても大切なことです。シングルマザーとして、私が人一倍頑張っているのを子どもたちは知っています。だから、子どもたちも人一倍頑張って、私がすごくいい母親だと教えてくれるんです。

昔、ホワイトハウスで開かれたCEOのパーティに、女性で私だけが招かれたことがあります。でも、その日は娘がはじめてサマーキャンプに出かける日で、娘はキャンプに行きたくないと言っていました。で、私は思ったの。「ブッシュ大統領は私がいなくても気づかないし、気にもかけないはず。だけど娘は、私がそばにいたかどうかを一生忘れないだろう」って。だからキャンプを優先しました。

これまでの人生に悔いがないわけじゃありませんが、自分の信じるところを貫いていれば、結局はなんとかなるものです。

Part

V

パワーを持続させる

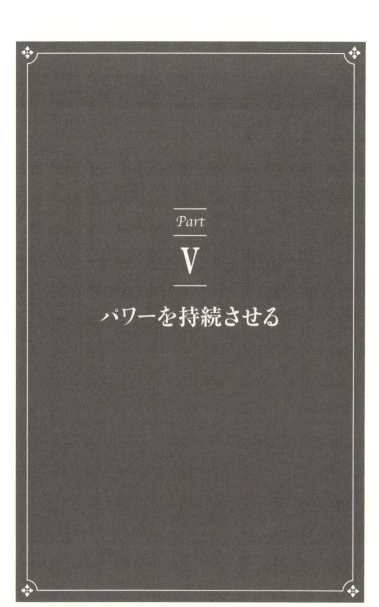

22章 あなたの「エネルギー」はどの程度？

私はディベートが大好き。弁護士になりたての新人が法律論をふっかけてくるときなんて、最高です。私がうきうきしているのが、はた目にもわかると思います。そういう熱意は周囲にも伝染するんです。弁護士って本当に楽しい仕事だわ。

——ジア・ムディ（AZB&パートナーズ創立者）

意義ややりがいを見つけること、考え方の枠組みを変えること、人脈をつくること、新しい環境に飛び込むこと——これらはすべて、あなたの武器になる。そして、ここまで読んだあなたは、その武器を使ってリーダーへの旅に向かう準備ができている。

ただし、あまりにも疲れて動けなかったら、いくら武器があってもどこへも行けない。人を導くには、人一倍の献身が求められる。そのうえ場合によっては家事や子育ても加わる。働く女性の九割は、夫よりも家事の負担が重く、それが日常的なストレスになっている。

ある調査によると、働く女性の二六パーセントは、仕事の要請には二四時間三六五日応える必要があると感じている。一四パーセントは時差のある環境で働くか、時差のある場所にいる人たちを管理している。およそ二〇パーセントは、上司や同僚に合わせて残業しなければならないと感じている。

こんなふうでは、朝は元気いっぱいでも、夜はくたくたになってベッドに転がり込んで当然だ。来る日も来る日も電池切れになり、ぐっすり寝ることだけしか考えられない生活……。でも本当は、この悪循環を断ち切りたいと願っているのでは？

私たちは砂を金に変えることはできないし、一日を二五時間にすることもできない。けれども、なにが自分を元気にし、なにが自分を疲れさせるのかを知ることはできる。それを念頭に置いて、スケジュールを組み直すこともできる。そうするには、ちょっとした勇気と自制心と労力がいるが、いったんできるようになれば、その見返りは大きい。

まずは、ワークライフバランスを見直すところからはじめてはどうだろう。

ほとんどの女性は、ワークライフバランスの偏《かたよ》りが、電池切れの原因だと思い込んでいる。あなたも、仕事でエネルギーを使い、家で充電するものだと思っていないだろうか。ほかの働く女性は、みんなどうやりくりしているんだろう？　と。

でも現実には、必ずしも白黒はっきりわかれているわけではない。仕事が楽しければ気分は上がる。没頭していれば時間を忘れる。逆に家にいて疲れ果てることもある。子どもが泣き叫び、犬が吠え、料理を焦がしてしまい、夫は役に立たない。仕事でも、エネルギーが湧くときと消耗するときがある。それは家でも同じことだ。

女性リーダーたちも口をそろえて、「ワークライフバランスなんて嘘」と言っていた。誰も両立なんてできていない、偏ったバランスを調整する程度だ、と。だからまず、「ほかの女性たちはワークライフバランスのコツをつかんでいて、要領が悪いのは自分だけ」という思い込みは捨てよう。安心してほしい。要領なんてないのだ。

でも、ワークライフバランスなどないとしたら、どうすればいいのだろう？ 私たちが出会った女性リーダーは、睡眠を犠牲にせず、家族も犠牲にせず、仕事だけにすべてを捧げているのでもなく、ちゃんと休暇もとっていた。いったい、どうやっているのだろう？

その第一のポイントは、考え方を変えることにある。「自分がすべてを掌握できていれば状況は安定する」という考えをやめ、代わりに、エネルギーの流れに目を向けるのだ。つまり、あなたにとってなにが重要かに従って、エネルギーの費やし方を考えるということだ。

成功するためにはエネルギーが欠かせない。電池切れになると弱さが露呈し、判断ミスを起こし、人を導く喜びが失われてしまう。だが、このやり方に切りかえれば、もう電池切れにならない。

エネルギーの源、ジュリーの場合

ジュリー・コーツは、ビッグWのゼネラル・マネジャーだ。ビッグWは、一五〇店舗を構え三万人の従業員を抱えるオーストラリアの大手スーパーで、ウールワースの一部門だ。ジュリーには三人の元気いっぱいな娘もいるが、私たちがインタビューしたときにはマラソン大会出場に向けて練習中だった。仕事だけでへとへとになっていてもおかしくないのに、彼女はエネルギーをまるで資産のように投資し、育てることで、成功をおさめていた。

ジュリーの家は酪農家だった。酪農に休みはない。「四人兄弟のいちばん上で、昔からずっと働きづめでした」と彼女は言った。「いつも仕事に追われていましたが、私が八歳か九歳ごろ、父から、『なんでもなりたいものになれるんだよ』と言われたんです。人生はおまえ次第だよって。そのとき、私がやりたいと思ったのは農業です。次は先生を目指しました。オーストラリア初の女性首相を夢見た時期もありましたね。でも、最終的には小売業界に落ち着きました。毎日結果が目に見えるこの仕事が大好きなんです」

小売業界が好きな理由はもうひとつあった。人と関われるからだ。それが彼女にエネルギーを与えていた。彼女は人間を「地の塩」と言う［訳注：聖書に由来する言葉。なくてはならない存在、まわりを引き立たせ健全に保つ存在であることのたとえ］。誰かと一緒に働き、その人のいちばんいいところを引き出すことにやりがいを感じるという。

エネルギーの源はまだある。「まずは娘たちです。結婚して二一年になりますが、私生活に満足しているし、幸せです。それから、仕事の目標を達成することもエネルギーの源になりますね」。

では、エネルギーを奪われることは？「進歩していないと感じると、すぐにぐったりしてしまいます。成果があがっていれば元気が湧く。忙しいほうが元気なんです」

その言葉に嘘はない。ジュリーは人事部長として六年間、大規模な組織再編の先頭に立ち、配送施設の三分の二を閉鎖するという難事業をやり遂げた。本物の対人スキルと、持続的なエネルギーなしにはできないことだ。「誰も解雇せずに四〇〇〇人の人生を変える、それが先決でした。閉鎖した施設もありますし、新設した施設もありますが、私たちはなにより社員を気にかけました。これは今も誇りに思っています。正しいことでしたから」

その後、物流の最高責任者になったが、すぐにまた大問題にぶつかり、二年間、その問題にかかりきりになった。「週に二〇〇万カートンの食糧品を配送する巨大物流センターを、ブリスベンに設置したばかりでした。でも蓋を開けてみると、まったく機能しなかったんです。店舗に物が送れない、その衝撃たるや……。おまけに、誰もその責任をとろうとしませんでした」

ジュリーは、このとてつもない問題を解決しなければならなかった。「私がこの仕事に就いたとき、前任者からこう言われました。『週末中電話が鳴りつづけている状態に慣れないといけないよ。とにかく問題が山積みだから』。それを聞いて私は『そんな状態が続いたら困る。絶対に解決しないと！』って思いました」。彼女はさらに振り返った。「電話をかけてこないように、問題の根っこを絶たなくちゃとも考えました。でも、手伝ってくれる人は多くない。なんとしても上層部を参加させて、問題解決の助けになってもらう必要がありました」

最初の数カ月はストレスが大きく、いつも不安を抱えながら、自分の力を証明しようと必死に働いた。チームをひとつにまとめたのが浮上の転機になった。「私たちは一度どん底まで落ちそうになって、そこからかなりのスピードで回復していきました。みんなで一緒に、どうすれば業績を上げていけるかを、それはもう真剣に話しました。どうしたらうまく協力できる？　お互いになにを期待したらいい？　ある社員は、私がチームの全員にこのバスに乗ってほしいと話したのがいちばん印象深かったと言ってくれました。どうするかは社員の自由ですが、急いで心を決めてほしかったんです。もし気持ちがこちらに向いてないなら、バスから降りてもらうつもりでした。実際、チームの信頼を裏切った数人には、断固とした決断もしました。私は厳しい決断もできる。これも農場で学んだんです」

このときの経験でジュリーは、チームで難題を解決することが、自分のエネルギー源になると気づいたという。「私は正解を知らない。でも、誰かから正解を引き出すことはできます。問題が大きければ大きいほど、人々をまとめて解決することが肝心です。その点、女性のほうが正直に『わからない』とか『誰かにいいアイデアがある』とか、『チームから最高の力を引き出すにはどうしたらいいだろう』と言えるものですよね」

二〇〇八年、ジュリーはビッグWのゼネラル・マネジャーに昇進した。そのとき、まずは前任者に一カ月ついて、彼の仕事ぶりを追いかけた。すると、彼は寝る間もないほどの過密スケジュールをこなしていた。「家族のいる私にはとてもできないと思いました。その人は朝六時半に出勤し、超がつくほど長時間働き、週末も仕事を休まず、仕事のあとにパーティに出席していました。彼の後ろについている間、飛行機に飛び乗り、真夜中過ぎに出張先に着くこともしょっちゅうでした」

このときジュリーは、トップの仕事を再設計することにした。「私に合った仕事のやり方を考え、どうしたら同じ成果をあげられるかと考えたのです。スケジュールを根本から変える必要がありました。たとえば、月曜には経営会議が三時間あり、そのあとに取引の見直し会議が三時間ある。でも、そのふたつの会議で重複する話しあいもあった。違うやり方ができないかと、財務の責任者と相談しました。もっと戦略的にチームの時間を再投資するいいチャンスだとも思いました」

ジュリーは今も超多忙だが、家族や運動に割く時間はある。「朝は八時に仕事をはじめて、金曜、土曜、日曜は家族と一緒に夕食をとります。週末の日中は店舗訪問をしていますが、ショッピング好きの娘たちを連れていくので、家族とも過ごしてます」。ジュリーはいきいきと語る。「『どうやって両立してるの？』とよく聞かれますけど、エネルギーが自然に湧いてくるんです。忙しいほうが仕事がはかどる。エネルギーが湧くと、それがまたエネルギーの源になるんです」

よく見ると、ジュリーはエネルギーの温存も上手だ。多くの成功者と同じく、ものごとの整理が見事で、たとえば、若いころから仕事と母親業の両方を考えてライフプランを立てていたという。「子どもは四つ違いで産みました。おかげで子育てがしやすくて、私も楽です。仕事と両立させるためにお金も投じていますが、そうするだけの価値はあると思っています。私はすぐ退屈してしまうから、もし働いてなければ、アルコールかなにかで心を満たしていたかもしれません」

あなたを「動かすもの」と「止めるもの」を知る

あなたもジュリーのように、超多忙なスケジュールでもエネルギーが自然にあふれ出るようなら素晴らしい。でもそうでなかったら？　そんなあなたに、エネルギーを蓄え、日々補充する方法を紹介しよう。

ある研究によると、エネルギーの源は四つある。身体エネルギー、認知エネルギー、心理的エネルギー、社会エネルギーだ。あなたのエネルギー源を確認するために、次の問いに答えてほしい。

身体エネルギー：基本的なスタミナと気力　今この時点で、あなたはどの程度の元気があるだろう？　運動できるか？　健康的な食事を決まった時間に食べているか？　つねに自分の心身の維持に気をつかっているか？　もしそうなら拍手をおくろう。あなたにはリーダーになる資格がある。自分を気づかうことにやましさを感じる人も多いが、大間違いだ。

認知エネルギー：精神的な活動　あなたはどのくらい素早く集中できるだろう？　どんな精神的活動がいちばんワクワクする？　たとえば、勇敢さや情熱があなたのいちばんの強みなら、喧々《けんけん》諤々《がくがく》の会議を導くことに脳が喜びを感じるのではないだろうか。

心理エネルギー：感情のゆれ　あなたの不安や恐れやストレスのもとになるのはなんだろう？　うれしくて踊りたくなるのはどんなときだろう？　競争が好きな人もいれば、逆に疲れ果ててしまう人もいる。私たちがインタビューした女性の多くは、似たようなことにどっと疲れていた。たとえば、会議中はひとことも発しなかった同僚が、会議のあとで嬉々として噂話をしているのを見たときなどだ。

社会エネルギー：他者とのかかわり、基本的な価値観　あなたはグループ活動から元気をもらうタイプ？　それとも疲れてしまうタイプ？　日々の生活のなかで、強みを活かしている？　意義ある人生をおくっている？　ある女性政治家は「市民の生活を向上させるという目標に向かって努力しているから、出張や超多忙なスケジュールにも疲れ果てることがない」と言っていた。

この四つのエネルギーは、調和している場合もあるが、反対の方向に動くことも多い。たとえば、長い距離を走ったあとは身体は疲れているのに頭は冴えわたっていたりする。睡眠不足でも、少し歩いたり運動したりすると集中力は高まると言われる。同様に、一日中ミーティングが続いて頭が働かなくなっても、チームに影響を与えたことで心は満たされていたり、スピーチの準備で疲れても、聴衆とつながったとたんアドレナリンが湧き、元気が出たりする。

誰でも通用する普遍的な元気の源などない。だが、ほぼ全員に当てはまるエネルギーの源としていちばんに挙げられるのは、睡眠だ。ぐっすり眠ると誰でも元気を回復できる。寝なくても大丈夫と思ったときには、この事実を思い出してほしい。あなたの身体が発するサインに注意を向けていれば、どのくらい眠れば充分かもわかるようになる。人間は、起きている間「短日周期」に反応する。つまり、九〇分おきに覚醒と疲労が繰り返される。休憩が心身に効くのも、長時間座っていると疲れるのもそのためだ。周期の終わりにひと休みすれば、効率よくリフレッシュできるのも大切だ。

それから、あなたがふだんどこからエネルギーを得ているか、どこでそれを消費しているかを知るのも大切だ。最近の出来事のうち、元気になったことをふたつ、へとへとになったことをふたつ挙げてみよう。そして、それぞれについて、先ほど紹介した、身体、認知、情緒、社会の四つのエネルギーが、それぞれどうだったかを書いてみよう。そのときは静かだった？　騒がしかった？　話していた？　考えていた？　こうすることで、なにがブレーキになり、なにがアクセルになるのか、あなた自身のパターンが見えてくるだろう。

小さな気分転換を忘れずに

参考までに、それほど時間をかけずに気分転換ができる方法をいくつか紹介しておこう。あなたに合うものを見つけて、さっそく試してほしい。

●日々の生活に、ヨガやちょっとした運動を取り入れる。ヨガで人生に調和を取り戻し、大きなストレスを乗り切っている女性リーダーはとても多い。

●廊下や外を一日何度か歩く。日光は元気のもと。窓辺に行ったり、外に出たりして陽のあたたかみを全身で感じよう。一瞬、居場所を変えるだけで、疲れがとれたりする。誰かと一緒にひと息入れるのもいい。それだけで気分が変わる。
●情熱を呼び覚ましたいとき、たとえば文書作成など集中力が必要なときに、お気に入りの音楽をかける。ある女性リーダーは、自分が支援する芸術団体の報告書を仕上げたとき、ずっとオペラを大音量で聴いていたと言っていた。
●仕事場に生花を飾り、日に何度かそれを眺める。これは、ある女性リーダーが教えてくれた「誰にでもすぐにできる」リフレッシュ法だ。
●誰かにサプライズで親切なことをしたり、助けてくれた人に感謝の気持ちを示したりする。「親切」と「感謝」は、気持ちを盛り上げる最高の武器だ。これは心理学でも証明されている。そのうえ相手も幸せにする。一石二鳥だ。

エネルギーを奪うことはやめよう

次はエネルギーを温存する方法だ。多くの女性リーダーが実践していたのは、「優先順位をつけ、それを守る」ことだった。場当たり的にスケジュールを変えるのではなく、自分なりのルールをつくっておく。そうすることで、たくさんの活力と時間を節約でき、不安も減るという。

たとえば、毎日の運動をスケジュールに組み込んでおけば、「今日はどうしよう」などと悩んで時間を無駄にせずにすむ。それに、運動を習慣に変えることができればよりラクに続けられるので、エネルギーの節約にもなる。節約した時間を使って、さらにエネルギーを生み出す活動をすることだってできる。

問題は、スケジュールどおりに行動できるかどうかだが、そのカギを握っているのは、周囲の人たちの協力だ。仕事のスケジュールは、できるだけチームのメンバーや同僚に伝えておいたほうがいい。どんなルールで動いていて、どこが限界かをあらかじめ伝えておけば、彼らもそれを尊重してくれる。ワーキングマザーには、決まった時間に家に帰り、家族と夕食を食べると決め、その時間は仕事の邪魔が入らないようにしている人も多いが、そのルールをまわりの人にも伝えておけば、協力をとりつけやすい。ジュリーがしたように、会議のあり方を変えたり全員の活動を変えたりすることで、結果的に企業文化を見直すこともできるかもしれない。

もちろん、緊急事態や予想外の出来事でルールを破ることもある。キーワードは「選択」と「例外」だ。例外を本当に例外として扱えれば、驚くほどエネルギーを節約できるだろう。

最悪なのは、携帯電話やメールに引っ張られて、年中無休の二四時間態勢で仕事をしてしまうことだ。あなたの寝室に携帯端末やパソコンはないだろうか？　四六時中それればかりチェックして、携帯が鳴るとパブロフの犬のように反応していないか？　こうした習慣は、あなた自身が気づいていないこともある。生産性を上げると思っているものが、じつはあなたを疲れさせ、生産性を下げているかもしれない。メールやSNSや電話で時間が細切れになると、集中が削がれ、スケジュールも乱れる。ささいなことに時間を奪われて、やるべきことが片づかない。緊急だからといって、重要だとはかぎらないのだ。

一方、いい習慣に従っていれば、生産性ははるかに上がる。ある小売業界の女性リーダーはこう言った。「昔はいつも携帯端末をベッドの脇に置いて、目が覚めると、すぐにチェックしました。メールに応えることばかりを考えていたんです。でもあるとき、集中すべき人や問題に意識が向いていないことに気づいて、やめました。今は出勤前にたっぷり一時間を準備時間にあてています。その間はオフラインにして、その日の計画を立てる。電話は本当に緊急の要件のときだけにするように伝えています」。あなたがきちんとルールをつくれば、仲間はそれを守ってくれる。

時間管理コンサルタントのジュリー・モーゲンスターンは、あなたの時間を取り戻すための方法として、次のようなことを勧めている。

●メールの着信通知をオフにして、決まった時間にだけチェックする。その日の予定が決まるまではメールをチェックしない。

●手帳の時間割を仕事の種類ごとに仕分けする。「会議」「電話」「重要案件の思考や分析のための執筆」というように。反応が早いことも大切だが、早いだけでは昇進できない。思考の質や管理力はリーダーとして必須の資質だ。

●電話会議のときには携帯をオフにしてパソコンを閉じる。これを実践したエグゼクティブは、数カ月もしないうちにチームメンバーとの関係がすこぶるよくなったという。会議に集中したぶん、積極的にメンバーの話を聞き、問題解決に参加するようになったからだ。メンバーは、その人が以前より気づかいを見せていることや、本物の付加価値を生み出していることにすぐ気づいた。たったひとつ行動を変えただけなのに……

●すべての会議にルールを決める。携帯端末などは持ち込まない。持っていると、ライトが緑から赤に変わっただけで気が散り、机の下でついチェックしてしまう。そういう態度は、たとえあなたにそのつもりがなくても、その部屋にいる人に「自分たちは重要な存在でない」というメッセージだと思われてしまう。電話に出る必要がある場合には、あらかじめほかの人に知らせておく。

このほか、いくつかの作業を同時進行させる「ながら仕事」もやめたほうがいい。忙しい毎日では、そうしないと立ちゆかないような気がするのはわかる。だが、すべてを同時に進めているつもりで、じつは生産性を下げていることは、心理学の研究でも証明されている。

やっていたことを中断（たとえばメールに返信したり電話に出たり）するとき、脳の動きはひとつの活動から別の活動に移動し、そのたびに「切り替えコスト」が発生する。切り替えにエネルギーを使ったぶん、効率は落ちる。一般に、仕事が中断される前の集中力を取り戻すには二〇分かかると言われる。ということは、あなたがその気になれば、数時間は節約できるということだ。

消耗を減らすスケジュールの立て方

エネルギーを温存するには、スケジュールの再構成も効果的だ。エディ・グリーンブラットは、クラブメッドの従業員を観察することで、このツールを開発した。それまで同社の従業員は、面倒でいやな仕事をすべて、午前中のある時間帯にまとめてやっていた。私もそうだが、いやなことは先に全部片づけてしまいたいからだ。だが、それにエネルギーを使い果たして、午後の仕事に入る前にガス欠状態になっていた。そこでグリーンブラットは、より生産的で楽しい一日をおくるには、エネルギーを消耗する活動とエネルギーを生み出す活動を混ぜたほうがいいと考えた。この気づきによって、離職率にも歯止めがかかったという。

じつはジュリーも、新しい仕事に就いたとき必ずこれを実践していた。あなたが毎日疲れ果てているなら、活動をひとつずつ分解して、毎時間エネルギーがどう変わっているかをチェックしてみよう。そのうえで、スケジュールの折々に回復の時間をはさむ。それだけで消耗が減る。

そしてもうひとつ、どんなエネルギー源でも増強できることを憶えておこう。なんらかの運動の訓練をしたり、ヨガやダンスに熱中したことがある人ならわかるように、限界を少し超えるところまで自分を追いつめると、能力は上がる。それは運動以外のエネルギーでも同じだ（ただし、そのためには練習の合間に休憩をはさむのを忘れないように）。

活力は、いつも上がったり下がったりする。それがふつうだ。だが、少し積極的に管理するだけで、「元気のある自分」が維持できるようになる。気力の上下に振りまわされずにすむのは素晴らしい。あなたのためにも、まわりのみんなのためにも。

23章 心身を素早く回復させる工夫

家には仕事を持ち帰りません。完全に切り替えます。リラックスするには、静かな時間が必要ですから。私はこれを「回復時間」と呼んでいます。しばらく静かな時間を過ごしてデトックスし、ストレスを外に出してしまうのです。最近は飛行機のなかが回復時間になっています。夜に暖炉のそばで主人と本を読むときもそうです。

——ジェーン・フレイザー（シティ・グループマネージングディレクター）

エネルギー管理でいちばん難しいのは、「予想外の出来事からどう回復するか」だろう。誰にでも挫折はあるが、その多くはあなたの力の及ばないことだ。そんなときに素早く立ち直る強さが欲しいと誰もが思うはずだ。

こんな経験はないだろうか。家族の祝いごとが間近に迫ってきた。あなたは死にもの狂いで仕事を片づけつつ、その会を思い出に残るものにしようと準備する。なんとかうまくいきそうだ。ところがそこへ、上司が重要なプロジェクトをあなたに投げる。締め切りはすぐ。おまけにその上司は、お祝いの会の前夜に緊急ミーティングを招集した。ストレスはさらに増す。さらに、そんなときにかぎって、あなたの赤ちゃんがひどい風邪をひき、結局、一睡もできなかった。舅《しゅうと》たちは五日間家に泊まる予定だというのに……。もうエネルギー管理などと悠長なことは言っていられない。とにかく目の前のことを切り抜けるしかない。あー、いやだ！　突然、仕事を全部投げ出したくなる――

人は逆境にさらされると、それに対応することにエネルギーを使い果たし、あとの備えがなくなってしまう。どん底から立ち直れるかどうかが成功の分かれ目だとわかってはいても、疲れ切っていると、目の前の壁があまりにも巨大に見える。こんなときには新しいことなどできない。気持ちが追いつかない。いっそのこと仕事を辞めてしまおうかとさえ考えはじめる。目に涙が浮かんでくる……

でも、ここで見方を変えてみたらどうだろう。エネルギーさえあれば立ち直れるのだ、と。立ち直る力があれば、すぐに自分の強さを感じられる場所に戻れるし、また人生を楽しめる。それは自分を支える助けになるのはもちろん、ひいては誰かの役にも立つ。

身体と心は深くつながっている

イーフィー・リーは、いかにも立ち直りの早そうな、オーラのある女性リーダーだ。すぐれたアスリートだったが、その素晴らしい身体能力とスタミナを武器にビジネスをはじめた。そしてMT

Vをアジアに持ち込み、メディアの革新者になった。最近では、アメリカの大手ヘッジファンドのアジア業務を立ち上げ、新たな挑戦に取り組んでいる。

北京で育ったイーフィーは、昔から「なんでもやりたがった」という。北京体育大学の特待生に選ばれたのも、それが理由だったのかもしれない。「およそ一〇〇人の生徒がテストを受けて、翌日に七〇人が落とされました。数日後、また二三人が落とされた。武術チームに合格したのは残った七人だけ。私は九歳でそのチームに入ったの」

武術チームに合格したといっても、すぐに正規のメンバーになれたわけではなかった。「三年間はお茶くみでした。ベンチに座っているだけ。私は勝ち気じゃなく、むしろ臆病で恥ずかしがりだったんです。ベンチからほかの人が勝つのを見たり、歓声を聞いたり、スタンディングオベーションを見たりするのは、とても感動的でした。『すごく気分がいいんだろうなあ。私ももっと頑張ろう！』と思った。そして、必死に努力したものです」

武術の訓練と競技の経験を通して、イーフィーは厳しい規律を身につけていった。それは大人になっても役立ち、人生の荒波を乗り越えるための土台になった。

その後、イーフィーは一三歳で古代武術の一種である虹剣術の全国チャンピオンになり、以来一〇年間チャンピオンの座を保持しつづける。だが彼女は、勝利を楽しむだけでなく、敗北から立ち直ることも学んだ。「ときには負けるほうがいいんです。大学時代はずっと全国チャンピオンでしたが、それはほかの人たちがみんなアマチュアだったから。プロレベルになると何度も負けました。

以前より練習量が減っていたせいもあったと思います。私はこのときに、練習が勝利のカギだということを繰り返し思い知らされたし、いつも勝ってばかりの人なんていないとわかったんです」

そこからさらに練習を重ねたことで、たとえ負けても敗北感を感じなくなった。この心がまえは、のちに仕事で失敗から立ち直るときにも役立った。「どんなときでも、自分を拒絶することはありません」とイーフィーは言う。「この世界は、私たち全員にチャンスを与えてくれている。だから自分を受け入れればいいんです。他人からノーと言われる可能性があっても、私は自分に『大丈夫、できる』と言いつづけます。そうすれば、最後にはだいたいできますから」。彼女はこんな中国のことわざも教えてくれた。「もし神があなたにこの人生を授けてくれたのなら、それを有益に使わなければならない」

イーフィーはその言葉どおりに生きている。たとえば、心配を前向きな力に変えるよう積極的に訓練してきた。「私は、心配になるといつも、『なぜ心配なのか』を書き出すんです。書き出したとたんに、『なんだ、ただ行動すればいいだけじゃない』とわかるから」。なかなか成立しない案件で悩んでいたときも、いつものように書き出した。「それから受話器を取って、相手に電話をしました。つまり、行動することで心配の種を消したのです。これは私にとって最高のセラピーです」

立ち直りの早い性格のおかげで助けられたことは数知れない。韓国のボーイズバンドが出演するコンサートを企画したときのこと。二〇〇〇席の武漢の運動場に、一万人の生徒がつめかけた。大変なことになりそうだった。「その学校の管理責任者はオロオロした挙げ句、バンドの出番三〇分前にコンサートの中止を決定したんです。私たちにとって、それはものすごい損失でした。評判も落ちてしまう。なにより、抗議が暴動になるんじゃないかと心配でした。私は、その決定を変えられそうな人に手当たり次第電話をかけましたが、結局、中止になりました。目の前の問題を解決できなかったのは生まれてはじめてのことで、とてつもない敗北感を味わいました」

だがそのあと、イーフィーはホテルに戻って眠った。「『風とともに去りぬ』のスカーレット・オハラの名ゼリフがあるでしょ。『明日は明日の風が吹く』って。あれと同じ。とにかく何も考えずに寝る。目が覚めたら気分はよくなっています。考えるのはそれからでいい。私は精神的にタフだから、どんな問題にも取り組めるんです」

このときも、翌日に解決策を携えて戻った。決定者たちに、「もっと大きなイベントを企画しましょう。一万席のスタジアムで、あのバンドだけのためにコンサートを開くんです」と伝えたのだ。それは承認され、新しいスポンサーもついて予算も増えた。大失敗と失望を、もっと大きな仕事に変えたイーフィーは大成功した。

だが、彼女にもストレスはある。そんなときは、近しい人から力をもらっているという。ストレス解消に欠かせないのは心の支え。それが元気と前向きさを取り戻す助けになる。夫もそのひとりで、イーフィーに立ち直る力を与えてくれている。「私がもう無理だと思うときでも、彼は『絶対にできるよ』って言うんです。夫は私に、孔子の有名な言葉を思い出させます。『神が試練を与えるときは、最初に身体をさいなむ。それから心に試練を与え、たくさんの失敗を与えて、より強い人間にする』。失敗や挫折に出会ったら、神様がその先により大きな仕事を与えてくれるってことです」

あなたに合った「立ち直り法」を見つけよう

イーフィーは、素早く立ち直るための方法を書きとめた長いリストもつくっていた。そこには、すでに紹介した「心配事を書き出して対処する習慣をつける」や「必ずぐっすり眠る」のほかに、「いつも身体を健やかに保つ」「自分を否定しない」「支援してくれる人の輪を大切にする」などいくつもの対処法があった。

あなたも、こうした自分なりのコツを心得ていれば、難題が起きても乗り越えられるだろう。私たちがインタビューした女性リーダーはみな、昇進のチャンスを逃したり、業績がひどく落ち込んだり、クビになったりと、数々の挫折を経験していた。そこから立ち直るには時間と気力が必要だったが、全員が自分なりに立ち直る工夫をしていた。

あなたは、これまでにどうやって立ち直ってきただろうか？　最近そんな覚えがなければ、若いころの経験でもいい。なにがあったのか、そして立ち直りの助けになったのはなんだったかを書き出してみよう。前章で述べた四つのエネルギー（身体、認知、心理、社会）をヒントにして考えてもいい。そのときそばにいたのは誰か、その人たちはどんな役割を果たしたのか。役に立ったこと、立たなかったことの両方を思い出してほしい。

それがすんだら、今度はなかなか立ち直れなかった経験をひとつかふたつ思い出し、さっきと同じように書き出してみよう。この場合、なにが違っていたのだろう？　思い出す際は、立ち直りのきっかけになったこと（または、なかなか立ち直れなかったのは、なにが欠けていたからか）に注目してほしい。たとえば次のように。

- 充分な睡眠と健康に気をつけた。定期的にジムにも通った。おかげで、落ち込みを乗り越えるスタミナがあった。
- 家族や友人の支援の輪があった。私の風向きがよくても悪くても、私のことを信じてくれる人たちがいた。
- 起きたことを正確に診断できた（私を指導し、導いてくれる人たちとの会話を通して、正しい診断ができた）。
- 立ち直るための行動計画を立てたらやる気が出た。
- 職場に影響力のある支援者《スポンサー》がいて、私が立ち直るのを助けてくれた。

こうした助けは、次の逆風に備えてつねにあるほうがいい。ものごとがうまくいっているときは、誰でも輝いて見える。だが人々の記憶に残るのは、ものごとがうまくいかないときにあなたがどう行動したかのほうだ。人生に挫折はつきもの。失敗を悔やむより、どう立ち直るかのほうがはるかに重要だ。

「心身回復」は習慣に

一日のルーティーンのなかに、回復の仕組みを組み入れることも大切だ。エネルギーを消耗するばかりの日々が何カ月も続くと、誰だって燃えつきてしまう。難しい任務でも忙しいスケジュールでも、はじめのうちはやる気が湧くかもしれない。だが、エネルギー補給を忘れていると、気づかないうちにスタミナや回復力が失われていく。

やっかいなのは、自分ではその変化に気づかないことだ。たいてい、まわりのみんなも同じような状態にあるからだろう。それではいずれダウンしてしまう。いつもなら元気になれたのにダメだった——そうなってはじめて、自分が燃えつきてしまったことを自覚するのだ。

チーム全員が無我夢中で働いているときは、とにかく注意が必要だ。こんなときは、家族のことまで忘れがちになる。寝食を忘れてしまうことさえある。よくない症状だ。あなたがチームリーダーなら、早目に警戒信号を察知する努力をしよう。メンバーが自宅に電話をしなくなったり、何日も続けて徹夜しているようなとき。あるいは、深夜や早朝のメールが習慣になり、いつも週末まで仕事を持ち越し、日曜の電話会議が常態化しているようなときは、すぐに改善の手を打つこと。あなたには、自分とチームを守る見張り番であってもらいたい。

ひどい風邪でダウンしてしまったら、何かのサインかもしれない。昼夜なく働いていたせいで、電池切れになってしまった可能性がある。スケジュールが分刻みでびっしりと埋まり、それが永遠に続いて終わりが見えないときも赤信号だ。そんなときは、三〇分でもいいから自由時間をスケジュールに組み込んで、回復に努めてほしい。

アスリートから学べること

イーフィーはアスリートとして訓練してきたおかげで、敗北から立ち直る強さを身につけた。でもあなただって、すぐれたアスリートのワザを身につけることはできる。

成果に関する研究が専門の心理学者ジム・レーヤーは、なにが真の偉大なアスリートをつくるのかを探るため、テニス選手を調査した。だが、著書『成功と幸せのための4つのエネルギー管理術：メンタル・タフネス』にもあるように、プレー中の選手を観察しても違いは見いだせなかった。偉大な選手とほかの選手を分けたのは、プレーとプレーの間の行動だったからだ。

ある選手は、必ずベースラインまでゆっくり歩いていた。集中する間を数秒とる選手もいれば、プレーをはじめる前にひとりごとを言う選手もいた。その行動はさまざまだったが、そうした選手たちの心拍数は二〇以上も下がっていた。彼らは回復のテクニックを戦略的に使ってエネルギーを補給し、集中力を上げていたのだ。それが、彼らを勝利に導いていた。

素早く回復するテクニックは、人によって違っていい。また、必ずしも身体的なことでなくてもいい。ある女性リーダーは、飛行機に乗っている間は回復のための静かな時間と決めて、働かないことにしていた。一、二時間ほど仕事を抜け出すようにしている人もいた。その女性は、その時間に子どもたちと過ごしたり、美術館で息抜きをしていた。廊下に出て、同僚とおしゃべりするという人もいた。どれもたあいのないことだが、効き目がある。あなたも自分に合ったやり方を工夫してみよう。

エネルギー補給になにが役立つかがわかりはじめたら、それを毎日のスケジュールに組み入れるのもポイントだ。その新しい行動は習慣にしてしまおう。習慣にすれば、緊急事態が起きても立ち直りが早くなる。歯磨きと同じで、絶好調でも、どん底でも、毎日やるといい。それができれば、もう電池切れになることもなくなる。

仕事に人生を奪われないために

仕事に生活を乗っ取られてしまった経験は、多くの人にあるはずだ。その原因は、いい仕事をしたいという強い思い、責任感、ほかの人のお荷物になりたくないという気持ちなどさまざまだ。仕事に熱くなり、極度に気持ちが高まることもある。一週間、一カ月、ときにはそれ以上も没頭して、時間の感覚を失ってしまうことさえある。働いている以上、誰にでも、いつでも、そんなことが起きる可能性はある。だが、そんなことをずっと続けてはいけない。だから、あらかじめ備えておくことはとても大事だ。

ここに、具体策をいくつかを挙げておこう。

支援ネットワークを育て、広げておく　あなたが自分を見失いそうになったとき、友人や家族が教えてくれるように。家族や友人は最高のセーフティネットだが、その関係は日頃からきちんと維持しておかないと、いざ逆風に直面したとき頼れない。

運動する習慣をつける　これは、どれほど強調してもしたりない。運動は楽しみのためだけではない。よい仕事のためでもあると心得よう。

充分な睡眠をとる　自分の睡眠パターンを観察し、乱れないようにする。睡眠不足を補えるものはほかにない。放っておくと人格が変わってしまいかねない。それくらい重要。

一週間のどこかに、創造性を刺激する時間をつくる　子どものころの自分に戻るような時間を持とう。創造力の源はあらゆるところにある。芸術とはかぎらない。料理でもいい。手芸でも工作でもいい。あなたのなかにある創造力を呼び覚まし、育てよう。それが、長期的なエネルギーの維持になる。

休みをとる　休みをとらないで働きつづけるのは、少しもいいことではない。女性リーダーには、エネルギーが枯渇したときに海外旅行をする人が多かった。たしかに、新しい世界にふれ、冒険すると元気が出る。また、農場で過ごし、ひとりで平和な時間を楽しみ、農作業に没頭するのが好きという人もいた。自分はどんな休暇の過ごし方が気分転換になり、アイデアが冴えるのかをよく考えよう。そして、そのように過ごしてみよう。

歌を歌う　バスタイムだけではなく、いつでも、どこでも、歌ってみよう。音痴でも気にしないで！　大声を出して、好きな歌を歌おう。

グループに参加する　どんな活動でも、参加することで元気が出る。趣味のグループ、地域貢献や学校時代の友だちのグループ、女性運動のグループ、なんでもいい。

毎日を楽しむ　たとえば一〇分ほど友だちに電話をして冗談を言う、それだけで、かなりリフレッシュできる。なにかいつもと違うことを、ちょっとだけするのもいい。春の陽気のいい日にチームを外に連れ出してもいい。チームミーティングで笑えることをしてみるのもいい。

キャリアの旅はマラソンだ。苦しい上り坂もあれば長く平坦な道もある。個人としての喜びの瞬間もあれば、みんなで成功を祝うときもある。ゴールにたどり着くことは大事だが、それだけが目標ではない。訓練も忍耐も、あなたの強さや回復する力も、すべてを楽しもう。

24章 一度は「フロー」を体験しよう!

一九七五年五月四日の踊りを、私は今も憶えています。あのときの私は、言葉にできないほど軽やかで、キラキラと輝いていました。八〇〇人の観客がひとつになりました。誰もぴくりとも動きません。誰かがこう言いました。「一瞬、天から光が射していた」。それは、サンスクリット語でラサと呼ばれるもので、最上の美を経験する瞬間です。エネルギーの流れと言ってもいいでしょう。人生は流れ。呼吸も流れ。流れが止まると、人は死んでしまいます。

——ソナル・マンシン(古典インド舞踏家)

なんの苦もなく仕事に乗れる。時間を忘れてしまう。エネルギーがかぎりなく湧き上がってくる。高揚する——あなたは、そんな経験をしたことがあるだろうか。一度でもそんな感覚を知ると、誰でももっとそうしたくなる。それが「フロー」だ。

シカゴ大学の心理学者ミハイ・チクセントミハイは、どんな人でも、アスリートや音楽家のように「流れに乗った」忘我の境地になれることを発見し、それをフローと呼んだ。真っ白なキャンバスに筆を入れているときの画家の感覚、試合中のテニスプレーヤーの感覚……。どんな職業の人でも、その感覚になれる。工場労働者でもだ。フローは新たなエネルギーを生み出す。ただ、残念なことに、実際にはほとんどの人が、ほんの一瞬しかそれを経験していない。

もし、フローの状態をもっと経験できたら、エネルギーを増し、偉大な成果をあげるなによりの方法になるはずだ。

天職を見つけたリンダの経験

リンダ・ウルフは、世界最大級の広告代理店レオ・バーネットの元会長兼CEOである。同社で二七年間キャリアを積み、現在はウォルマートなどの取締役として充実した日々をおくっているが、今もフローの感覚とそれがもたらす力を思い起こすという。

リンダが子どもだった一九五〇年代、父親が娘を職場に連れていったりすることはまずなかった。でも、リンダの父親は違った。家族で食事をしているときも、しょっちゅう面白そうに仕事の話をしてくれた。また、リンダと兄を区別せず、いつも同じように接してくれた。

母親はリンダに女の子らしい夢を持ってもらいたいと願っていたが、そうはならなかった。「母は、私を難しい子どもだと思っていたでしょうね。なにしろ独立心旺盛でしたから。母の期待は、私には合っていなかったんです」

幼いリンダは、新しいことを学ぶたびにワクワクした。どんなささいなことにも興味を持った。「昔から、なんにでも好奇心をそそられました。人にも、場所にも、物にも興味を持って、そこからたくさんのエネルギーをもらいましたね」。彼女はこうも言った。「そんな経験が私に力を与えてくれました。なにかを学んでいるときは、生きているっていう気がします。フルタイムの仕事を引退した今でもまだ、なにかに挑戦したいと思っているんですよ。そういう性格なんです。好奇心が止まらなくて。朝も起きるとまず、『今日はどんな新しいことに出会うだろう？ どんなふうに違う一日を過ごせるだろう？』って考えます」

大学三年のときには、一年間マドリッドに留学した。一九六七年のことで、大学の友人は信じられないと言っていた。「親戚に旅行好きの人がいて、私にいろいろ旅の話をしてくれたんです。それで、私も自分の目で見たくなって」

その旅でリンダは成長した。「一年間で自信が持てるようになりました。一度、フランスで迷子になったんです。フランス語もしゃべれないのに。しかも朝の二時。当時は携帯電話もない。おまけに一銭も持っていなかった。自分でどうにかするしかありませんでした。ほかにも、そんなことがいろいろあって、自分には問題を解決する力があると思えるようになっていきました。なんとかなるという経験をたくさん積むことは大切ですよ。自信が生まれますから」

大学を卒業すると、ニューヨークで市場調査の会社に入り、その後シカゴに転勤になった。そこで恋に落ち、結婚し、ピッツバーグに引っ越した。ピッツバーグではハインツに入社し、市場調査の仕事に就いた。

転機が訪れたのは一年後だ。ハインツでブランドマネジメントの仕事を提示されたとき、大手広告代理店のレオ・バーネットからも引き抜きの話がきたのだ。「ブランドを担当するか、クライアントを担当するかは、同じコインの裏表。決心がついたのは、広告代理店で私を面接してくれた女性のおかげです。彼女は、営業の仕事についてこう話してくれました。『本当に成功したいなら、クライアントの求めていることを予期しないとだめ。クライアントにいいアイデアを提案することが必要よ。最先端の場所に自分を置かないと』。それを聞いて、『そこにいきたい。たくさんの人を連れて前に進むような仕事をしたい』と思ったんです」

夫は驚いたが、リンダはシカゴに戻り、新しい仕事をはじめることにした。「とても優秀な人ばかりでしたが、すごく傲慢で、ちょっと真面目すぎるとも思いました。収入も責任も減りました。でも、研修プログラムは素晴らしかったですよ」

当初は、数年したらスキルを身につけて辞めるつもりだったのに、結局、引退までそこで過ごすことになった。「なにが元気のもとか、なににやる気になるか、ということに尽きますね。私ははじめからこの業界が大好きでした。多様な人と多様な機会を楽しめますから。ひとつの食品会社で二〇年間過ごしたら、きっと退屈していたでしょう。そういうのは性に合わないんです」

リンダの元気のもと、それがフローだった。創造性と問題解決とライバルとの競争という組みあわせが、フローを生み出していたのだ。「新規顧客の獲得に向けて努力しているときに、存分にフローを味わったことが何度かありました。私にとって究極の喜びです。フローって、増強剤のようなものですね。チームにはクリエイティブ、メディア、マーケティング、営業と、多才なメンバーがいます。新規顧客獲得の際には、そのなかの精鋭が集まって、みんなで難題に取り組む。そうしているうちに、時間がたつのも忘れ、我を忘れて没頭する。まさにフローです」

彼女はフローの効用をこう語ってくれた。「フローは、さまざまな出来事がひとつになって生まれます。個々の事柄ではありません。フローが訪れると、神経のすべてが活動しているように感じるんです。集中力が高まって、周囲のあらゆることに敏感になる。非常に稀な体験ですが、気持ちがあまりに高揚しすぎて、プレゼンテーションが終わってもなかなか元の状態に戻れないときもありました」

広告は、リンダの情熱と強みが活きる業界だった。彼女は好奇心旺盛なうえに負けず嫌いだった。目標を立てて達成するのも好きだった。そして、人が大好きだった。広告はそんなリンダが満たされる業界だった。

さらに、新規顧客の獲得こそ自分の理想の仕事だと、リンダは自覚するようになった。「以前に新規顧客の営業をして、化粧品会社を獲得したんです。その経験が楽しくて、新規顧客獲得をやらせてほしいと手を挙げました。みんなからは『やめたほうがいい』と言われました。実際、レオ・バーネットは新規顧客なんて開拓する必要がなかった。クライアントは向こうからやってきましたから。でも、私は市場の変化を感じていた。だから、上層部にやらせてほしいと頼んだんです」

リンダは、チームメンバーとともに、誰もが感心するほどすぐれた事業計画をつくりあげた。だが、そのときはフローは起きなかった。「初年度は、ほとんどすべての競合プレゼンで負けました。勝ったのは一度だけです。みんなが注目していたのに……。悲惨な結果でした。広告業界では、競合プレゼンで負けるとすぐに評判に関わってきます。そうすると、社員のやる気も失せてきます。それらすべてが、私の肩にかかっていたんです」

とはいえ、負けず嫌いなリンダはあきらめなかった。「広告は厳しい業界です。子どもも夫もいた私にとっては、本当に毎日ハードでした。でも『あきらめる』とは一度も言いませんでした。そんなのは私らしくない、と思ったから」

もちろん、平気だったわけではない。「悲しみにも浸りましたよ。でも、それは一瞬だけ。すぐに気を取り直しました。私は、なにがあっても『どうにかなる』と思える。いつまでも落ち込むってことがないんです。私をコントロールできるのは私だけでしょ。だから、よし！ どうしたらうまくいくか考えよう！ って思うんです」。幸い、リンダには家庭に最大の支援者がいた。「夫からも、しっかりしろ、試合に戻れと言われました。彼の言うことはだいたい正しいんです」

試合に戻ったリンダは、必死に頭を使い、解決策を模索した。事実を把握し、売り込み方を修正した。「解決策といっても、常識的なことがほとんどでしたけど。とにかく翌年は、一件を除いてすべてのプレゼンで勝ちました」

そんなわけでリンダは、「たまには瀬戸際に立たされたほうがいい」と言う。「能力を試されますからね。私、ディズニー・ワールドにもプレゼンしたことがあるんです。これまで一度も代理店を使ったことのない人たちですが、ありがたいことに私たちをすごく気に入ってくれました。ただ、雇いたいのはクリエイティブとマーケティングチームだけ、媒体は必要ないって言われてしまった。強硬に粘りましたよ。媒体も込みでないと仕事ができないって。うちのCEOはハラハラしながらも、私を支持してくれました。あれはかなりきわどい交渉でした。二週間後、ついに彼らのほうから折れてくれたからよかったものの、下手をすればすべて断られていたかもしれません」

リンダのように、自分の能力の限界を試される仕事に没頭するとエネルギーが湧いてくる、という人は少なくない。だが、フローが起きる理由はそれだけではない。女性リーダーたちがこれまで最高の経験を語ったとき、いつも最初に口を出たのは、素晴らしいチームと意義ある目的を共有できたときの話だった。メンバー全員の息がぴったり合って燃えているとき、ふだんは感じられない大きな集中力と充実感を得た、と誰もが言った。その喜びこそ、フローだ。

フローを体験するための五条件

フローの状態にあるときは、知性や情緒や精神が刺激されるだけでなく、脳の機能も変わる。このことは科学的にも証明されている。フローのときに発生する脳波は、意識と無意識をつなげ、無意識の考えが表に出るという。その一方、仕事で使う意識的な思考は休息する余裕ができる。言い換えれば、だからこそいつもと違う感覚が生まれ、いつになくクリエイティブになれるのだ。

では、どうすればフローの状態になれるのか？　チクセントミハイは、次の五つを条件に挙げている。

①明確で達成可能な目標を持つ
②ひとつの課題に極度に集中する
③モチベーションが備わっている
④その挑戦が能力に見あっている
⑤すぐに結果がわかる

明確な目標がなければ、フローを経験することはできない。リンダの目標は、できるだけ新規顧客を獲得することだった。すべてのプレゼンに必ず勝つという目標だったらフローは訪れなかっただろう。さて、あなたはどうか？　あなたをやる気にさせ、ワクワクさせるのはどんな目標だろう？　今は手が届かなくても達成可能な目標とは、どんなものだろう？

二番目の条件は集中だ。強く集中すると、ふだんは働かない脳波が生じる。だが、そうなるためには気が散ることを排除する必要がある。一五分あればフロー状態に入ることができると言われている。一定の時間をとって、その間は邪魔が入らないようにしてみよう。

三番目の条件はモチベーション。やってみるとわかるが、やる気が出ないとき、心から前向きな気持ちになっていないときは集中できない。何かに没頭するときは、それがあなたの情熱を解き放つものでなければならない。

もちろん、四番目の条件にあるように、まったく不可能な挑戦を掲げても意味はない。不満がつのり、さらに気持ちが落ち込むだけだ。

条件の五番目、結果がすぐにわかることもとても大切だ。リンダの場合、チームのプレゼンの結果は、その仕事を獲得できたか否かですぐにわかった。そして、それが彼女の負けん気に火をつけていた。

以上を踏まえ、あなたがまずすべきは、今の仕事のどの部分にいちばん充実を感じているかを確かめることだ。顧客と会うこと？　チームを導くこと？　難しい問題に取り組むこと？　自分に合った仕事ではないのなら、どんな仕事なら自分に合っている？　続いて過去を振り返って、最高の経験を思い出してみよう。そして、なぜそれが最高の経験だったのかを分析しよう。そのうえで、いま同じような経験をするには、どんな環境をつくればいいかを考えよう。チームの全員にそれを経験してもらうにはどうしたらいいかも考えよう。

18章に登場したシェリー・ラザラスは、フローの感覚になるのがなにより好きで、そうなるためなら給料もいらないとまで言っていた。フロー状態になれば、仕事は最高に楽しくなる。「楽しくてつい働いてしまう」、そんな感覚を、あなたもぜひ味わってほしい。

25章 限りないエネルギーを得るために

二〇〇一年九月一一日、マーガレット・ジャクソンはオーストラリアの航空会社、カンタス航空の非常勤会長として一年を終えたところだった。しかしその日、世界貿易センターとペンタゴンが攻撃され、すべてが変わった。先の見えない日々は、彼女が退く二〇〇七年まで続いた。マーガレットはそのなかで、ストレスと不確実性に対処する方法を学んでいった。

この章では、マーガレットの話を紹介しよう。

「女性は採用しておりません」

四歳のときに、田舎町の公立校に入りました。そう、就学年齢よりもずいぶん早くに入学したんです。その学校には、それまでたった六人しか生徒がいなくて、三〇歳ごろまではずっと、貧乏な公立校に通ったという思い出しかありませんでした。でもその後、あの学校が私という人間の土台になったことに気づきました。もちろん、同じ学年の子は誰もいませんでした。八人の生徒に教師はひとり。ですから、校則もまったくありませんでした。仕事に就いてからはじめて、あれをしなさいとかこれをしてはだめというルールや規則を知りました。なじめませんでしたね。世界に限界はないと思っていましたから。

一〇歳で、もう高校に入学していました。その高校で、とても博識な美術の先生に出会いました。木工や溶接や、女子向きではないはずのいろいろな技術を教えてくれました。大学では、最初は教師を目指したものの、同級生の何人かが会計士の仕事に応募しているのを見て気が変わった。「私も夏休みのアルバイトに応募して、どんなものか試してみよう」と思ったんです。応募の手紙をあちこちに送りました。でも、「申し訳ありませんが、女性は採用しておりません」って返事が来て。だめだと言われたら、かえってやりたくなりました。一九七〇年代のはじめ、オーストラリアの会計事務所で女性を雇っていたのは、プライスウォーターハウスくらいでした。だから、まずそこで働いたのです。

私の仕事人生を思い返すと、二年か三年おきに、なにか新しいことに出会っていたように思います。驚くようなことがいくつかありました。すてきな思い出もたくさんあるはずなのに、いちばん記憶に残っているのは嵐の思い出ばかり。平穏な時期を憶えていない。性格なんですね。だけど、自分のキャリアを振り返ると、大失敗したことやうまくいかなかったことこそが、なにより素晴らしい転機になったとわかります。

私は変化を好み、挑戦を好み、複雑さを好みます。複雑な状況を解決するのに長けているとも思っています。たぶん、人間ドラマがある場所や、複雑な環境でこそ力を発揮できるタイプなんです。未来を考えるのが好きですし、誰も見えない未来に向けて組織を準備することも好き。そんな仕事に興奮します。

同時多発テロの指揮官になって

同時多発テロが起きたとき、私はカンタス航空の非常勤会長でした。夜中に起こされて、飛行機がミサイル替わりに使われたと知らされました。この悲惨な事件で、世界中の空港が大変な問題を抱えることになりました。

カンタス航空の三五〇〇人の乗客は、アメリカで足止めされました。オーストラリアでも、三五〇〇人のアメリカ人乗客が足止めされました。ちょうどオーストラリア首相がワシントンを訪問中で、首相をオーストラリアに連れ帰らなければならなかった。そのうえ、よりによって九月一二日にオーストラリア第二の航空会社が倒産して、操業を停止しました。オーストラリア国内では、一〇万もの人が足止めにあっていました。とてつもないストレス、このうえなく複雑な状況でした。

会長だった私は、このきわめて複雑な一連の状況のなかに、飛び込んでいかなければなりませんでした。経営陣とのやりとりは、今もはっきりと憶えています。彼らも私もストレスを抱え、神経をとがらせていました。二四時間休みなく働いていると、五分おきにミサイルが発射されるような感覚になるんです。次になにが起きるかわからない、という感覚です。首相、各省の大臣、その他の政治家たちも、同じように懸念していました。

そんな混乱のさなかのある夜、帰宅した私は、庭のプラムの枝を剪定《せんてい》しようと思い立ちました。これまで剪定などしたことなかったのに、家に帰ったら、なぜかそうしたくなったんです。梯子《はしご》を出して、はさみを持ち、枝を切りはじめました。主人が帰宅したときは、三分の二の枝が地面に落ちていたそうです。「なにをやってるんだ?」と主人が聞いた。そこでやっと、自分がなにをしているのかわかってないことに気づいたんです。自分のなかで、緊張が膨れ上がっていたんですね。我に返ったら、気持ちが楽になりました。

そのあと、合点がいきました。「そうか、身体を使って緊張を外に出したんだ」って。後日、シドニーに行ったとき、ストレスのたまっていた経営陣にこの話をしました。職場でも自宅でも、空まわりしているような気持ちになることは誰にでもある、と。すると、なんと全員が、自分の話をしはじめたんです。ある人は車で家に帰ると、道の左側にあった木を右側に変えたくなって、シャベルを出して木を植え替えたと。驚くほどたくさんの人が、衝動的に身体を動かした話をしてくれました。会長の私が打ち明け話をしたので、まわりの人も話す気になったんでしょうね。それでまた、多少はストレスが発散されました。

〈未曾有の経験で得た教訓〉

世界貿易センターに飛行機がつっこむのを見たとき、私もみんなと同じように、とても現実のこととは思えませんでした。そのあとやっと、「私は航空会社の会長だ。CEOも経営陣も、やるべきことが山ほどある。どうしたら私が役に立てるだろう？　経営陣のプレッシャーを取り除くには、どうしたらいいだろう？」と考えました。国や政府との交渉は、すべて私が責任を持ちました。警備のことから首相とのやりとりまで、複雑な問題はとにかくすべて引き受けた。それはもう、まるで永遠に止まらないローラーコースターのようでした。「ああ、今日をなんとか生き延びた」と思うとなにか別のことが起き、さらにまた、別のことがなにか起きるんですから。

シナリオプランニングという手法では、たいてい一回の演習にひとつかふたつの惨事を組み入れますが、九・一一以降は二〇もの惨事が起きました。一難去ってまた一難の日々です。それでも、立ち向かいつづけるしかありませんでした。休む暇などありません。ひと息つくこともできません。未曾有の状況でした。

私たちの対応も、いつもと違っていました。ふだんなら、航空会社は大量の情報に基づいて慎重に決定をくだします。たとえば新しい飛行機を買うときなどは、一年半以上査定をするんです。取締役会を何度も経て、スプレッドシートを何千枚もつくります。財務をきちんと整理して、どこに飛行機を飛ばすかも決めます。でも、通常なら何カ月も何年もかけて決めるようなことを、あの時期は数週間で決めていました。しかも、同じ場所に集まる時間がなかったので、いつも電話会議で。二〇パーセントの時間で八〇パーセントの情報が得られたらそれでよし、としました。拙速《せっそく》でもかまわないという文化を許す必要があった。時間がなかったから。「決定をくだして、それが間違っていても仕方がない。次に行くしかない。次の決断をくだそう。くよくよしてもしょうがない」ということにしなければ、とてもじゃないけどやっていけませんでした。

全員にとって、まさに得がたい経験でした。その最中のある日、サッカーの試合を観戦しようとスタジアムに着くと、首相から電話がかかりました。また緊急事態が起きていたのです。結局、試合中ずっとトイレで過ごすことになりました。携帯電話が聞こえるのがそこしかなかったから。CEOに電話をかけ、運輸大臣に電話をかけ、首相に電話を返し、それからまたCEOに電話しました。情報を集め、決定をくだし、決定を行動に移し、ふたたび情報を集める……。あのころは我を忘れていました。

混乱がおさまるまでには長い時間がかかりました。会長を務めた七年半の間に、同時多発テロ、ライバル航空会社の倒産、バリでの爆破テロ、数度の自爆テロ、鳥インフルエンザ、SARS、イラク戦争がありました。燃料も市場最高値まで高騰しました。記録的な通貨変動もありました。機体の模様替えがあり、エアバスA380の納期遅れもありました。とにかく際限なく問題が起きていた。「継続的ショック症候群」なんて名前をつけたほどですよ。

あの時期を生きたことで、私は経営者として変わりました。あんな環境では、くよくよ悩んだりじっくり考えたりしてはいられません。というか、じっくり考える必要なんてないと気づくんです。初期段階でおおよその情報を得たら、自分の勘とまわりの人間を信じるしかありません。まわりの人が難題に立ち向かわないなら、それができる人を探したほうがいいでしょうね。

極度の緊張のなかで続けたこと

一方で、私はこのとき、過去の大変だった時期の経験から学んだ原則に従っていました。すなわち、きちんと食べること。そしてしっかり寝ること。休みをとること。運動することです。

身体を動かすことは本当に大切です。極度の緊張とエネルギーを抱えていると、躁状態になりがちで、気持ちを落ち着けるのが難しくなります。それに、そんな状態に慣れてしまうと、なかなか落ち着いた状態に戻れなくなるんです。あのころ私は、よく無意識のうちに小走りになっていました。時間を節約しようとしていたのでしょう。大らかでありたいと努力していたのに……。家族にもイライラしていたはずです。自分が他人にどんな影響を与えているか、自分ではなかなか気づかないものなんです。

大学生のときからずっとヨガを続けていたのも、この時期を乗り切る大きな助けになりました。自分がものすごく緊張していると気づくたびに、ヨガの呼吸で気持ちをリラックスさせました。瞑想を通して、内なる平和を得たときの喜びも何度か体験できました。私は自分を愛しています。人として満足しています。なにもしていなくても充実を感じます。「どうしてこんなにあれもこれもやるハメになってしまったんだろう」と思うこともありましたが、やると決めたらやる性格なんです。一歩踏み出せば次につながります。ひとつの扉が閉まると、不思議と次の扉が開くものです。

自分を取り戻すもうひとつの秘訣は散歩です。散歩は本当にいいですよ。歩くリズムが身体にいいのかもしれません。赤ちゃんをゆらすような感じで。散歩に出ると、頭のなかにたくさんのことが浮かんでは消えていきます。正解はわかりません。でも、家に戻るとリセットされています。

ひと休みも、あなどれませんね。リフレッシュできる活動もいい。私は長年写真を撮りためてきました。昨年は絵画にも挑戦しましたが、どちらもすごく没頭できる。夢中で描いて、はっと自分の作品を見て、「どうやって描いたの?」と思うことがあるほどです。その間のことはよく憶えてない。で、次の瞬間、「すごい、私が描いたんだ」ってうれしくなるんです。クリエイティブなことをするのは、本当に楽しいですね。

ある失敗

でも、よく考えたら、仕事でも私はいつもクリエイティブでした。会長として最後の年に、このことを裏づけるような経験をしました。私が入院している間に、カンタス航空が買収の標的になったのです。やるべきではなかったのですが、このとき私は、病院でメディアのインタビューに答えました。それをメディアが大々的に報道しました。

インタビューが終わった直後に、自分が少々相手に対して攻撃的すぎたことに気づきました。失礼な言葉づかいではありませんでしたが、物議をかもしそうな言い方だったと思います。なにしろ疲れていて、薬もたくさん飲んでいました。具合が悪いときは少し投げやりになって、「いいわ、私にはやることがある。責任がある。会長だから。やるべきことをやらなくちゃ」と思ってしまうのです。

要するに、私は判断力を欠いていました。そのジャーナリストは、インタビューのはじめに私が食いつくような餌をしかけました。真実でないことを挙げてCEOを批判したのです。ふつうなら反応しませんが、このときは怒りがこみ上げてきました。それまでの不満と、病気でのイライラと、今回の乗っ取りに対するメディアの扱いへの不信が一気に吹き出したのです。

インタビューのあと、私はCEOに電話して言いました。「大失敗してしまったわ」。その自覚がありました。でも、一方ではこう思っていました。「今さらなにができるの？　もう口にしたことはしょうがない。記者に電話して『書くな』とは言えないし。だいいち、そんなのプロじゃない」

翌日その記事を読んだときは、「なんてこと。言わなきゃよかった」と思いました。一日で終わると思っていた騒ぎは、なかなかおさまりませんでした。話がひとり歩きしはじめた。「どうして収束しないいんだろう」と思いつづけました。でも、ある意味で重い病気だったことが幸いしました。ふと、見方を変えたんです。「まだ生きてる。命にかかわる問題じゃない」って。

その数週間後には、「よくなってる。私はまあまあいい仕事をしてる」という気分になれました。そして一年たつと、「自分が言ったことは本心だった」と思えました。今では「あなたの言ったことは正しかった」とたくさんの人が言ってくれます。正しいからといって、褒められるわけではありませんけど。

このとき起きたことの原因は、私の生真面目さです。オーストラリアのトップ50社で会長になった初の女性だったこともあって、私はいつも、ほかの女性に責任を感じていました。チームも失望させたくなかったし……。要するに、いつも最善を尽くすべきだと思っていました。だから、病気になっても、副会長をつけなかった。でも今思えば、「今日は都合が悪いので、CEOかほかの取締役がインタビューに応じます」と言うべきでした。

心を躍らせ、人生を楽しむ

私はいつも、人のいい面を見ることにしています。ものごとがうまくいかないときはとくに。そのときは大変でも、あとになれば必ず陽がまた輝き、人生はよくなる。私は未来のことを考えるのが大好きです。今日も幸せだけど、明日はまた、これまでと違う新しい一日がやってくる。だから、みなさんも明日に心を躍らせてくださいね。

結論　さあ、行動のときだ！

「意義を見つける」「ものの見方を変える」「手をつなぐ」「どんどん参加する」「パワーを持続させる」——いま私は、これらのキーワードが、あなたのこれからの仕事の支えになることを願っている。この言葉を胸に刻めば、逆境に負けない強さを得られる。次のチャンスが待ち遠しくなり、エネルギーも湧き上がるはずだ。

どこからはじめたらいいかわからないなら、まずは今あるものを確認すればいい。あなたはすでにたくさんのものを持っている。あなたならではの強み、さまざまなスキル、人を助け、導きたいという思い、生粋《きっすい》の才能、人脈、前向きな心、強い意志、そしてエネルギー。どれも、あなたが思っている以上にあることを知ってほしい。さあ、自分の長所、強さ、その他の特性のありったけをリストにして書き出してみよう。

ここまで読んだあなたは、もう道を歩み出している。今のあなたは、それまでのあなたより自分を知っている。必要なスキルも計画的に身につけられる。学ぶ準備もできている。新しいスキルを習慣に変えていけば、いちいち意識することすらなくなるだろう。そうなったら最高だ。スキルは使えば使うほど、スムーズにできるようになる。周囲があなたをすぐれたリーダーと見なし、あなたについていこうとする日も近いにちがいない。

もう一度、「五つの柱」について

最後におさらいをしておこう。

多くのアイデアを取り入れ、新しい考え方や行動を生み出し、不透明さや変化のなかでもよい仕事をし、リーダーとして活躍するには、五つの柱が欠かせない。さらに、この五つが組みあわされば、相互により強化される。

①意義を見つける　意義を見つければ、ものの見方が変わる。また、居心地のいい場所を出て、他者と積極的に関わる勇気が生まれる。それが絆をつくりだす。

②ものの見方を変える　ものの見方が変わると、活気が生まれ、他者と協力しあえるようになる。そこからチャンスも生まれる。リスクを避けるのにも役立つ。

③手をつなぐ　人とのつながりは、大きなエネルギーになる。他者に目を向けることで、自分のものの見方がさらに変わり、新しい能力を得ることができる。人間関係は元気の源だ。

④どんどん参加する　新しいことに飛び込むと、開放的な気持ちで意義を追求できる。世界観が変わり、いろいろな人に近づける。自分で選択し結果に責任を持つと、心が解き放たれ、それが新たな活力を生む。

⑤パワーを持続させる　活力に満ちていれば、存在感が生まれ、他者を惹きつけ、新しいチャンスに挑戦し、恐れに立ち向かい、あなたを疲れさせている人にも前向きな影響を与えられる。

（どれからはじめてもOK！）

では、この五つのどれからはじめたらいいだろう？

これを図解した15ページの円形をもう一度見てもらえばわかるとおり、はじめるのはどこからでもいい。進路はあるが、どこから入ってもいいことは、改めて強調しておきたい。

この本では「意義を見つける」ことからはじめたが、それは、自分にとっての人生や仕事の意義はなにかを考え、自覚すれば、それがあなたを導いていくと考えたからだ。

本書は次に「ものの見方を変える」ことを論じた。私たちが出会ったすべてのリーダーに共通する資質は、前向きさだ。世界を歪めずまっすぐ見つめることが、成功には欠かせない。あなたもぜひ、ものの見方を変え、順応することを覚えよう。そのどちらも、大きな変化に直面したときに必ず役立つはずだ。

続いて紹介したのは、「手をつなぐ」ことだ。周囲の助けがなければ、人は決して遠くに行けない。コーチ、メンター、支援者《スポンサー》、同僚、友人、家族。みんな、あなたの世界の大切な一部だ。前に進む勇気と自信を与えてくれるのは彼らだ。だから、互いに助けあおう。もっと深く知りたい人がいたら、自分から会いに行こう。多様な人々を輪のなかに入れ、その効果を実感しよう。

それが、「どんどん参加する」ことにつながる。すべてがひとつになれば、新しいことに飛び込めるようになる。恐れが立ちはだかったら、深呼吸して一〇数えよう。そうやって恐れを脇に置いたら、さあ、真正面から進んでいこう。

最後の「パワーを持続させる」とは、あなたを動かす燃料を知り、高揚感を生み出し、それを維持することを意味する。これからは、なにがあなたの活力を生み出し、なにがあなたを疲弊《ひへい》させるのかに、つねに気を配ろう。

最初はぎこちなくても、試しつづけていれば必ず、あなたもこの五つの能力を自在に使いこなせるようになる。今のあなたに、五つ全部が等しく重要とはかぎらない。二三歳から七五歳の優秀な女性たちを観察してきた私たちは、人生のステージごとに五つの重要度が変わることを実感している。

今すぐとりかかろう！

断言できるのは、今後あなたが五つのうちのふたつ以上を組みあわせればなにかが起きる、ということだ。「好循環」がはじまり、成長が加速するだろう。ここで重要なアドバイスを——「すべてでAを取る必要はない」。この旅には、ルールもなければ、期末試験もないのだから。

この本を、いつも手の届くところに置いてもらえたらうれしい。落ち込んだら、ページをめくってほしい。ここに紹介された女性たちのストーリーやアドバイスを読めば、万人に通用するような「正しい」方程式も道もないとわかるだろう。

作家のアナ・クィンドレンはこう言った。「すごく難しいけれど、目からうろこの落ちるようなこと。それは、完璧であることをやめて、あなた自身になろうと努力しはじめること」

あなたが、ときどきこの言葉を思い出してくれることを願っている。

付記

私の告白

ペーパーバック版によせて

農家の窓越しに、ステンドグラスの青い空に映る雪を眺めながら、私はふたりの娘との思い出に浸っていた。その昔、私たちは一緒に雪で砦《とりで》をつくり、イギリス人の女性探検家ごっこをした。幼いギャビーとジェッタは、その遊びに熱中した。もっと昔、物心ついたばかりのジェッタは、はじめて雪にさわって泣いた。さらにずっと昔のことも思い出した。少女だった私は、凍りつきそうに寒い冬の日、新品の赤いパーカーを着て外に立っていた。キンとした空気、鮮やかな色彩、そして初雪のワクワク感を憶えている――過ぎ去った日々は懐しかった。

そして今、私は「この瞬間を生きる」ことを学びつつある。

丘の上を眺めて深呼吸してみる。「この瞬間」に生きていると、集中力が高まる。恐れがどこかに消えていく。自分のすべての力が集まり、生きていることを実感できる。

序章でお話ししたように、この本が生まれたのは今から八年ほど前、夫のデビッドと公園を散歩していたときの会話がきっかけだ。その後、私はさまざまな女性リーダーたちにインタビューし、調査研究を続け、二年前、スージー・クランストンとともにこの本を出した。また、さまざまな本や雑誌、集まりを通じて、世界中の何千、何万という女性たちに、自分たちの得た知恵と知識を共有してきた。

そして私はどうなったか？　まわりの人には、それほど変わっていないように見えるはずだ。国のリーダーになったわけでも、企業の社長になったわけでもない。私は今も、三〇年働いてきた会社のシニアパートナーを続けている。今も夫と暮らし、ふたりの娘と楽しくやっている。

だが、私の内面は大きく変わった。

八年前までの私は、劣等感が強く、後ろ向きな性格だった。けれど、今は自らの情熱に従って、果敢にチャンスを追いかけている。会社からぐったり疲れて帰宅することもなくなった。おおむね、朝も希望をもって目を覚まし、やる気に満ちている。同僚たちからは、どうしてそんなに元気なのかと聞かれる。引退してもおかしくない歳なのに、若いころに戻ったようにやる気が湧いてくるのだ。しかも、調子は年々上がっている。

私は五八歳。今も成長を続けている。自分でも驚きだ。

私がこの本の最後に、自分のことをあえて伝える理由はただひとつ。あなたにも、あなたにしかできない旅をはじめてほしいからだ。

本書の執筆をはじめた二〇〇八年の終わり、私はそれまでずっと携わってきた消費財クライアント向けの仕事にさよならした。そして、これまで取材し、調査研究してきたことを能力開発プログラムとして確立し、それを普及させる活動に専念することにした。これまでのキャリアでいちばん大きな賭けだった。うまくいくかどうか、まったくわからなかった。同僚たちは励ましてくれたものの、警告も忘れなかった。

このころから、女性の集まりで講演もするようになった。呼んでくれるところにはどこへでも出向いた。「五つの柱」を紹介するのは楽しかったし、この手法を使って多くの女性を励ましたいと思った。けれど同時に、恐れも膨らんでいた。誰かが私を批判するんじゃないか、と。

そのせいで、講演でステージに上がる前はいつも、すごく気分が悪くなった。うまくいかない気がしてきて、パニック気味になった。なにを言ったらいいの？　私の話を聞いてくれる人なんているの？　頭が真っ白になった。でもある日、いつもと同じように自分の内なる声が頭のなかで鳴り響いていたその最中、ハッと気がついた。私が恐れていた批判者とは、ほかならぬ「もうひとりの私」だったことに――

私が変わっていったのは、このときからだと思う。新生ジョアンナは、自虐ネタで聴衆を楽しませ、前より賢く、あたたかく、勇敢で、面白かった。まるで私の知らない誰かが私の服を着て、私の靴を履いてステージに立っているようだった。その女性のおかげで、部屋がパッと明るくなった。

私はうれしくなって笑い、みんなも一緒に笑ってくれた。

講演の依頼がひっきりなしに来るようになった。まるで世界中の働く女性がつながっているようだった。私は「イエス」と言った。まわりにも、自分自身にも。子どものころからずっと忘れていた力を取り戻していた。ユーモア、熱意、美への感謝、そしてストーリーテリングへの情熱も。

でも、これでめでたしめでたし、とはいかなかった。

二〇〇八年、世界経済は破滅に向かっていた。私の内なる声は、「いまはキャリアチェンジすべきタイミングじゃない。そろそろ元の仕事に戻らなければ、すべてが台なしになる」と警告していた。その声の理屈は通っていた。世界的な不況のなかで、誰もが守りに入っていた。企業はあの手この手で費用を削減し、経営陣が人材育成にかける予算はなくなっていた。それでも、私はこの活動を続けた。

これまでも、私のキャリアに苦難や困難はあったが、そのたびに乗り越えてきた。だからなんとかなると思ったのだ。ところが今回は、心の奥に染みついた恐怖がずっと立ちはだかった。誰かを失望させるのではないかという恐れ。対立への恐れ。誰かに頼ってしまうことへの恐れ。それらが長い間消えなかった。

男性ばかりの世界で長年働いてきた女性はみなそうだと思うが、私もまた自分だけに頼り、自分にだけ相談してきた。障害があっても、なにも言わずに自分で処理してきた。誰かに本音を打ち明けることはまずなく、心から信頼することもなかった。私を支えてくれた上司（全員男性）に対してもそうだった。とにかく必死に働くことで、自分を守ってきた。どんな困難にあっても、ただ耐えた。それが私のいちばんの強み。見上げた努力だ。

だが、孤独だった。人に頼るまいとして自分が孤立していたことに、私はようやく気づいた。

そもそも、よく見れば私はひとりではなかった。「五つの柱」を伝えることで、私は多くの人とつながりあうようになっていた。私たちのイベントや研修や会議に参加した女性たちがいた。私が頼めば助けてくれる仲間もいた。そして経営陣もまた、私に報いようとしてくれていたことに気がついた。

そう、ただ心を開いて、相手を信頼すればよかったのだ。

その年、「五つの柱」がどれだけ私自身を助けてくれたかわからない。このおかげで、自分の欠点ばかりに目を向けるのではなく、強みをさらに高めることができたのだから。「お互いさま」を実践したことで、帰属意識も深まった。逆境をチャンスととらえることで恐れと向きあい、果敢にチャンスを追いかけた。毎朝、目を覚ますと、その日なにをしたいかを自問するようにもなった。さらに、ペースを落として生活を楽しめるようになった。私は頭のなかの批判者に感謝し、彼女を「エドナ」と名づけ、休暇と贈り物をあげた。エドナはお返しに、新しい声のための場所を空けてくれた。

「五つの柱」を伝えることは、脇道にそれることではなかった。これこそ最良の道だったのだ。

二〇〇九年は、ギャビー（上の娘）の大学入試があった。このとき娘は、やることの多さに圧倒され、縮みあがり、どの大学も受けたくないと言いだした。入試は誰しもが通る道。だが、ギャビーは怖がって前に進めなかった。成績優秀で、努力家で、負けず嫌いだったのに、大学入試に怖じ気づいてしまっていた。

よく考えれば、それは予期できたことだった。子どものころ、ギャビーはリズム体操の教室を死ぬほどいやがっていた。「なんでも練習するうちに怖くなくなる」と信じていた夫は、ギャビーの恐怖心をなくそうと、ありとあらゆる活動に挑戦させた。水泳、山歩き、自転車、ロッククライミング、スキューバダイビング、パラセーリング、ラフティング、カヤッキング……。おかげで、ギャビーは身体的な恐れは克服した。

それでもまだ、新しい経験には臆病だった。だから私たちは、いろいろな場所へ旅行した。ギャビーは妹とともに北京のにぎわいを体験し、ユカタン半島のジャングルでヘビに遭遇し、ベリーズの海に潜って古代の洞窟を探検し、メキシコでコククジラの誕生を観察し、ウガンダの貧困地区を訪ねた。ついには旅行を楽しめるようになり、飛行機のにおいは冒険を意味するようになった。

しかし、学校のことになると話は別だった。ギャビーは新学期ごとに、新しい友だちや新しい先生を恐れた。何度か転校をして、そのたびに新しい学校を好きになってはいたものの、恐怖心は消えなかった。

ギャビーはとっても素敵な女性。なのに、恐れでガチガチに固まっている。母親としては娘を抱きしめ、涙をふいてあげ、なにもかもうまくいくから大丈夫、と教えてあげたかった。でも、私はそうする代わりに、泣いている娘をただ見守り、「なにを怖がっているのか教えて」と静かに尋ねた。娘の不安は数限りなかった。失敗するんじゃないか。能力がないことを見破られるんじゃないか。バカにされはしないか。大学に入れてもらえないんじゃないか……。先が見えないとも言った。

娘の不安を聞きながら、私は恐れが人間に与える影響について考えていた。私自身がいちばん怖いのは、いじめられることだ。私を服従させようとする人がとにかく怖い。人見知りではないけれど、意地悪な人間に出会うと動転してしまう。嘲笑に満ちた声を聞くだけで、反射的に縮こまってしまう。頭が真っ白になって、なにも言い返せなくなってしまう。

ギャビーの話を聞くうちに、数カ月前、はじめて「五つの柱」の研修をしたときのことが蘇った。二五人の上級管理職の女性が研修に申し込んでいたが、その半数が数日前にドタキャンしていた。新しい研修がどうなるか、不安でいっぱいだった。見ず知らずの一二人が部屋に入り、椅子に座った。私には、全員が厳しい裁判官に見えた。手ぐすね引いて待っているように思えた。

そしてなんと、私は不安のあまり泣いてしまった。

一二人の女性がじっと座って、私が泣くのを見ている場面を想像してほしい。でも、私はそれどころではなかった。私のなかでなにかが起きていたからだ。どんな組織でも、私がいじめっ子に狙われるのはなぜかがわかってきた。私がいじめっ子を引き寄せていた。いじめっ子は私の鏡で、それは私のなかにいたのだ。私が誰よりも恐れていたいじめっ子は、私自身だった。

そう気づいた私は、別の角度から自分を見てみることにした（本書で教えているとおりに）。すると、本当は誰も私を断罪しようなんて思っていないことがわかった――

ギャビーに目を戻すと、わが子のなかにいる素敵な女性が見えた。娘はきっと、自分の道を見つけてくれると確信した。恐れに向きあうのは娘自身だが、私も助けになれる。

私たちは事実と妄想を分けて、今回の重要な決断を、恐れにまかせるのではなく、ギャビー自身にさせることにした。さらに、ふたりでギャビーの強みを再確認した。好奇心、学ぶことへの熱意、美的感覚、リーダーシップ、そして冒険心。すると、娘が元気を取り戻した。今、目の前にある未知の一歩もまた、自分の強みを高めるチャンスだということに気がついたのだ。

続いて私たちは、入試のプロセスを挑戦の機会としてとらえ直した。ギャビーは負けず嫌いだ。さらに、娘の選択の参考になりそうな人を二〇名選びだし、ほぼ見ず知らずのその二〇名に話を聞くことにした。それ自体、簡単なことではないが、ギャビーはいろいろなツテを探って実行していった。その過程で、学ぶことに対する情熱を思い出し、生き生きとしたギャビーが戻ってきた。最終的に、ギャビーは素晴らしい大学に入った。いちばん行きたかった大学だ。

ところが、ポジティブ心理学の専門家が警告していたとおりのことが起きた。「夢見た目標に到達しても、ウキウキした気分はすぐに消えてしまう」という警告だ。一時はほっとしていたギャビーだが、今度は実際に大学に行くことが不安になりはじめた。新学期が近づくと、不安はパニックに変わった。大学のオリエンテーションでのハイキングに向けて荷物を詰めながら、ギャビーは不安で固まっていた。

それを見た私は、心が折れそうになった。だから、またいったん立ち止まった。すぐれた女性リーダーがみなそうしていたように。

こういうときは、立ち止まる一瞬が永遠に感じられるが、実際はたったの一、二分だ。ただ深呼吸して、焦る気持ちを落ち着けるだけでもずいぶん違う。私は彼女の問題を解決しなければと焦っていた。イヤな感情も湧いていた。怒りの気持ちだ。必死に努力してチャンスをつかんだのに、それをむざむざ捨ててしまうなんて、という怒りだった。でも、ひと呼吸置けば、相手の意見に心から耳を傾ける余裕が生まれる。当人に問題を解決するチャンスを与えることができる。

私は静かに待つことにした。地に足がついているのを確認し、自分の呼吸に耳を傾けながら。

それだけだったが、ギャビーはしばらく考えたあと、自分の恐れに名前をつけ、それを口にした。そのとたん、恐れはしぼんだ。大学に行く、とギャビーは宣言した。怖がりながらも勇敢に言った。

私はほっとした。というよりも誇らしかった。ギャビーは恐れを客観的にとらえ、それに支配されないと決めた。恐れが完全に消えてなくならないことは、お互いにわかっている。だが同時に、それに向きあうことができることも知っている。私はそのことを学ぶのに五〇年以上かかったが、ギャビーは一八歳で知った。

その後、ギャビーはハイキング旅行で大いに苦労した（豪雨のために山を下りることになった）。大学に入ってからは、友だちづくりや生活になじめなくて苦しんだ。新入生の間ずっと困難に直面しつづけた。専攻を変え、二学期目からまた学び直さなければならなかった。だが、次にまた困難にあっても、これまでのことを思い出せばなんとかなると思えるだろう。立ち直れるし、成功できるともう知っているのだから。それは成長の痛み。娘は成長している。

「五つの柱」で逆境が消えてなくなるわけではないし、人生が急に明るくなるわけでもない。でも、自分の考え方、感じ方、行動に気づくことはできる。そして、それにどう反応するかで、チャンスをつかむのか、恐れの陰に隠れてしまうのかを選択できる。

「五つの柱」は、ここぞという大切な瞬間にギャビーと私を助けてくれた。そのことに、心から感謝している。

ギャビーが家を離れて大学に行ってしまうと、また別の出来事が起こった。八三歳になる私の母が、イタリアで休暇中に転倒し、数日後に昏睡状態に陥ってしまったのだ。これればかりは、別の角度で考え直したところで状況がよくなるわけではない。いくつになっても、母親がいなくなるのはつらい。その痛みに反論はできないものだ。嘆きは活力を吸い取ってしまう。

結局、偉大な母ハリエット・ジェーンはこの世を去った。ただ、そのつらい数週間のあいだも、「五つの柱」は私の支えになった。

それから二カ月後、「五つの柱」の集中研修が行なわれた。私がこのコンセプトの本質を完全に理解しはじめたのは、このときだった。研究に専念しはじめてから三年がたっていた。

その瞬間を、ありありと憶えている。吹雪のなか、イギリスの田舎で行なわれたこの研修で、ある朝、私たちは車座になって座り、瞑想をした。私は言われたとおりに心臓に手をあてて、目を閉じ、呼吸に集中した。ファシリテーターのキャロルが、「心臓の上にある手を感じ、自分自身にやさしさと共感を示しましょう」というようなことを言っていた。涙が私の頬をつたった。

気づきの瞬間だった。それまでの人生でずっと、私は前面に出て、人を導き、教える一方、自分自身は抑えていた。そればかりか自分を批判し、鞭打ち、罰を与え、高い期待を課していた。そうやっていくつもの目標を達成してきたが、自分にやさしくしたり、自分を愛したことはなかった。それに値する人間だと思っていなかったからだ。

でも、ほんの少し自分にやさしくしただけで、それまでたまりにたまっていた共感への欲求と、それを示したいという気持ちが一気に解放された。私は光に満たされた。自分のなかにいる母が見えた。母は私に美しいものや創造性に感謝する力を与えてくれ、生きることへの熱意を教えてくれた。私の完璧主義、わがままさ、不安もまた、母ゆずりだった。

五八歳になった今、私はやっと自分自身を受け入れた。すると、自分をおおっていた鎧《よろい》や重荷が消えていった。生まれてはじめて、自分の本質的な力を認め、他者とつながることができると思った。仲間の話を聞きながら、私はそのなかに自分自身を見つけた。今この瞬間にいる自分を発見し、生きていることを実感した。

その感覚を、私は心から楽しんだ。

「五つの柱」の研究は、いまも進化している。二〇一〇年にはさまざまな企業のあらゆる役職の男女エグゼクティブ二〇〇〇人をグローバルに調査した。約一〇〇名が、「五つの柱」を定期的に実践していると回答した。そのなかの七九パーセントは、リーダーとして高い成果をあげていると自己評価した。逆に、すべての面でトップ二五パーセントに入らなかった一三〇〇名の回答者のうち、自己評価が高かったのはわずか五パーセントだった。

また、「五つの柱」を実践している人のうちの八三パーセントが、仕事にも人生にもとても満足していると答えていたが、実践していないグループでそう答えたのは四パーセントにすぎなかった。そして、実践者の九割以上が、現在の環境で人を導くスキルを身につけていると答えていた。実践していないグループでそう答えたのは、二一パーセントにとどまった。この結果から、私はますます「五つの柱」への確信を深めた。

それればかりか、そのなかのひとつかふたつを身につけた人に比べて、四つか五つの要素を総合的に取り入れた回答者は、成果も満足度もとびぬけて高いこともわかった。

さらに、五つのなかでも飛びぬけて重要性の高い要素があることも判明した。それは「意義を見つける」ことだ。「五つの柱」をつくったとき、私たちは直感的に「意義づけ」を中心に置いていた。この旅の入り口はどの原則からでもいいが、もし「意義」からはじめれば、ほかの原則を身につけることへの情熱と喜びが増幅されるだろう。

この本に登場する女性リーダーたちも、今なお変化しつづけている。シカー・シャーマ（7章で紹介）はインドのICICI銀行を辞め、アクシス銀行の最高経営責任者になった。クリティーヌ・ラガルド（9章で紹介）は、財務大臣を経たのち、国際通貨基金の専務理事になった。ルース・ポラット（15章で紹介）は今モルガン・スタンレーの最高財務責任者（CFO）だ。取材時と同じ仕事をしながら、さらに成長しているリーダーもいる。ジョージア・リー（2章で紹介）は、ハリウッドでテレビの仕事をしている。アロンドラ・デ・ラ・パーラ（5章で紹介）は指揮者として世に知られつつある。ジュリー・コーツ（22章で紹介）は、オーストラリアのビッグWでゼネラル・マネジャーとして活躍中だ。アン・ムーア（3章で紹介）のように引退した女性リーダーもいる。

自分が望む能力を身につけるには時間がかかる。旅は毎日続いていく。でも、その旅は日々の仕事をワクワクするような挑戦に変えてくれる。

もう、待っていることはない。

資料❶ 本書の背景

本書は、個人的な興味の探究から広範囲な研究へと発展した、数年にわたる調査の記録がもとになっている。私たちのお手本となるような物語を語ってくれる世界中の女性リーダーへのビデオインタビューからはじまり、その洞察を裏づけるような学術研究へと続いた。それが土台となり、研修プログラムも生まれた。経営学、組織行動論、心理学、ジェンダー研究、社会学、生物学分野における第一人者の研究と、独自の調査も加わった。

これらの研究調査に協力し、時間と労力を割いてくれたマッキンゼーのすべての社員に感謝する。直接会ったり、その研究を通じて知りあった教授や思想家にもお礼を。この五年間、ビデオインタビューに参加してくれた一〇〇人を超える素晴らしい女性リーダーにも、改めて心からの感謝を捧げたい。

「五つの柱」の土台

インタビューに答えてくれた女性リーダーたちに共通した特徴や行動をまとめ、その理由を探る際、私たちはまず、すでにある経営やリーダーシップに関する研究・考え方と比較した。その結果、リーダーシップの伝統的な条件や特徴――人を導きたいという強い欲求、ビジョン、偉大なチームを築く能力など――は、インタビューに答えてくれた女性たちにも当てはまることがわかった。しかし同時に、非凡な女性リーダーたちに見られる「意義」や「つながり」といった資質は、男性のリーダーシップの特徴とは異なるものだった。そのことが私たちの背中を押し、リーダーシップと組織行動のなかでも「ソフト」な力とされるもの、たとえば「共感」といったものに注意を向けさせた。さらに、女性リーダーたちが持っていた前向きさ、献身、勇気を理解するために、ポジティブ心理学に目を向けた。

もっと深く学びたい人のために、私たちが参考にした研究をここに記しておく。

リーダーシップに関して　私たちはまず、ロナルド・ハイフェッツとマーティン・リンスキーの研究にあたった。彼らは順応性の重要性を強調していて、それはインタビューした女性リーダーの特徴でもあったからだ。またピーター・センゲやオットー・シャーマーといったリーダーシップの研究者の最近の研究も参考にした。彼らは本物らしさの重要性と組織の透明性を強調していた。ロサベス・モス・カンターやデボラ・メイヤーソンの研究も参考になった。

ポジティブ心理学に関して　前向きさの探索でまず頼ったのは、ポジティブ心理学の父と言われるマーティン・セリグマンだ。続いて、タル・ベン・シャハー、ミハイ・チクセントミハイ、バーバラ・フレドリクソン、ダニエル・ギルバート、ジョナサン・ハイト、ソニア・リュボミアスキー。クリストファー・ピーターソンの研究も参考にした。彼らの著作から学ぶことで、前向きさと幸せがどう成功の要因になるのかを論理的に理解できた。また、キャロル・ドゥエックのマインドセットについての研究は、「ものの見方を変える」という概念をさらにはっきりとさせてくれた。

「意義を見つける」に関して　ポジティブ心理学者のほかには、ビクトル・フランクルも参考になった。彼らの研究から、自分にとってなにが本当に意義あることかを知り、自分の強みを活用することで、人は前向きさと幸福を得られるとわかった。この考え方は、私たちにとってきわめて刺激的だった。

「パワーを持続させる」に関して 成功した女性リーダーはみな、エネルギーがありあまっているように見えた。というより、彼女たちは仕事そのものからエネルギーを得ているようだった。多くの女性リーダーが、ものすごい量のエネルギーを持ち、仕事と家庭と社会的な役割をうまく両立させていた。セリグマンとハディットは、幸福が健康を増幅させることを示していたが、私たちも、人は自らエネルギーを生み出し、維持することができるのだと思うにいたった。その証拠は、ジム・レーヤーとトニー・シュワルツの研究や、エディ・グリーンブラットとレズリー・パーローの研究にも見られた。ミハイ・チクセントミハイのフローの研究も、自分の強みを活かして高い目標に向かって没頭しているとき、そこには前向きな精神状態が生まれることを示していた。さらに、マッキンゼーのオーガニゼーション・プラクティス部門が行なった職場のピーク体験に関する調査も、フローの研究を裏づけ、補完した。それが、エネルギーと成果を結びつけるのに役立った。

性差、進化、生物学に関して 私たちは、女性のキャリアが男性とは違う道をたどる理由を探した。当然ながら、それは性差の研究、生物学、進化論、医学研究につながった。神経精神医学の専門家で臨床医でもあるローアン・ブリゼンディーンと、家族セラピスト兼作家のマイケル・グリアンは、人間の脳に関する知見から、どうして女性のほうが落ち込みやすいのかを教えてくれた。シェリー・テイラーの研究からは、女性は生まれ持ったホルモンレベルのせいで、ストレスや人間関係に男性とは異なる反応を示すこと、また、それが進化の過程で生まれたものであることを学んだ。そのことは、インタビューに答えてくれた女性たちが話していた、人間関係の本質やその重要性についての考えを深める助けになった。感情と帰属意識の重要性も認識できたし、どうして感情を抑えるのではなくはぐくむことが成功につながるのかも理解できた。本物の深いつながりを築く力が、女性リーダーの成功をさらに強固にしていることも発見した。また、なぜ包容力が女性リーダーの特徴として浮かび上がるのかも研究した。この特徴が、複雑な今日の環境で、どの組織にも恩恵を与えることは言うまでもない。

人脈づくりに関して　私たちは、女性教育の経験から人脈の重要性は学んでいたが、モニカ・ヒギンズとハーミニア・イバーラの研究は、私たちの目を一層ネットワークづくりに向けさせた。ロイ・バウマイスターによる、男性はなぜ仕事上の人脈づくりがうまいのかという研究は、賛否両論あったものの、女性が生まれながらの本能を人間関係づくりに活用できるという考えへとつながった。また、シェリー・テイラーの研究は、コミュニティに入り込むことでさまざまな波及効果があることを教えてくれた。

リスクをとることに関して　すべての女性リーダーは、新しいことに飛び込む技術を身につけるべきだ。しかし、この点は複雑でもある。攻撃的なふるまいや自己宣伝は、若い男性にとってはプラスになっても、女性の場合は押しが強いと見られてマイナスになるからだ。リンダ・バブコックとサラ・ラシェーバーは、その見えない一線をどこで引いたらいいかを見つける手助けをしてくれた。ポール・ストルツが行なった逆境の研究からは、リスクと学習がお互いに関係していることを学んだ。マーシャル・ローゼンバーグとデボラ・タネンの調査は、効果的なコミュニケーションについての私たちの考えを具体的なものにした。新しいことに飛び込めば、リスクがある。私たちの知る女性リーダーは恐れ知らずだったが、同時に、冷静にリスクを見てもいた。ダニエル・ギルバートの研究が、その理由を知る助けになった。

最高の人材：女性リーダーたち

女性リーダーにインタビューをはじめたのは、二〇〇四年のことだ。官民の大組織を率いる女性リーダーたち、いま組織の階段をのぼっている女性たち、そして途上国で起業家として活躍している女性たちに会った。二〇〇八年には、男性リーダーへのインタビューもはじめた。私たちのリーダーシップモデルがどのくらい通用するか、男性と女性とでどう違うかを調べるためだ（初期のインタビューに参加してくれた勇気ある男性に、心からお礼を言いたい）。今日、私たちのビデオアーカイブには、アルゼンチン、オーストラリア、カナダ、中国、フランス、インド、イスラエル、日本、ヨルダン、カザフスタン、ケニア、メキシコ、ナイジェリア、ペルー、南アフリカ、イギリス、アメリカ、ウガンダ、ベトナム、ジンバブエなど、世界中のさまざまな地域から集まった一〇〇本を超えるインタビューがおさめられている。今後もさらにインタビューを続け、新しい経験やストーリーを発見し、女性リーダーがどのように成長してきたのか、男性と女性のリーダーは本当に違うのか、どこがどう違うのかについてより深く理解したい。

この旅の間中、女性はひとつに分類されるものでないことを、私たちは肝に銘じていた。多くの女性リーダーのストーリーをこの本に記したのはそのためだ。あなたの心に訴えるストーリーや女性リーダーの特徴を組みあわせて、あなただけのタペストリーを織りあげてほしい。彼女たちの一人ひとりの声に耳を傾ければ、リーダーシップへの道はひとつでないことがわかるだろう。

本書のアドバイスが、あなた自身の道を見つけるためのコンパスになると信じている。

資料❷ アンケートについて

本書のもととなった調査アンケートの方法論とその結果をまとめておく。本書で示した「五つの柱」を裏づけるために私たちが開発し、実行した統計研究も示す。ご覧になればわかるとおり、「五つの柱」は地域や産業や職務経験にかかわらず通用する。結果を見ると、男性と女性の間に違いがあることが確認されたが、その違いは大きなものではない。つまり、このモデルは男性にも女性にも使える。

調査方法とプロセス

「五つの柱」と仕事の成功や満足には相関関係がある、という仮説を検証するために、私たちはアンケート調査を実施した。「五つの柱」が前向きなエネルギーを生むことはわかっていたが、それが長期にわたってより高い成果につながるかどうかを確かめたかったからだ。またこれは、男性にも女性にも使えるモデルであることを証明するための調査でもあった。

質問には、「五つの柱」の実践効果をはかれるものを選んだ。調査の専門家と協力して、アンケートに漏れがなく公平なものであることも確かめた。対象は、年齢も仕事も地域も肩書もまちまちな人たちとした。そのうえで五カ月を費やしてひな形をつくり、検証を進めながら質問を手直ししていった。

二〇〇回のテストの末、基本質問の正当性が確かめられたことから、正式に調査手法を開発しはじめた。まず質問をつくり終え、マッキンゼー・クオータリーのオンライン調査パネルを使って、世界中の数千人ものエグゼクティブの男女のなかから、回答してくれる人をつのった。

その結果、一九三八人がアンケートに参加した。回答率も三〇パーセントと高かった。その内訳は、七二パーセントが男性、三四パーセントが役員クラス、四一パーセントが上級管理職クラス、二五パーセントが中間管理職クラスだった。在職期間や産業や職種が違っても、その割合は変わらなかった。回答者の地域もさまざまで、三五パーセントが北米、二八パーセントがヨーロッパ、一二パーセントがアジア太平洋地域（除く中国）、六パーセントが中国、七パーセントがインドだった。ラテンアメリカとその他の新興国は一二パーセントだった（とはいえ、所属する企業の規模は多岐にわたっていたものの、マッキンゼーのクオータリーの購読者なので、同じようなビジネスマンが集まっている可能性はある）。

調査でわかったこと

一〇月までには最初のグループのデータが集まり、三つの興味深い事実が浮かび上がった。

①幅広い層に有効である

「五つの柱」は、多少の違いはあっても、地域、産業、職種にかかわらず通用することがわかった。図1で示すように、北米と欧州の結果はそっくり、ほかの地域は多少の違いがあった。それぞれの点数は、一要素に関係する複数の質問への答えの平均点を表している。予想外の結果もあった。たとえば、アジア太平洋地

【図1】「五つの柱」はどの地域でも重要

平均実践スコア：最低＝1　最高＝6
（例：ヨーロッパの回答者の「意義を見つける」の平均スコアは6点満点中4.5）

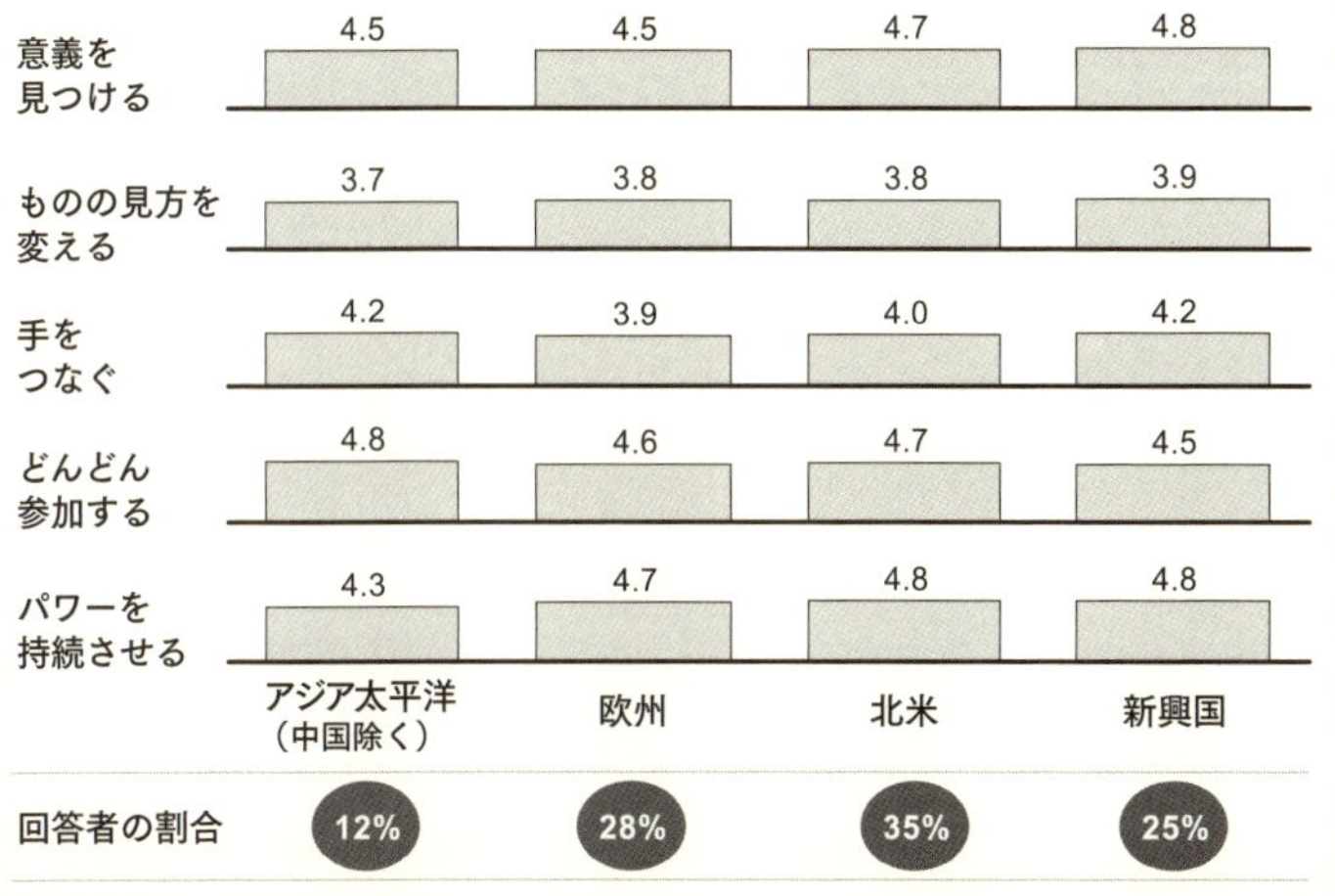

域では、「意義を見つける」のスコアはほかより低めだが、「参加する」は高かった。

企業規模、職種、産業別で比べても、結果はあまり変わらなかった。加えて、次ページの図2にあるように「五つの柱」はキャリアのどの段階でも実践できることがわかった。私たちは最初、男女ともに仕事の経験を積めば次第にスキルが上がっていくと予想していたが、詳しく見てみると、肩書との相関は思っていたほど大きくなかった。そこから、男女ともに、「五つの柱」は実践しなければ役立たないという仮説が生まれた。言い換えると、理解しているだけではスキルは身につかないということだ。

②成果と満足度との関係

「五つの柱」は、予想どおり、成果、成功、そして満足度と大きな相関があった。

図3を見るとわかるように、「五つの柱」の実践度が最も高い人たち（それぞれの条件にお

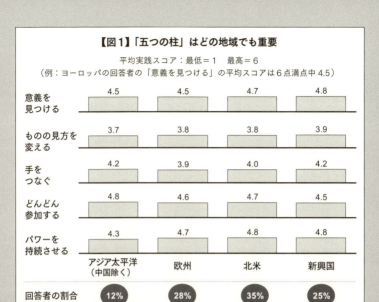

【図２】「五つの柱」のスコアは、在職期間とあまり関係ない

平均実践スコア：最低＝１　最高＝６

（例：職務期間が１年未満の回答者の「意義」の平均スコアは６点満点中4.8）

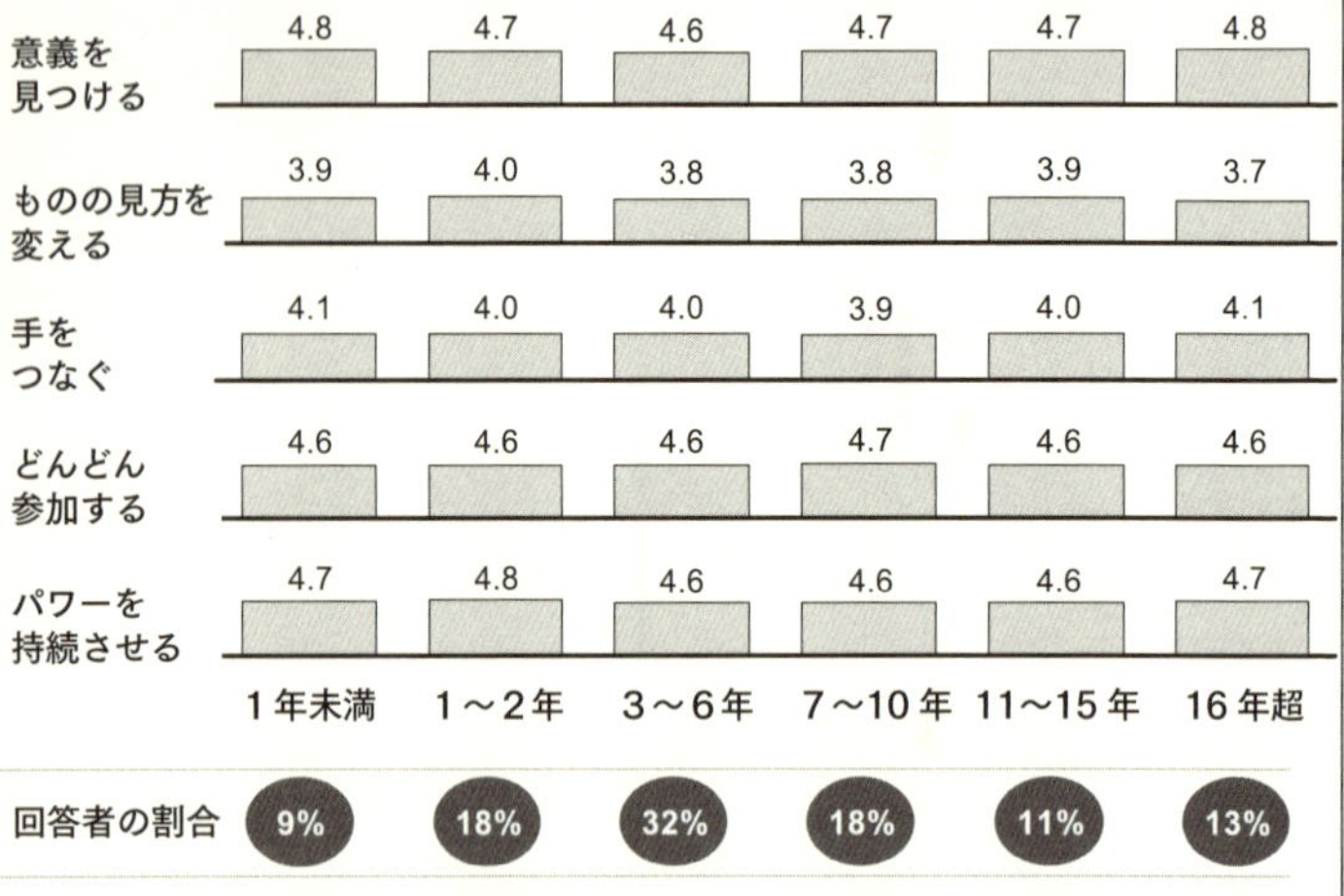

けるトップ二〇パーセント）は、低い人（下位二〇パーセント）より、成果も、成功度も、満足度も高い。たとえば「意義」で最もスコアの高い人たちの八割は、自分たちが高い成果をあげていると答えていた。一方、最もスコアの低い人たちのなかで高い成果をあげていると答えたのは六割だった。この違いは大きい（ただし、成果、成功、満足度は自己申告）。

スコアの上位層と下位層の、絶対数ではなく割合に注目すると、とくにこのモデルの強さがわかる。どのようにデータを切り取っても（性別、勤務年数など）、同じ相関が見られた。

３２０ページの図４はそれを逆から見たものだ。最も満足度が高く成功している回答者は、「五つの柱」の精神と実践のそれぞれの項目で高いスコアを記録していた。トップの二割とそれ以外のグループを比べると、とくに「意義」と「パワー」の項目で大きな違いがあった（私

【図3】「五つの柱」と成果、成功、満足度の関係

パーセント（例：「意義」の実践で上位のスコアだった人たちの80パーセントは成果が高かった。下位のスコアの人のなかで成果が高かったのは60パーセントだった）

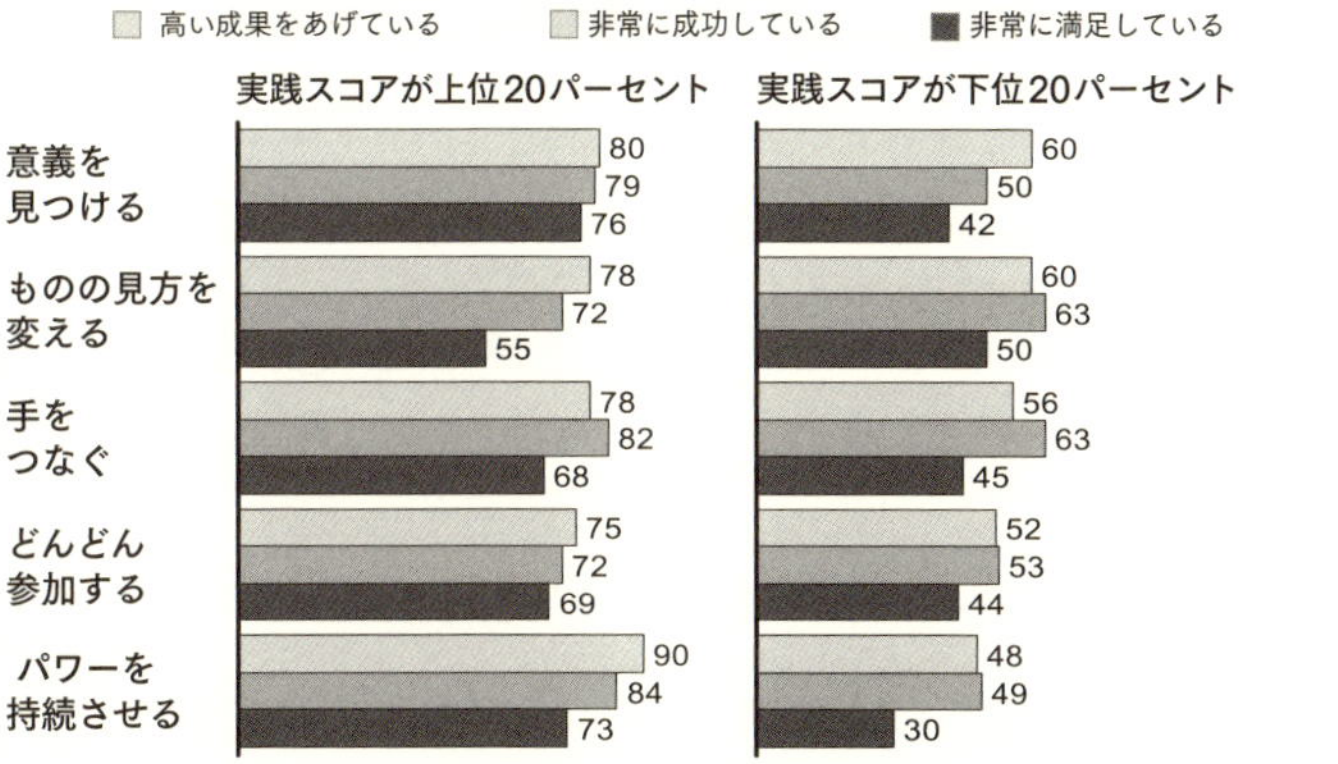

高い成果をあげている＝自己採点で上位10パーセント／非常に成功している＝自己採点できわめて成功している、または成功している／非常に満足している＝自己採点で非常に満足している、または満足している（6点満点中5点以上）

たちはこの結果から、大きな成功と満足を感じている人はフローを得ていると予測している）。

③女性の強みの上に築かれる

　このモデルが男性にも女性にも有効であることは、すでに述べた。「五つの柱」を実践する男性は、より成功し、満足し、高い成果をあげている。しかし、女性はこのモデルを男性以上に活かしているようだ。321ページの図5を見ると、女性回答者は「五つの柱」を男性回答者以上に実践していることがわかる。五つのどの条件においてもだ。

　さらに細かく見ると、女性と男性で最も違いが大きかったのは「いちばんの強み」と「フロー」、最も違いが少なかったのは、「声をあげる」だった。女性も男性も「自分が手綱を握る」と「インスピレーション」のスコアが最も高かった。面白いことに、女性で最もスコアが低いのが「支援者《スポンサー》になる」と「気にしないこと（失敗

【図4】「五つの柱」をより実践しているのは誰か

平均実践スコア：最低＝1　最高＝6
（非常に満足している回答者は、「意義」の実践で平均 4.9、その他の回答者の平均は 4.5 だった）

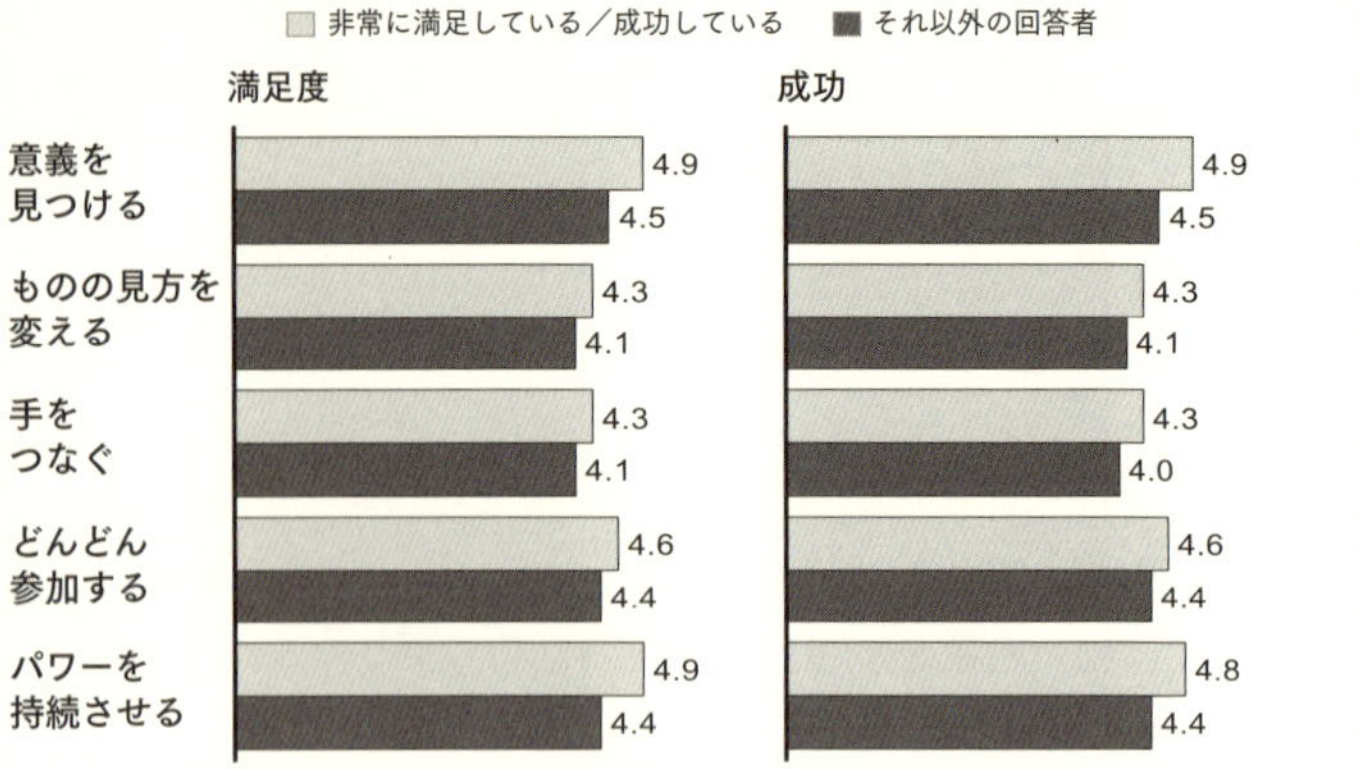

非常に成功している＝自己採点できわめて成功している、または成功している／非常に満足している＝自己採点で非常に満足している、または満足している（6点満点中5点以上）

を悔やみつづけない）」で、これは男性とまったく同じだった。

この調査からは、強さ、インスピレーション、フロー、自意識、後天的な前向きさ、回復力、互恵性（男性も女性ももっと改善できる）などでは女性が男性をリードしているのがわかる。アンケートに答えてくれた女性たちはもともとこうした点ですぐれていたのか、それとも試行錯誤を通して身につけたのか？　また回答者は働く女性だったが、仕事を辞めた女性も同じ強みを持っているかは興味深いところだ。

利用法

私たちは現在もデータを収集し、アンケートを進化させている。最新データを知りたい方はwww.mckinsey.com/howremarkablewomenlead.を見てほしい。

このアンケートは、「五つの柱」のなかであ

【図5】「五つの柱」の実践では、すべての面で女性が上まわっている

平均実践スコア：最低＝1　最高＝6

（「意義を見つける」を実践している女性は6点中4.9、男性は4.7だった）

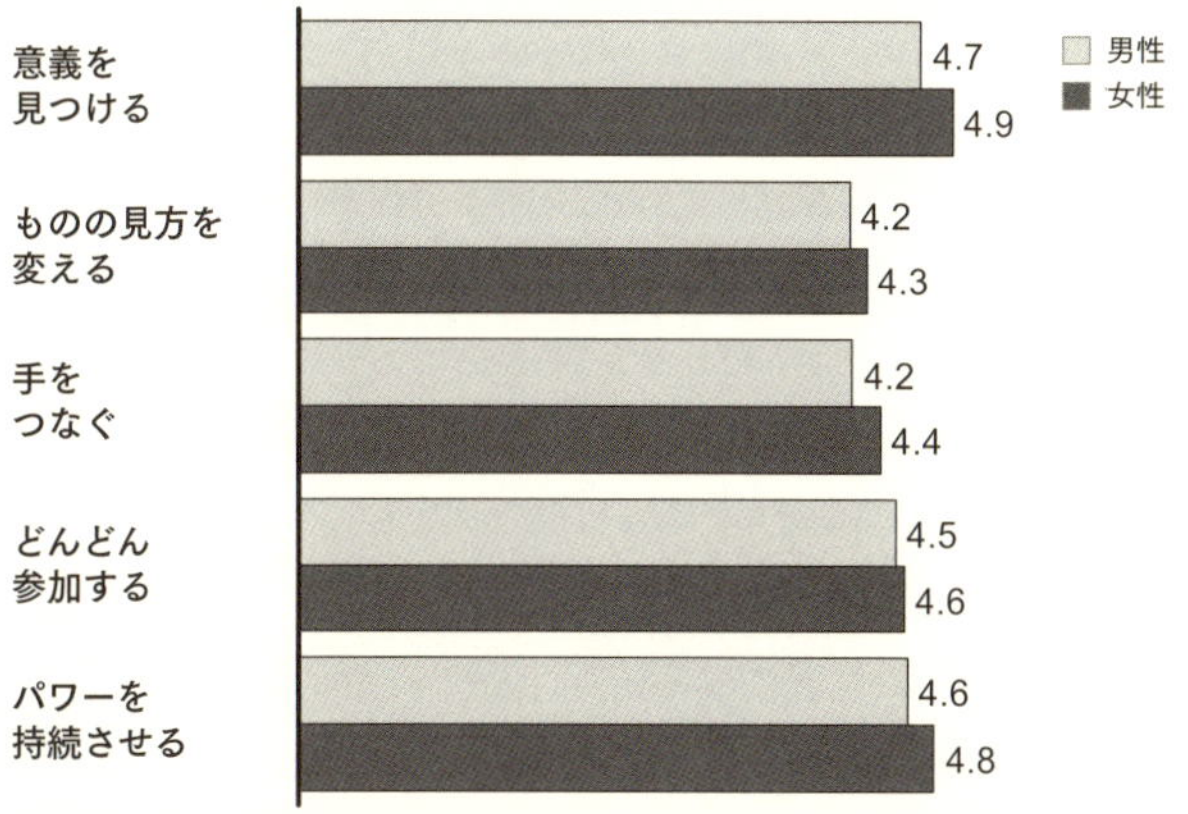

なたが日常的に実践してるのはどれかを知るのに使える。多くの女性は、「五つの柱」に共感しても、どこに注意を絞るべきかがわからないと言っていた。この評価ツールは、その判断の助けになるだろう。

本書の前半の章では、このアンケートに含まれる特定のスキルと実践に役立つアドバイスを紹介した。スコアを見れば、あるスキルが別のスキルにどう影響するかの理解が深まり、要素同士の相関もわかると思う。

この評価ツールはまた、「五つの柱」をどのくらい習得したかを追跡するのにも使える。こうしたスキルは体系的に教わるものではないため、はじめからすべての要素でまんべんなく高いスコアを出す女性は少ない。しかし、意識していくつかの条件に集中することで、明らかに改善する。この評価ツールがそれを証明するのに役立つだろう。

さらに、企業や組織は、社員にこのアンケートを行なうことで、研修や指導においてどのようなスキルに投資すべきかを判断できる。私たちのクライアント企業の多くが、男女を問わず「五つの柱」を身につけることに興味を示している。この不確実な変化の激しい時代に、これらの要素が欠かせないと認識している。

企業全体で男性にも女性にもこのアンケートを行なえば、部署または職種ごとの現状を知ることもできる。調査結果を分析すれば、現在の組織の強みと改善点を詳しく描くこともできる。たとえば、ある企業は、自社のパフォーマンスの高い女性たちに共通してスコアの低い分野があることに気づいた。そして、優秀な女性たちは必死に働きすぎて成功と満足につながるスキルを実践する時間がないのではないかと考えた。実際、なにもしなければ、このような優秀な女性たちはそのうち燃えつきてしまうだろう。この知見をもとに、同社はパフォーマンスの高い女性たちに、問題に対処するための特別支援をするようになった。

こうして現状を把握すれば、未来のリーダーのための研修をデザインする指針にもなる。たとえば、現場の（また職務経験の浅い）マネジャーは、まず「いちばんの強み」「考え方の枠組み」「声／存在感」からはじめてもいい。中間管理職に昇進したら、人脈づくりのスキルや、新しいことに飛び込むスキルが大切になる。上層部の場合は、「意義」が最も重要になるだろう。会社によっても異なるが、「五つの柱」は、現場研修でも講義形式でも、さまざまな研修プログラムの一部として組み込むことができる。

結論

このように「五つの柱」は、文化が違っても通用すること、満足と成果と成功に相関があること、女性の強みが生きること、だが同時に男性にも通用することが証明された。

弊社刊行物の最新情報などは
以下で随時お知らせしています。
ツイッター
@umitotsuki
フェイスブック
www.facebook.com/umitotsuki

大人《おとな》の女《おんな》のキャリア計画《けいかく》
「5つの柱」で理想の仕事を手に入れる

2017年11月25日　初版第1刷発行

著者
ジョアンナ・バーシュ
スージー・クランストン

訳者
関《せき》 美《み》和《わ》

編集協力
藤井久美子

装幀
Y&y

印刷
中央精版印刷株式会社

発行所
有限会社 海と月社
〒180-0003
東京都武蔵野市吉祥寺南町2-25-14-105
電話0422-26-9031　FAX0422-26-9032
http://www.umitotsuki.co.jp

定価はカバーに表示してあります。
乱丁本・落丁本はお取り替えいたします。

ISBN978-4-903212-61-6

私たちは今後も引き続き、「五つの柱」を検証し、知見を積み上げていく。研修と現場での指導、また自己発見と実践の組みあわせがどのように「五つの柱」の獲得につながるかも理解したい。ふたつ以上の要素がうまく混ざりあったときに起きる魔法について理解することが、究極の目標だ。

「五つの柱」のうち、いちばんあなたの興味を引く要素はどれだろう？　優秀な女性の育成を加速させるために、組織としてこのモデルをどう使えるだろう？　最も効果的な教育法はどれだろう？

あなたがこの旅に進んで参加してくれることを、心から願っている。